Stephan Lamprecht

HTML 4.0
für Profis

HANSER
PROGRAMMIER
PRAXIS

Stephan Lamprecht

HTML 4.0 für Profis

Carl Hanser Verlag München Wien

Der Autor:
Stephan Lamprecht, Ahrensburg

Die Informationen in diesem Buch werden ohne Rücksicht auf einen eventuellen Patentschutz veröffentlicht. Alle in diesem Buch enthaltenen Programme und Verfahren wurden nach bestem Wissen erstellt und mit Sorgfalt getestet. Dennoch sind Fehler nicht ganz auszuschließen. Aus diesem Grund ist das im vorliegenden Buch enthaltene Programm-Material mit keiner Verpflichtung oder Garantie irgendeiner Art verbunden. Autor und Verlag übernehmen infolgedessen keine Verantwortung und werden keine daraus folgende oder sonstige Haftung übernehmen, die auf irgendeine Art aus der Benutzung dieses Programm-Materials oder Teilen davon entsteht.

Die Wiedergabe von Gebrauchsnamen, Handelsnamen, Warenbezeichnungen usw. in diesem Werk berechtigt auch ohne besondere Kennzeichnung nicht zur Annahme, daß solche Namen im Sinne der Warenzeichen- und Markenschutz-Gesetzgebung als frei zu betrachten wären und daher von jedermann benutzt werden dürften.

Die Deutsche Bibliothek - CIP-Einheitsaufnahme

HTML 4.0 für Profis / Stephan Lamprecht. - München ; Wien : Hanser
  (Hanser-Programmier-Praxis)
  ISBN 3-446-19247-6

Buch.1998
brosch.

CD-ROM. 1998

Dieses Werk ist urheberrechtlich geschützt.
Alle Rechte, auch die der Übersetzung, des Nachdrucks und der Vervielfältigung des Buches oder Teilen daraus, vorbehalten. Kein Teil des Werkes darf ohne schriftliche Genehmigung des Verlages in irgendeiner Form (Fotokopie, Mikrofilm oder einem anderen Verfahren), auch nicht für Zwecke der Unterrichtsgestaltung, reproduziert oder unter Verwendung elektronischer Systeme verarbeitet, vervielfältigt oder verbreitet werden.

© 1998 Carl Hanser Verlag München Wien
Internet: http://www.hanser.de
Gesamtlektorat: Simone Viethen, München
Umschlaggestaltung: MCP Agentur für Marketing, Communications Production, Susanne Kraus GbR, Holzkirchen, unter Verwendung eines Bildes der Bavaria Bildagentur GmbH, Gauting bei München
Belichtung, Druck und Bindung: Kösel, Kempten
Printed in Germany

Vorwort

An Publikationen zum Thema HTML herrscht am deutschen Markt eigentlich kein Mangel. Zahlreiche Einführungen, Ratgeber mit Tips und Tricks für die Erstellung der eigenen Homepage, Handbücher zur Programmierung im World Wide Web und andere Werke werben um die Gunst des Lesers. Es fehlte allerdings bisher an einer umfangreichen Referenz, die auch auf praktische Belange des Designs im Internet Rücksicht nimmt.

Genau das will dieses Buch sein: Es eignet sich gleichermaßen für

- Programmierer, die sich in das Thema HTML einarbeiten wollen,
- Einsteiger, die nach einem methodischen Einstieg in HTML suchen, und schließlich
- jeden interessierten Nutzer des World Wide Web, der mehr über die dahinterstehende Technik wissen möchte.

Das Manuskript entstand in Anlehnung an meine Unterrichtsmaterialien, die ich für verschiedene Kurse im Bereich Web-Design entwickelt habe, wobei mir der didaktische Aufbau besonders wichtig war. Durch den ausführlichen Index eignet sich das Werk aber auch als Nachschlagwerk.

Allerdings wollte ich weder ein Buch über das Internet, noch ein technisches Buch schreiben. Wenn Sie nach einem fundierten Ratgeber für das World Wide Web, dem Internet oder zu technischen Belangen suchen, muß ich Sie leider enttäuschen.

Ein Wort noch zur beigelegten CD-ROM. Sie finden hier alle Listings aus dem Buch, allerdings ohne die dort eingefügten Grafiken oder Video-Clips. Aus Copyright-Gründen war es mir leider nicht möglich, Ihnen auch diese zur Verfügung zu stellen. Da es aber lediglich um die Funktionsweise des HTML-Codes ging, werden Sie die Dateien sicherlich auch ohne Grafiken nützlich finden.

An dieser Stelle möchte ich mich noch bei allen bedanken, die zum Gelingen dieses Buches beigetragen haben. Allen voran Frau Simone Viethen vom Carl Hanser Verlag für ihre Betreuung und ihre engelsgleiche Geduld mit mir. Ich gelobe Besserung, was das Einhalten von Abgabeterminen anbelangt. Außerdem bei meinem ehemaligen Arbeitskollegen Thomas Bartsch, dessen Web-Design mich oft inspiriert hat, schließlich bei meinen Freunden, die ich sträflich vernachlässigt habe, und last but not least bei meiner Freundin Daniela und meiner Tochter Sarah, die beide wieder einmal in liebenswerter Weise auf meine Arbeit Rücksicht genommen haben. Ein abschließender Dank gebührt selbstverständlich auch Ihnen, dafür, daß Sie gerade dieses Buch aus den vielen Titeln am Markt ausgewählt haben!

Ich bin sehr gespannt darauf, von Ihnen Anregungen und Kritik zu erhalten. Schreiben Sie mir doch einfach an meine Adresse:

stephan.lamprecht@hamburg.netsurf.de.

Ahrensburg bei Hamburg im März 1998

Stephan Lamprecht

Inhalt

1 Einführung, Voraussetzungen und allgemeine Syntax 13
   1.1   Entwicklung von HTML 13
   1.2   Probleme beim Erstellen von HTML-Dokumenten 15
   1.3   Welche Voraussetzungen müssen Sie erfüllen? 16
   1.4   Gliederung dieses Buches 17
   1.5   Die allgemeine Syntax von HTML 19
   1.6   Allgemeiner Aufbau eines HTML-Dokuments 20
   1.7   Kommentare 22
   1.8   Maskieren von Umlauten und Sonderzeichen 23

2 Grundlegende Formatierungen 27
   2.1   Zeilenumbrüche steuern 27
   2.2   Absatzschaltungen 30
   2.3   Horizontale Linien 32
   2.4   Standard-Textattribute 34
       2.4.1   Erzeugen von fettem und kursivem Text 34
       2.4.2   Unter- und durchgestrichenen Text erzeugen 36
       2.4.3   Andere Fontmanipulationen 37
       2.4.4   Fontgrößen definieren 38
   2.5   Logische Textauszeichnungen 40
       2.5.1   Zitate 41
       2.5.2   Listings 43
       2.5.3   Betonungen 43
       2.5.4   Definitionen und Abkürzungen 44
       2.5.5   Hoch- und tiefgestellter Text 45
       2.5.6   Überarbeitungen kennzeichnen 45
   2.6   Überschriften 47

3 Dokumente miteinander vernetzen 51
   3.1   Links und Anker 51
   3.2   Auf andere Dokumente und Dienste verweisen 54
   3.3   Weitere Optionen für Links 58
   3.4   Das <BASE>-Element 60

4 Tabellen und Listen 61

4.1 Tabellen 61
- 4.1.1 Allgemeiner Aufbau einer Tabelle 61
- 4.1.2 Tabellenüberschriften 63
- 4.1.3 Informationen zu Tabellenzeilen 64
- 4.1.4 Spalten gruppieren 66
- 4.1.5 Die Zellen einer Tabelle 69
- 4.1.6 Abstände zwischen Zelleninhalt und Zellenrand bestimmen 72
- 4.1.7 Abstand der Zellen voneinander 73
- 4.1.8 Tabellen mit Rahmen versehen 75
- 4.1.9 Ausrichtung des Tabelleninhalts verändern 78
- 4.1.10 Zellen zusammenfassen 81
- 4.1.11 Mit Farben in Tabellen arbeiten 83

4.2 Listen 84
- 4.2.1 Ungeordnete Listen 85
- 4.2.2 Geordnete Listen 88
- 4.2.3 Definitionslisten oder Glossare 92

5 Objekte, Bilder und Applets einfügen 95

- 5.1 Grafiken einfügen 95
- 5.2 Transparente Grafiken 98
- 5.3 Grafiken mit Rahmen und Beschriftungen versehen 100
- 5.4 Alternative Beschriftungen 104
- 5.5 Grafiken skalieren 106
- 5.6 Grafiken unterschiedlicher Auflösung 106
- 5.7 Grafiken als Verweise verwenden 107
- 5.8 Hintergrundgrafiken 115
- 5.9 Nicht nur ein Gag: Browserinterne Grafiken verwenden 116
- 5.10 Weitere Optionen beim Einfügen von Grafiken 118
- 5.11 Welches Grafikformat soll es denn sein? 118
- 5.12 Videos und Musik einfügen 122
  - 5.12.1 Videodateien für den Internet Explorer einbinden 122
  - 5.12.2 Videodateien für den Netscape Navigator einbinden 125
  - 5.12.3 Musikdateien einbinden 130
- 5.13 Dreidimensionale Welten einbinden 132
- 5.14 Java und JavaScript einbinden 137
- 5.15 Das <OBJECT>-Element 143

6	**Formulare in HTML**	**149**
6.1	Ein Formular definieren..	149
6.2	Eingabefelder	151
	6.2.1 Texteingaben	151
6.3	Auswahllisten...	156
6.4	Checkboxen	159
6.5	Radiobuttons	161
6.6	Paßwörter und versteckte Felder..	163
6.7	Schaltflächen...	165
6.8	Die Elemente <LABEL>, <FIELDSET> und <LEGEND>...............	171
6.9	In einem Formular navigieren...	174
7	**Frames**	**177**
7.1	Frames definieren	177
7.2	Scroll-Leisten einfügen und Größenänderung von Frames verhindern	184
	7.2.1 Scroll-Leisten einfügen oder ausblenden	184
	7.2.2 Größenänderung von Frames verhindern.....................	186
7.3	Eigenschaften der Fensterrahmen ändern	187
	7.3.1 Den Rahmen des Frames ein- oder ausblenden	187
	7.3.2 Abstand zwischen Fensterrahmen und Fensterinhalt definieren.	188
7.4	Auf Frames verweisen und Frames wieder beenden	189
7.5	Inline-Frames..	192
7.6	Das Element <NOFRAME>..	196
8	**Farben in HTML ändern**	**197**
8.1	Farbbezeichnungen	197
8.2	Farben für Vorder- und Hintergrund festlegen	199
8.3	Farben für einzelne Abschnitte ändern	200
8.4	Tabellenfarben ändern	200
9	**Style Sheets**	**205**
9.1	Wie werden Style Sheets definiert?	205
9.2	Fontmanipulationen mit Style Sheets	213
	9.2.1 Die Schriftfamilie ändern..	213
	9.2.2 Schriftgattungen verändern...	213
	9.2.3 Stil eines Fonts ändern	214

	9.2.4	Fontvarianten	215
	9.2.5	Fontgröße ändern	216
	9.2.6	Globale Änderungen	216
9.3	Farb- und Hintergrundmanipulation in Style Sheets		217
	9.3.1	Änderungen an der Textfarbe	218
	9.3.2	Änderung der Hintergrundfarbe	218
	9.3.3	Elemente mit einem Hintergrundbild ausstatten	219
9.4	Texteigenschaften definieren		222
	9.4.1	Wortabstand	222
	9.4.2	Buchstabenabstand	222
	9.4.3	Textdekoration	223
	9.4.4	Textumwandlungen	224
	9.4.5	Textausrichtungen	226
	9.4.6	Texteinzug definieren	226
	9.4.7	Zeilenhöhe	227
	9.4.8	Vertikale Ausrichtung definieren	228
9.5	Rahmeneigenschaften		229
	9.5.1	Äußeren Abstand definieren	229
	9.5.2	Innere Abstände bestimmen	231
	9.5.3	Rahmenstärke festlegen	232
	9.5.4	Rahmenfarbe und Rahmenstil definieren	233
	9.5.5	Breite des Rahmens erzwingen	235
	9.5.6	Rahmenhöhe erzwingen	236
9.6	Andere Style Sheet Elemente		238
	9.6.1	Farben für Anker definieren	238
	9.6.2	Listenelemente definieren	239

10 Meta-Informationen **243**

10.1	Automatisch auf eine andere Web-Site umleiten	243
10.2	Zeichensatz definieren	244
10.3	Laden einer Seite direkt vom Server	245
10.4	Angaben über den Autor und das Dokument speichern	247

11 Layer **251**

11.1	Layer definieren	251
11.2	Die Größe eines Layers beschränken	253
11.3	Layer miteinander verschachteln	255
11.4	Die Überlappung von Layern kontrollieren	257

12 Design für Menschen mit Beeinträchtigungen **261**
   12.1 Bilder 261
   12.2 Audio-Dateien 263
   12.3 Videofilme 264
   12.4 Image Maps 265
   12.5 Formulare 266
   12.6 Spezielle Seitenlayouts 266

13 Softwareunterstützung für Web-Designer **269**
   13.1 Genügen Office-Anwendungen? 269
   13.2 HTML-Editoren 270
      13.2.1 HomeSite 271
      13.2.2 HotDog Pro 273
      13.2.3 Hot Metal 275
      13.2.4 Frontpage Express 276
      13.2.5 Composer 278
      13.2.6 AOL Press 279
   13.3 Grafik-Utilites 281
      13.3.1 PaintShop Pro 281
      13.3.2 Gif Construction Set 282
   13.4 Exkurs: Animierte Gif-Grafiken mit dem GIF Construction Set 284
      13.4.1 Laufschriften 284
      13.4.2 Animationen 285
      13.4.3 Der Animation Pausen hinzufügen 286
      13.4.4 Wiederholung 287
      13.4.5 Hintergrund durchscheinen lassen 288
      13.4.6 Bewegte Grafiken 288
      13.4.7 Überblenden 289

14 Die Zukunft von HTML **291**
   14.1 ActiveX 291
   14.2 Dynamic HTML 296
   14.3 HTML für Handhelds und Palmtops 299
   14.4 Extensible Markup Language (XML) 300

Literaturverzeichnis und Quellen im Netz 303
   Literatur 303
   Quellen im Netz 303

Glossar 305

Stichwortverzeichnis 309

1 Einführung, Voraussetzungen und allgemeine Syntax

In diesem Kapitel erfahren Sie, welche Voraussetzungen Sie für das erfolgreiche Durcharbeiten dieses Buches haben sollten, wie es sich gliedert und vor allem, welche Struktur und allgemeine Syntax ein HTML-Dokument besitzt.

1.1 Entwicklung von HTML

Hypertext Markup Language, kurz HTML, ist die Sprache, die das World Wide Web zusammenhält. Alle Dokumente, die dort angeboten werden, basieren zu einem mehr oder weniger großen Teil auf dieser Computersprache, die streng genommen gar keine ist. Im Gegensatz zu anderen Sprachen aus der EDV-Welt ist HTML schnell erlernt, da auf eine komplizierte Syntax verzichtet wurde. Angeregt durch den Boom des Internet beschäftigen sich weltweit Tausende mit der Erstellung von HTML-Dokumenten, um eine eigene Homepage im WWW zu publizieren.

Doch die Popularität von HTML, die durch den Internet-Boom der letzten drei Jahre hervorgerufen wurde, täuscht darüber hinweg, daß es sich bei Seitenbeschreibungssprachen nicht um eine jüngere Entwicklung handelt.

In den späten 60er Jahren entwickelten die Ingenieure in den Labors der Firma IBM eine Lösung für Probleme, die beim Austausch von Dokumenten zwischen verschiedenen Rechnersystemen auftraten. Ihre Antwort hieß Generalized Markup Language (GML): Dabei handelte es sich um die erste Seitenbeschreibungssprache, d.h. der „Programmcode" enthält genaue Anweisungen darüber, wie ein Dokument formatiert sein muß. Im Prinzip ist dies auch bei einem Word-Dokument so, jedoch ist der Code nur für Winword direkt lesbar. Anwender, die ihre Texte mit einem anderen Programm abfassen, benötigen einen Filter, um Word-Dokumente in ihre Schriftstücke zu importieren. Die tägliche Erfahrung eines jeden Anwenders zeigt aber, daß die Ergebnisse dieser Filter zum Teil sehr unterschiedlich sind, und wenig mit dem Ausgangstext gemein haben. Einen Ausweg bietet HTML, da der Austausch von Dokumenten hier sogar über verschiedene Rechnerwelten hinweg funktioniert.

Nachdem GML von der Internal Standardization Organisation (ISO) unter der Nummer 8879 zertifiziert wurde, also zu einer international gültigen Norm wurde, firmierte das erste System, um die Formate einer Seite zu beschreiben unter den Namen Standard Generalized Markup Language (SGML). SGML stellt ein System dar, das beschreibt, wie Dokumentbeschreibungssprachen aufgebaut werden sollen. Da HTML eine solche Dokumentbeschreibungssprache ist, sich also an die ISO-Norm 8879 hält, spricht man auch davon, daß HTML eine Instanz von SGML sei.

HTML entstand im Jahre 1990 im Rahmen des WWW-Forschungsprojektes am europäischen Hochenergieforschungszentrum CERN in Genf. Streng genommen handelte es sich dabei gar nicht um ein offizielles CERN-Projekt: Der Informatiker Tim Berners-Lee hatte die Idee, Forschungsergebnisse von Hochenergiephysikern weltweit miteinander zu vernetzen, um so allen Kollegen einen leichten Zugriff darauf zu geben. Anfangs hatte HTML mit SGML nicht sehr viel mehr zu tun, als daß die gleichen Zeichen dafür verwendet wurden, um Formatierungsanweisungen von Text zu trennen. Dies änderte sich aber im Laufe der Entwicklung: HTML bekam eine Document Type Definition, die festlegt, welche allgemeinen Regeln einer Seitenbeschreibungssprache zugrunde liegen, und die SGML-konform war.

Bei der Niederschrift des Manuskriptes stand ich vor dem Problem, daß über einen technischen Standard berichtet werden soll, aber die zur Verfügung stehende Software noch nicht in der Lage ist, sämtliche Elemente der neuen Version 4.0 von HTML auch anzuzeigen. Viele der in diesem Buch aufgeführten Beispiele werden dadurch leider zu "Trockenübungen", die zwar der Form halber richtig sind, aber nicht begutachtet werden können.

HTML 4.0 existierte lange als Vorschlag, der von den Browserherstellern recht selektiv in ihre aktuellen Programmversionen übernommen wurde. Als sich das World Wide Web-Konsortium dazu entschlossen hatte, den Standard 4.0 zu verabschieden, waren die Firmen bereits mit den aktuellen Versionen ihrer Anzeigesoftware am Markt, so daß letzte Änderungen nicht mehr berücksichtigt werden konnten.

Dieses Konsortium, dem über 200 Mitglieder angehören, kümmert sich um die technischen Regularien und die Weiterentwicklung des WWW, damit also auch um HTML. Ihm gehören zahlreiche Softwarefirmen an: Die prominentesten Vertreter sind Microsoft und Netscape. Soll ein neuer technischer Standard gesetzt werden, so wird zunächst ein Vorschlag erstellt, der dann von den Mitgliedern diskutiert und in diesem Diskurs auch verändert wird. Ist die Diskussionsphase abgeschlossen, wird eine "offizielle" Empfehlung zum Standard ausgesprochen, die dann den Mitgliedern zur Abstimmung vorgelegt wird.

Der Abstimmungsprozeß des neuen Standards leitet zu einem der Problemfelder des Publishing mit HTML über.

1.2 Probleme beim Erstellen von HTML-Dokumenten

Der Grundgedanke hinter HTML war, Dokumente miteinander zu vernetzen. Das dahinterstehende Konzept wird *Hypertext* genannt. Ein Hypertext ist dadurch gekennzeichnet, daß er Verweise auf andere Dokumente, die sogenannten *Hyperlinks*, enthält. Dadurch ist der Leseprozeß nicht mehr streng linear vorgegeben, wie bei Zeitschriftenartikeln oder Büchern, sondern der Leser ist in der Lage, zusätzliche Informationen abzurufen, wenn er sie benötigt, um damit von Wissensbereichen zu anderen Wissensbereichen zu springen. An die Bedürfnisse eines Electronic Publishing hat Tim Berners-Lee bei der Entwicklung von HTML nicht gedacht.

Seine Popularität verdankt HTML, und damit das World Wide Web, der ersten Anzeigesoftware, die mit einer grafischen Benutzeroberfläche aufwarten konnte, und am National Center for Supercomputing Applications (NCSA) unter Beteiligung eines jungen Studenten namens Marc Andreessen entstand. Mosaic war der erste sogenannte Browser, der HTML-Code interpretieren konnte und das Blättern von Seite zu Seite im WWW ermöglichte.

Damit setzte ein regelrechter Boom des Internets ein, der bis heute anhält. Andreessen gründete die Firma Netscape, die den Mosaic-Browser weiterentwickelte und unter dem Namen *Navigator* wieder veröffentlichte. Nachdem auch der Softwaregigant aus Redmond, Microsoft, erkannte, daß sich das Internet zu einem ernstzunehmenden wirtschaftlichen Faktor wandelte, entwickelten auch die Microsoft-Programmierer einen Browser: den *Internet Explorer*. Daneben existierten noch eine Reihe von Versuchen anderer Firmen, jedoch haben sich am Markt nur die Produkte von Netscape und Microsoft durchsetzen können.

Doch bereits in den Anfangstagen zeigte sich ein grundsätzliches Problem: Nicht alle Browser verfügten über den gleichen Leistungsumfang. Formatierungen, die zu einem HTML-Standard gehörten, wurden nicht von allen Browsern richtig interpretiert, weil sie hinter den Standards hinterher hinkten. Umgekehrt taten sich gerade Netscape und Microsoft dadurch hervor, HTML um eigene proprietäre Formatierungsanweisungen zu erweitern. Da es beiden Firmen in ihrem Kampf um Marktanteile ging, unterstützte das eigene Produkt nicht die Erweiterungen des anderen. Dies erschwert den Gestaltungsprozeß für jeden Designer von Web-Seiten, da er die Gratwanderung zwischen der Verwendung neuer Formatierungselemente und Kompatibilität unternehmen muß. Dies hat sich bis zum heutigen Tage nicht grundsätzlich geändert. Inzwischen gibt es sogar regelrechte Ratgeber, die den Entwicklern Ratschläge zum sogenannten Hybrid-Design geben.

Die Streitigkeiten zwischen den beiden Konkurrenten im World Wide Web-Konsortium haben dazu geführt, daß die Verabschiedung des Standards 3.2 sehr viel länger gedauert hat, als allgemein erwartet wurde, und im Grunde genommen nur zu einer Sanktionierung dessen wurde, was der Internet Explorer und der Netscape Navigator zu leisten vermochten.

1.3 Welche Voraussetzungen müssen Sie erfüllen?

Bei HTML-Dokumenten handelt es sich um einfache ASCII-Texte. Um die Listings aus diesem Buch nachzuvollziehen, benötigen Sie einen einfachen Texteditor, können aber auch bei Ihrer gewohnten Textverarbeitung bleiben, sofern diese Texte im reinen ASCII-Format abspeichern kann.

Zum anderen benötigen Sie einen Browser, der bereits HTML 4.0 zumindest rudimentär unterstützt. Dies sind der Internet Explorer von Microsoft ab der Version 4.0, den Sie über `http://www.microsoft.com` beziehen können, sowie der Netscape Communicator ebenfalls ab Version 4.0, den Sie unter `http://www.netscape.com` direkt aus dem Internet auf Ihren Rechner überspielen können.

Das sind bereits die beiden Basis-Werkzeuge, mit denen sich komplette Web-Sites erstellen lassen, allerdings gibt es noch eine Reihe weiterer nützlicher Tools, die die Arbeit erleichtern können und im weiteren Verlauf des Buches vorgestellt werden.

1.4 Gliederung dieses Buches

Was erwartet Sie nun in diesem Buch? Ich habe mich bemüht, möglichst viele Aspekte von HTML 4.0 zu berücksichtigen, die in der täglichen Arbeit mit dem World Wide Web oder Intranet eine Rolle spielen können. Deshalb finden Sie auf diesen Seiten auch den einen oder anderen Exkurs, der nicht unmittelbar mit HTML zu tun hat, dessen Inhalt jedoch in der täglichen Arbeit eines Web-Designers durchaus eine Rolle spielen kann.

In diesem ersten Kapitel lernen Sie die allgemeine Syntax und den Aufbau eines HTML-Dokuments kennen. Sie werden außerdem erfahren, daß die Anzeige von Umlauten und Sonderzeichen nicht ganz unproblematisch ist und entsprechende Mittel kennenlernen, diese Probleme zu umgehen.

Das zweite Kapitel widmet sich grundlegenden Formatierungen in HTML. Sie erlernen, wie sich Zeilenschaltungen und Absätze definieren lassen, oder wie Texte fett oder kursiv ausgezeichnet werden. Außerdem werden Sie ein erstes den Text strukturierendes Element kennenlernen, nämlich horizontale Linien innerhalb einer Seite einzufügen.

Kapitel drei widmet sich der Erstellung von Hypertext-Dokumenten. Wie können Sie Texte miteinander vernetzen oder auf andere Dienste des Internet/Intranet verweisen? Die Antworten finden Sie in diesem Kapitel.

Tabellen und Listen werden in HTML durch eigene Elemente dargestellt. Mit diesem Schwerpunktthema befaßt sich das vierte Kapitel ausschließlich. Dort werden die unterschiedlichen Typen von Listen vorgestellt, sowie gezeigt, wie sich Informationen übersichtlich in Tabellenform darstellen lassen.

Zum Erfolg des World Wide Web hat nicht zuletzt die Tatsache beigetragen, daß es sich dabei um ein Medium handelt, das hervorragend dazu geeignet ist, multimediale Elemente zu transportieren. Grafiken, Videos und Musik sind heute im Internet verfügbar und dank der Sprache HTML und eines Browsers für jedermann zugänglich. Im fünften Kapitel lernen Sie, wie Sie multimediale Elemente in Ihre Dokumente einbinden.

Formulare werden im WWW häufig gebraucht: sei es für Bestellungen oder Meinungsumfragen. Aus diesem Grund existieren eigene Sprachelemente, die für die Konstruktion eines Formulars benötigt werden. Wie Sie ein Formular gestalten, wird in Kapitel sechs gezeigt.

Das siebte Kapitel widmet sich dem Thema Frames. Dabei handelt es sich um die Möglichkeit, den Bildschirm auf seiten des Anwenders in voneinander unabhängige Bereiche aufzuteilen, die unterschiedliche Inhalte darstellen können. Sie erfahren, wie Sie Frames konstruieren und was sich damit machen läßt.

Das achte Kapitel widmet sich der Frage, wie Farben in HTML geändert werden können. In diesem Abschnitt lernen Sie, welche Elemente sich überhaupt farblich auszeichnen lassen und wie die richtige Syntax für Farbänderungen ist.

Kapitel neun widmet sich ausführlich der größten Neuerung in HTML 4.0, nämlich der Möglichkeit, eigene Formatvorlagen für HTML-Dokumente zu entwickeln, die sogenannten Style Sheets. Damit werden die Möglichkeiten der Seitenbeschreibungssprache in Richtung Desktop Publishing erweitert.

HTML-Dateien können in ihrem Seitenkopf allerlei zusätzliche Informationen tragen, die unter anderem dazu dienen, den Inhalt der Datei für Suchmaschinen zu klassifizieren oder die Anzeigesoftware anzuweisen, den Inhalt nach Ablauf einer bestimmten Zeitspanne zu aktualisieren. In Kapitel zehn erfahren Sie Einzelheiten zu diesen sogenannten Meta-Informationen.

Das elfte Kapitel stellt ein recht außergewöhnliches HTML-Element vor, das zwar nicht zum Sprachstandard gehört, aber einige reizvolle Gestaltungsmöglichkeiten bietet, sofern Sie beispielsweise im Rahmen eines

Intranets ausschließlich für den Netscape Communicator Seiten entwerfen. Die sogenannten Layer teilen den Bildschirm in unterschiedliche, übereinanderliegende Schichten auf, wodurch sich interessante Effekte erzielen lassen.

Kapitel zwölf widmet sich der Frage, wie Sie Seiten für Menschen mit körperlichen Beeinträchtigungen entwerfen, damit etwa sehbehinderte Menschen auch in den Genuß Ihrer Informationen gelangen. Diese Frage wird leider kaum in der Literatur berücksichtigt, weswegen ihr in diesem Buch ein eigener Abschnitt gewidmet wird.

In Kapitel 13 werden Softwareprodukte vorgestellt, die die Arbeit eines Designers sehr erleichtern können, sei es, weil sie einen besseren Überblick über alle Dateien eines Projektes bieten, sei es weil sie viel Schreibarbeit sparen. Außerdem lernen Sie ein Programm genauer kennen, mit dem sich animierte Bilder auf der Homepage integrieren lassen. Dies wird dann exemplarisch einmal demonstriert.

Das letzte Kapitel versucht einen Ausblick auf die Zukunft von HTML zu geben. Was versteht man unter Dynamic HTML, was ist ActiveX und was ist von der neuen Entwicklung XML zu halten? Eine Antwort auf diese Fragen zu geben, wird in diesem Abschnitt versucht.

1.5 Die allgemeine Syntax von HTML

Wie bereits ausgeführt, handelt es sich bei einem HTML-Dokument um eine ASCII-Datei, die neben dem eigentlichen Text Formatierungsanweisungen für die Darstellung des Textes enthält. Diese Formatierungsanweisungen, auch *Tags* genannt, werden von spitzen Klammern umschlossen: < >

Dabei muß man unterscheiden zwischen

- Tags, die alleine stehen können, und
- Tags, die aus einem Anfangs- und Ende-Element bestehen.

In der Regel findet die zweite Möglichkeit, Tags zu bilden, Anwendung. Ein mögliches Paar, bestehend aus einem Anfangs- und einem Ende-Element, könnte so aussehen: `<B> </B>`

Wie Sie sehen, wird das Endezeichen durch einen vorangestellten Schrägstrich (einfacher *Slash*) symbolisiert. Groß- und Kleinschreibung spielen bei der Notation der Tags keine Rolle. Es ist allerdings empfehlenswert, sich zur besseren Übersicht innerhalb eines Dokuments an eine Schreibweise zu halten.

> Formatierungsanweisungen in HTML werden als *Tags* bezeichnet. Sie werden von spitzen Klammern umschlossen. Bis auf wenige Ausnahmen bestehen Tags aus einem Anfangs- und Ende-Tag, wobei das Ende-Tag die Zeichenfolge des Start-Tags aufgreift, ihm aber einen einfachen Schrägstrich voranstellt.

Oftmals ist eine Kombination mehrerer Tags erwünscht oder geradezu erforderlich, um eine bestimmte Formatierung zu erreichen. Sie können beliebig viele Elemente kombinieren, wobei es aber keine Überschneidungen geben darf. Im folgenden sehen Sie ein erlaubtes Beispiel für eine Kombination aus Elementen:

```
<B>Dies    <I>ist    ein    erlaubtes    </I>    Beispiel    für    eine
Kombination </B>
```

Nicht gestattet ist jedoch das folgende Beispiel:

```
<B>Dies ist eine <I>nicht gestattete </B> Kombination </I>
```

1.6 Allgemeiner Aufbau eines HTML-Dokuments

Wie in jeder anderen Programmiersprache auch, gibt es neben der strikten Befolgung der allgemeinen Syntax, noch einige weitere Punkte einzuhalten. Dazu gehört ein festgelegter Aufbau eines HTML-Dokuments. Dieses setzt sich zusammen aus:

- einer Dokumentendeklaration,
- dem Dateikopf, dem *Header* der Datei,
- einem (optionalen) Titel des Dokuments,
- dem eigentlichen Textkörper (*Body*).

Die Spezifikation von HTML sieht vor, daß eine Anzeigesoftware mehrere Seitenbeschreibungssprachen anzeigen kann. Dazu muß der Software, die auch User Agent genannt wird, nur mitgeteilt werden, welche

Allgemeiner Aufbau eines HTML-Dokuments

Zeichen- und Tag-Sätze erlaubt sind. Dazu wird einem Dokument die Dokumentendeklaration (*Document Type Declaration = DTD*) vorangestellt.

HTML 4.0 sieht insgesamt drei dieser DTD vor. Der Autor muß seinen Dokumenten eine der folgenden Deklarationen voranstellen:

- Die strikte HTML 4.0 DTD erlaubt nur Elemente, die der neuen Spezifikation entsprechen. Elemente aus Vorgängerversionen wie HTML 3.2 oder 2.0, die nicht mehr empfohlen werden, werden bei der Anzeige nicht berücksichtigt. Da aber nur die wenigsten Programme allein die neuesten Tags anzeigen, ist diese DTD für den täglichen Gebrauch nicht zu empfehlen. Die strikte HTML 4.0 DTD lautet: `<!DOCTYPE HTML PUBLIC "-//W3C//DTD HTML 4.0//EN">`
- Die Übergangs-Spezifikation erlaubt neben den neuen Elementen der Version 4.0 auch Sprachelemente, deren Benutzung nicht mehr empfohlen wird, ist also abwärtskompatibel. Die entsprechende DTD lautet: `<!DOCTYPE HTML PUBLIC "-//W3C//DTD HTML 4.0 Transitional//EN">`
- Schließlich gibt es noch eine eigene DTD für sogenannte Framesets. Frames sind einzelne, voneinander unabhängige Bildschirmbereiche innerhalb des Programmfensters der Anzeigesoftware. Sie werden später noch ausführlich vorgestellt. Die Frameset-DTD wird wie folgt angegeben: `<!DOCTYPE HTML PUBLIC "-//W3C//DTD HTML 4.0 Frameset//EN">`

Unmittelbar auf die DTD muß das Element `<HTML>` folgen, das zusammen mit seinem Gegenpart `</HTML>` das eigentliche Dokument umrahmt, und nur einmal im ganzen Dokument vorkommen darf.

Im Anschluß an das `<HTML>` muß ein weiteres Element zwingend eingetragen werden, nämlich `<BODY>`, das mit seinem Gegenpart `</BODY>` den eigentlichen Textteil umrahmt. Das abschließende `</BODY>` muß vor dem das Dokument beendende `</HTML>` eingefügt werden. Schematisch sieht ein HTML-Dokument also so aus:

Listing 1-1:
```
<!DOCTYPE HTML PUBLIC "-//W3C//DTD HTML 4.0//EN">
<HTML>
<BODY>
```

```
Hier folgt der eigentliche Inhalt
</BODY>
</HTML>
```

Optional verfügt jedes HTML-Dokument über einen Dateikopf, dem Header, der durch die Elemente `<HEAD>` und `</HEAD>` gebildet wird. Mit nur einer einzigen Ausnahme sind alle Informationen des Headers im Browser nicht sichtbar. Damit ist der Dateikopf prädestiniert dafür, versteckte Informationen über das Dokument aufzunehmen, zum Beispiel Angaben zum Verfasser, Kommentare usw.

Wird einer Datei ein Dateikopf hinzugefügt, ist allerdings zwingend vorgeschrieben, den Seiten einen Titel zu geben. Dieser Titel wird in der Fensterleiste des Browsers angezeigt und durch das Paar `<TITLE>` ... `</TITLE>` gebildet.

Wird ein Dateikopf mit `<HEAD>` gebildet, ist das Elemente `<TITLE>` zwingend vorgeschrieben!

Listing 1-2:
```
<!DOCTYPE HTML PUBLIC "-//W3C//DTD HTML 4.0//EN">
<HTML>
<HEAD>
<TITLE>Willkommen auf unserer Homepage</TITLE>
</HEAD>
<BODY>
Hier folgt der eigentliche Inhalt
</BODY>
</HTML>
```

Der Titel darf keine weiteren HTML-Elemente enthalten.

1.7 Kommentare

Wie in jeder Programmiersprache, ist es in HTML möglich, Texte als Kommentare zu maskieren. Damit gestalten Sie längeren Quellcode übersichtlicher, oder können in den Dokumenten zusätzliche Informationen verstecken. Kommentare werden vom Browser nicht angezeigt.

Leider gibt es bisher noch keine Möglichkeit, Texte in HTML so zu verstecken, daß ein Leser gar keinen Zugriff darauf bekommt. Mit jedem Browser läßt sich der Quellcode der Datei im Original betrachten, was es praktisch unmöglich macht, besonders gelungene Layouts vor Nachahmern zu schützen.

Einen Kommentar fügen Sie in HTML durch folgende Zeichenfolge ein: `<!--` und `-->`. Der Text zwischen diesen beiden Elementen wird dann nicht dargestellt.

Listing 1-3:
```
<!DOCTYPE HTML PUBLIC "-//W3C//DTD HTML 4.0//EN">
<HTML>
<HEAD>
<TITLE>Willkommen auf unserer Homepage</TITLE>
</HEAD>
<BODY>
Hier folgt der eigentliche Inhalt
<!--Dies ist ein Kommentar, der auch mehrere Zeilen
umfassen kann. -->
</BODY>
</HTML>
```

1.8 Maskieren von Umlauten und Sonderzeichen

Auch einige Jahre nach Vorstellung des ersten HTML-Standards werden die deutschen Umlaute von manchen (besonders älteren) Browsern nicht korrekt dargestellt. Darüber hinaus gibt es das Problem, daß möglicherweise Zeichen angezeigt werden sollen, die von HTML selbst als Formatanweisungen interpretiert würden. Aus diesem Grunde existieren die sogenannten *Entities*. Dabei handelt es sich um Sonderzeichen, die deutsche Umlaute und Zeichen aus HTML maskieren.

So wird aus dem Buchstaben ä die Zeichenfolge `&auml;`, aus ß wird `&szlig;`. Eine Übersicht der Entities finden Sie in der nachfolgenden Tabelle:

Sonderzeichen	Entity	Sonderzeichen	Entity
<	&lt;	Ü	&Uuml;
>	&gt;	Ý	&Yacute;
&	&amp;	á	&aacute;

Sonderzeichen	Entity	Sonderzeichen	Entity
"	&quot;	â	&acirc;
(c)	&copy;	æ	&aelig;
(r)	&reg;	à	&agrave;
Æ	&AElig;	å	&aring;
Á	&Aacute;	ã	&atilde;
Â	&Acirc;	ä	&auml;
À	&Agrave;	ç	&ccedil;
Å	&Aring;	é	&eacute;
Ã	&Atilde;	ê	&ecirc;
Ä	&Auml;	è	&egrave;
Ç	&Ccedil;	ë	&euml;
É	&Eacute;	í	&iacute;
Ê	&Ecirc;	î	&icirc;
È	&Egrave;	ì	&igrave;
Ë	&Euml;	ï	&iuml;
Í	&Iacute;	ñ	&ntilde;
Î	&Icirc;	ó	&oacute;
Ì	&Igrave;	ô	&ocirc;
Ï	&Iuml;	ò	&ograve;
Ñ	&Ntilde;	ø	&oslash;
Ó	&Oacute;	õ	&otilde;
Ô	&Ocirc;	ö	&ouml;
Ò	&Ograve;	ß	&szlig;
Ø	&Oslash;	ú	&uacute;

Maskieren von Umlauten und Sonderzeichen

Sonderzeichen	Entity	Sonderzeichen	Entity
Õ	&Otilde;	û	&ucirc;
Ö	&Ouml;	ù	&ugrave;
Ú	&Uacute;	ü	&uuml;
Û	&Ucirc;	ý	&yacute;
Ù	&Ugrave;	ÿ	&yuml;

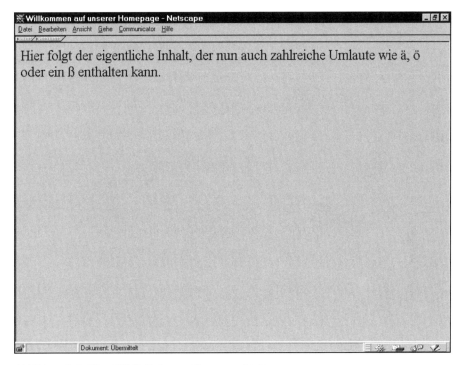

Abbildung 1-1: Eine HTML-Seite gemäß unseres Listings

Listing 1-4:

```
<!DOCTYPE HTML PUBLIC "-//W3C//DTD HTML 4.0//EN">
<HTML>
<HEAD>
<TITLE>Willkommen auf unserer Homepage</TITLE>
</HEAD>
<BODY>
```

```
Hier folgt der eigentliche Inhalt, der nun auch zahlreiche
Umlaute wie &auml;, &ouml; oder ein &szlig; enthalten kann.
<!--Dies ist ein Kommentar, der auch mehrere Zeilen
umfassen kann. -->
</BODY>
</HTML>
```

2 Grundlegende Formatierungen

Es gehört zur Besonderheit von HTML, daß der gesamte Inhalt eines Dokuments als Fließtext angesehen wird, sofern der Autor nichts anderes verfügt. Das heißt, der Text wird in Abhängigkeit von der Größe des Browser-Fensters automatisch umbrochen. In diesem Abschnitt erfahren Sie, wie Sie diesen automatischen Umbruch selbst steuern können.

Bereits seit den ersten Versionen bietet HTML dem Autor einige Möglichkeiten für die Schriftauszeichnung an. Im weiteren Verlauf dieses Abschnitts wird gezeigt, wie Sie gängige Schriftattribute wie fetten oder kursiven Text erzeugen können. Schließlich sehen Sie, wie Sie Ihren Dokumenten automatisch formatierte Überschriften hinzufügen.

2.1 Zeilenumbrüche steuern

Anders als Sie es von Ihrer Textverarbeitung gewohnt sind, fügt ein Druck auf die Return-Taste in einem HTML-Dokument keinen sichtbaren Zeilenumbruch ein. Zwar springt der Cursor in Ihrem Editor eine Zeile weiter, doch wenn Sie sich das Ergebnis im Browser ansehen, ist von diesem Zeilenumbruch nichts mehr zu sehen. Auf den ersten Blick mag dies ein Manko sein, hat aber auch Vorteile. Durch die vielen Formatierungsanweisungen können selbst kurze Texte in HTML einen beträchtlichen Umfang annehmen. Durch eingefügte Leerzeilen im Quellcode, die im Browser ja nicht sichtbar sind, lassen sich selbst lange Dokumente sehr übersichtlich gliedern.

Sie müssen aber nicht auf Zeilenumbrüche verzichten, denn HTML bringt für diese Funktion ein eigenes Element mit, nämlich `<BR>`.

Dieses Element ist eine der wenigen Formatierungsanweisungen, die allein stehen dürfen, also kein abschließendes Element erfordern. Das „BR" steht dabei für *Line-Break*. Das Element wird genau an der Stelle eingefügt, an der Sie einen Zeilenumbruch wünschen:

Listing 2-1:
```
<!DOCTYPE HTML PUBLIC "-//W3C//DTD HTML 4.0//EN">
<HTML>
```

```
<HEAD>
<TITLE>Willkommen auf unserer Homepage</TITLE>
</HEAD>
<BODY>
ene mene muh <BR>
raus bist <BR>
Du! <BR>
Hier gehts es dann wieder mit automatisch umbrochenen Text
weiter.
</BODY>
</HTML>
```

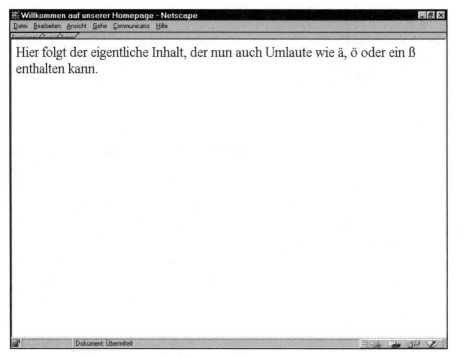

Abbildung 2-1: Zeilenumbruch in HTML

Das automatische Umbrechen von Textzeilen kann auch ganz explizit verhindert werden. Damit ist der Autor in der Lage, Texte so zu formatieren, daß längere Zeilen entstehen. Das ist beispielsweise bei Texten nützlich, in denen Sachverhalte unbedingt in einer Zeile dargestellt werden müssen, etwa bei Benutzereingaben. Das Element in HTML, das automatische Umbrüche verhindert, ist <NOBR>. Eine Passage, die von <NOBR> und </NOBR> umrahmt wird, sollte nur sehr sparsam eingesetzt werden, da der Designer ja keine Angaben darüber hat, mit welcher Bildschirmauflösung der Anwender arbeitet. Aus einer Reihe von Studien ist bekannt, daß das horizontale Scrollen von Anwendern nur sehr widerwillig getan wird.

Listing 2-2:
```
<!DOCTYPE HTML PUBLIC "-//W3C//DTD HTML 4.0 Final//EN">
<HTML>
<HEAD>
<TITLE>Zeichenumbruch ausschalten</TITLE>
</HEAD>
<BODY>
<NOBR>Dies ist eine ganz lange Zeile, die vom Browser nicht
umbrochen wird, weil Sie entsprechend formatiert wurde. Der
Nachteil für den Leser ist, daß er nun scrollen muss, um
den gesamten Inhalt zu lesen.</NOBR>Anschließend geht es
mit normalem Text weiter.
</BODY>
</HTML>
```

Eine gänzlich andere Methode, die Ihnen die vollständige Kontrolle über das Layout Ihres Textes gibt, soll am Ende dieses Abschnittes erwähnt werden. Mit dem Paar `<PRE>...</PRE>` wird Ihr Text so angezeigt, wie Sie ihn tatsächlich eingegeben haben. Allerdings hat dies auch Nachteile, denn die Browser verwenden für solchen "pre-formatted" Text eine dicktengleiche Schrift. Voreingestellt ist der Font Courier, der schon rein optisch nicht jedermanns Sache ist.

Listing 2-3:
```
<!DOCTYPE HTML PUBLIC "-//W3C//DTD HTML 4.0 Final//EN">
<HTML>
<HEAD>
<TITLE>Vorformatierter Text</TITLE>
</HEAD>
<BODY>
<PRE>Vorformatierter Text wird so angezeigt,
wie Sie ihn eingeben,
also auch mit Zeilenschaltungen
wo
Sie
dies wünschen</PRE>
</BODY>
</HTML>
```

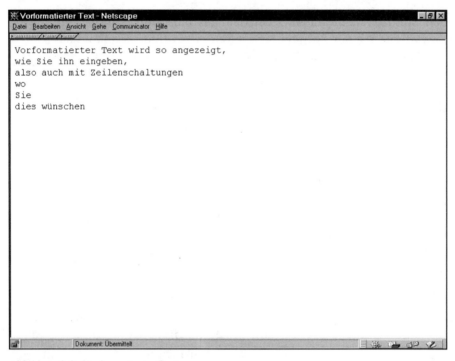

Abbildung 2-2: Vorformatierter Text

Jede Textverarbeitung kennt die Funktion "geschützter Leerschritt". Damit wird verhindert, daß an einer Stelle mit einem Leerzeichen ein Zeilenumbruch durchgeführt wird. Auch HTML kennt einen solchen geschützten Leerschritt. Das Zeichen dafür ist . Dabei handelt es sich um die Abkürzung von *Non-Breaking Space*. Jedes dieser Entities steht für ein Leerzeichen. Wollen Sie eine längere Passage davor bewahren, umbrochen zu werden, verwenden Sie das Zeichen einfach so oft, wie es benötigt wird.

2.2 Absatzschaltungen

Um Absätze zu bilden, wird ein eigenes Element verwendet. Das Paar <P></P> markiert einen Absatz, wobei das „P" für *Paragraph* steht. Text, der sich zwischen den beiden Elementen befindet, gilt als ein Absatz, der vom vorherigen Text durch einen deutlichen Abstand getrennt wird. Auf das End-Element kann verzichtet werden, weil die Browser selbständig den abschließenden Tag hinzufügen, da die erneute Verwendung des

Paragraph-Zeichens impliziert, daß es vorher ein abschließendes Zeichen gegeben haben muß.

Listing 2-4:
```
<!DOCTYPE HTML PUBLIC "-//W3C//DTD HTML 4.0//EN">
<HTML>
<HEAD>
<TITLE>Willkommen auf unserer Homepage</TITLE>
</HEAD>
<BODY>
<P>Dies ist der erste Absatz, der sich vom nachfolgenden
Absatz durch gen&uuml;gend Abstand abheben wird.</P>
<P>Hier beginnt der zweite Absatz...</P>
<P>Und hier der dritte.</P>
</BODY>
</HTML>
```

Absätze lassen sich, wie Sie es von Word oder einer anderen Textverarbeitung her kennen, ausrichten. Dabei stehen die Ausrichtungen

- linksbündig,
- rechtsbündig und
- zentriert

zur Verfügung. Die Ausrichtung eines Absatzes wird durch das Attribut `align` bestimmt, das innerhalb des einleitenden HTML-Elements eingetragen wird. Es kann folgende vier Werte annehmen:

- `left`: Der Text erscheint linksbündig.
- `right`: Der Text erscheint rechtsbündig.
- `center`: Der Text ist zentriert.
- `justify`: Der Text wird an beiden eingestellten Seitenrändern ausgerichtet.

Um einen Absatz auszurichten, fügen Sie das entsprechende Attribut in das einleitende Element für den Absatz ein, wobei der Wert von Anführungszeichen umschlossen und vom Attribut durch ein Gleichheitszeichen getrennt wird.

Listing 2-5:
```
<!DOCTYPE HTML PUBLIC "-//W3C//DTD HTML 4.0//EN">
<HTML>
```

```
<HEAD>
<TITLE>Willkommen auf unserer Homepage</TITLE>
</HEAD>
<BODY>
<P align="center">Dies ist der erste Absatz, der sich vom
nachfolgenden Absatz durch gen&uuml;gend Abstand abheben
wird.</P>
<P align="left">Hier beginnt der zweite Absatz...</P>
<P align="right">Und hier der dritte.</P>
</BODY>
</HTML>
```

Die Verwendung dieses Attributs wird vom WWW-Konsortium allerdings nicht mehr empfohlen. Die Ausrichtung von Absätzen läßt sich eleganter mit *Style Sheets* lösen, die später vorgestellt werden.

2.3 Horizontale Linien

In den Anfangstagen von HTML bestand die einzige Möglichkeit, Texte etwas optisch aufzulockern darin, eine horizontale Linie zur Unterteilung einzusetzen. Tatsächlich sind die „horizontal Rulers" immer noch ein wichtiges Gestaltungselement beim Layout einer Web-Seite. Das Element für ein horizontale Linie ist `<HR>`.

Dieses Element kann zahlreiche Attribute besitzen, die allerdings alle nicht mehr empfohlen werden, sondern durch die Konstruktionen der *Style Sheets* abgelöst werden sollen. Dennoch „versteht" jeder Browser noch die entsprechenden Formatierungen. Mögliche Attribute von `<HR>` sind:

- `align`:   Legt die Ausrichtung der Linie fest.
- `size`:   Definiert die Dicke der Linie.
- `Width`:   Gibt die Länge der Linien an.
- `Noshade`: Der übliche „gestanzte" Eindruck der Linie wird vermieden.

Eine horizontale Linie kann zentriert, links- oder rechtsbündig sein. Demzufolge kann das Attribut `align` die folgenden Werte annehmen:

- `left`
- `right`
- `center`

Horizontale Linien

Die Dicke der Linie wird mit dem Attribut `size` in einem Wert, gemessen in Pixeln angegeben.

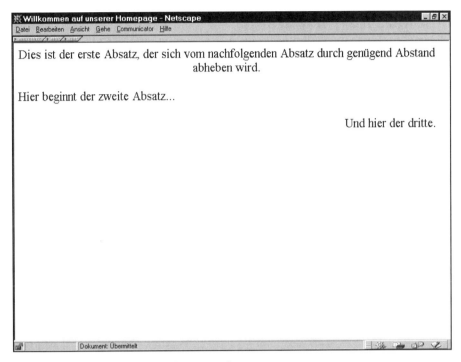

Abbildung 2-3: Unterschiedliche Absatzausrichtungen

Die Länge der Linie wird prozentual an der zur Verfügung stehenden Anzeigefläche gemessen und durch das Attribut `width` bestimmt. In Abbildung 2-4 sehen Sie einige horizontale Linien unterschiedlicher Formatierung.

Listing 2-6:
```
<!DOCTYPE HTML PUBLIC "-//W3C//DTD HTML 4.0 Final//EN">
<HTML>
<HEAD>
<TITLE>Horizontale Linien</TITLE>
</HEAD>
<BODY>
Verschiedene horizontale Linien:<BR>
<HR ALIGN="left" noshade>
<HR ALIGN="center" size="5">
<HR ALIGN="right" width="85%">
```

```
<HR ALIGN="center" width="60%" size="3" noshade>
</BODY>
</HTML>
```

2.4 Standard-Textattribute

Hervorhebungen beleben jeden Text und Textattribute wie fett, kursiv oder unterstrichen sind eine Standardfunktion einer jeden Textverarbeitung. So kennt auch HTML einige Formate, um einzelne Passagen vom übrigen Text hervorzuheben.

2.4.1 Erzeugen von fettem und kursivem Text

Um eine Passage zu fetten, wird das Element <B> mit seinem abschließenden Element </B> verwendet. Das "B" steht dabei für *Bold*, wörtlich mit "ins Auge fallend" aus dem Englischen übersetzt, und entspricht der Abkürzung für fetten Text in vielen Textverarbeitungen aus dem angelsächsischen Raum.

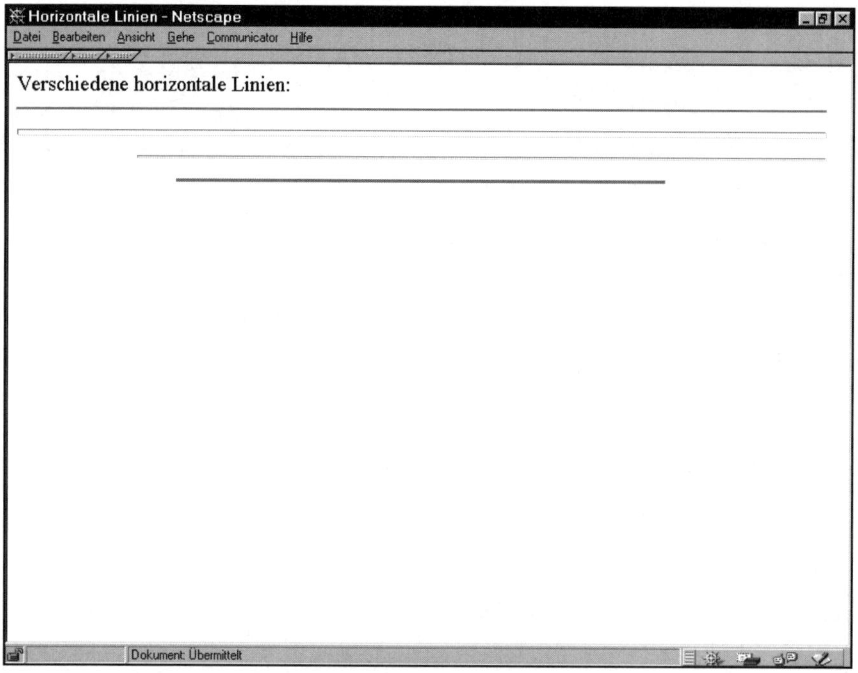

Abbildung 2-4: Verschiedene horizontale Linien in der Ansicht

Der gesamte Text zwischen den beiden Elementen erscheint fett hervorgehoben. Kursiver Text wird im Englischen als *italic* bezeichnet. Folgerichtig ist das Element für die Erzeugung von kursiven Textpassagen das Paar <I>...</I>. Selbstverständlich ist auch eine Kombination von fettem und kursivem Text möglich.

Listing 2-7:
```
<!DOCTYPE HTML PUBLIC "-//W3C//DTD HTML 4.0//EN">
<HTML>
<HEAD>
<TITLE>Fetter und kursiver Text</TITLE>
</HEAD>
<BODY>
Mit HTML k&ouml;nnen Sie sowohl Textpassagen <B>fett
gestalten</B>, wie auch <I>kursiv.</I><BR>
Sogar eine <B><I>Kombination aus beiden Elementen ist ohne
Probleme m&ouml;glich.</I></B>
</BODY>
</HTML>
```

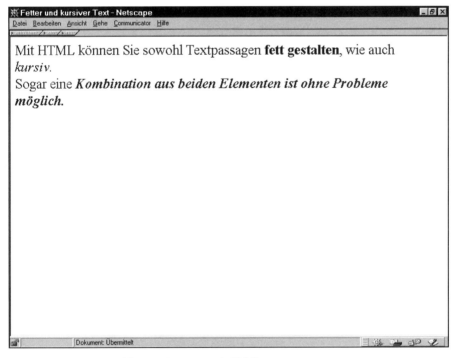

Abbildung 2-5: Fette und kursive Passagen mit HTML

2.4.2 Unter- und durchgestrichenen Text erzeugen

Das Hervorheben wichtiger Sachverhalte durch Unterstreichungen ist für jeden Autor eine Selbstverständlichkeit. Sparsam eingesetzt, ist dieses Format ideal, um auf wichtige Abschnitte hinzuweisen. Unterstreichungen in HTML werden durch die Elemente <U>...</U> vorgenommen. Auch die Verwendung dieses Formats wird nicht mehr empfohlen, ist aber problemlos darstellbar.

Eine andere Art der Hervorhebung ist das Durchstreichen von Text. Auf den ersten Blick mag dies etwas widersinnig erscheinen, aber es eignet sich beispielsweise dazu, obsolete Preise in Angebotslisten kenntlich zu machen.

Durchgestrichenen Text erzeugen Sie in HTML durch die Verwendung des Elements <STRIKE>...</STRIKE> oder <S>...</S>.

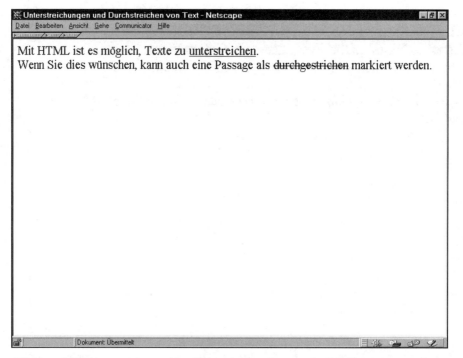

Abbildung 2-6: Unterstreichen und Durchstreichen von Text ist ebenfalls möglich

Listing 2-8:
```
<!DOCTYPE HTML PUBLIC "-//W3C//DTD HTML 4.0//EN">
<HTML>
<HEAD>
<TITLE>Unterstreichungen und Durchstreichen von
Text</TITLE>
</HEAD>
<BODY>
Mit HTML ist es m&ouml;glich, Texte zu
<U>unterstreichen</U>.<BR>
Wenn Sie dies w&uuml;nschen, kann auch eine Passage als
<S>durchgestrichen</S> markiert werden.
</BODY>
</HTML>
```

2.4.3 Andere Fontmanipulationen

Bereits seit einigen Versionen kennt HTML noch andere Möglichkeiten, die angezeigte Schrift eines Dokuments zu manipulieren. Allerdings wird die Verwendung der im folgenden beschriebenen Elemente in der Version 4.0 nicht mehr empfohlen. Dennoch werden die gezeigten Möglichkeiten ohne weitere Probleme von den verbreiteten Browsern angezeigt.

Möchte der Autor einer Seite Textpassagen in einer dicktengleichen Schrift präsentieren, bietet sich das Element `<TT>...</TT>` an. Dabei handelt es sich um die Abkürzung für *Teletype Text*, benannt in Anlehnung an den Fernschreiber.

Listing 2-9:
```
<!DOCTYPE HTML PUBLIC "-//W3C//DTD HTML 4.0 Final//EN">
<HTML>
<HEAD>
<TITLE>Dicktengleiche Schrift</TITLE>
</HEAD>
<BODY>
<TT>Liebe Leser, hier handelt es sich um eine Passage in
dicktengleicher Schrift.</TT>
</BODY>
</HTML>
```

HTML bietet dem Autoren darüber hinaus auch die Möglichkeit an, die verwendete Schriftart zu vergrößern bzw. zu verkleinern. Dabei handelt es sich allerdings nicht um definierbare Fontgrößen, die erst durch Style Sheets möglich werden, sondern um relative Angaben.

Um die verwendete Schrift für eine Passage zu vergrößern, werden die Elemente `<BIG>` ... `</BIG>` verwendet. Analog dazu verkleinert `<SMALL>` ... `</SMALL>` die angezeigte Schrift. Ein Beispiel sehen Sie in Abbildung 2-7.

Listing 2-10:

```
<!DOCTYPE HTML PUBLIC "-//W3C//DTD HTML 4.0//EN">
<HTML>
<HEAD>
<TITLE>TT, BIG und SMALL</TITLE>
</HEAD>
<BODY>
W&auml;hrend normaler Flie&szlig;text die &uuml;blichen
Fontbreiten der True Type Fonts verwendet, kommt nun
<TT>eine dicktengleiche Schrift zum Einsatz, die dem Text
ein v&ouml;llig anderes Aussehen verleiht</TT><BR>
Wollen Sie eine <BIG>Passage mit einer
gr&ouml;&szlig;eren</BIG> Schrift versehen, ist das kein
Problem. Sie k&ouml;nnen aber auch <SMALL>eine kleinere
Schrift</SMALL> verwenden.
</BODY>
</HTML>
```

2.4.4 Fontgrößen definieren

Die wachsende Verbreitung von *Style Sheets* werden die folgenden Formatierungen ebenfalls überflüssig machen, weswegen sie auch nicht mehr empfohlen werden. Dennoch sind sie unter den Designern für das World Wide Web immer noch sehr beliebt.

`<BASEFONT>`...`</BASEFONT>` definiert eine Schriftgröße, die im gesamten Text durchgehalten wird. Dieses Element wird durch das Attribut `size` erweitert, dem Sie einen Wert von 1 bis 7 zuweisen können. Geben Sie keinen Wert für Basefont an, so ist ein Wert von 3 voreingestellt. Diese Werte sind allerdings nur relative Zahlen, gemessen an der voreingestellten Schriftart des Browsers. Dort ist meist die Schrift Times New Roman in der Größe 12 pt eingestellt. Geben Sie für die Basisschriftart einen anderen Wert als 3 ein, so ist die angezeigte Schriftart größer oder kleiner als diese 12 pt.

Standard-Textattribute

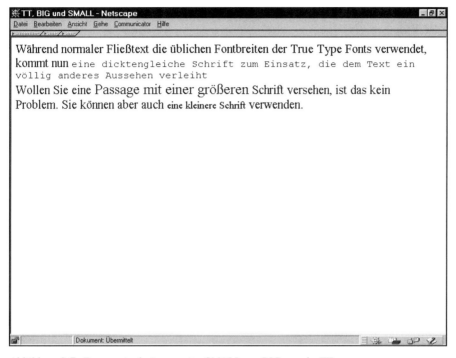

Abbildung 2-7: Fontmanipulationen mit <SMALL>, <BIG> und <TT>

Listing 2-11:
```
<!DOCTYPE HTML PUBLIC "-//W3C//DTD HTML 4.0 Final//EN">
<HTML>
<HEAD>
     <TITLE>Fontgr&ouml;&szlig;en</TITLE>
</HEAD>
<BODY>
Dies ist normaler Text. <BR>
<BASEFONT size="7"> Dies ist Text der Gr&ouml;&szlig;e
7.<BR>
</BASEFONT>
</BODY>
</HTML>
```

Es steht Ihnen darüber hinaus frei, eine Fontgröße als Basis zu nehmen, und diese für einzelne Passagen zu ändern. Für diesen Zweck wird das Element <FONT>...</FONT> eingesetzt.

Für das Attribut `size` sind bei diesem Element zwei Wertangaben möglich. Zum einen kann eine relative Größe von 1 bis 7 eingetragen werden, oder Sie beziehen sich auf den Basis-Font und geben eine auf diesen Wert bezogene relative Vergrößerung oder Verkleinerung an. Ein Wert von "+1" bedeutet dabei, einen um eine Stufe größeren Font als die Basisschriftart zu verwenden. In Abbildung 2-8 sehen Sie ein Beispiel für die Manipulation der Fontgrößen.

Listing 2-12:
```
<!DOCTYPE HTML PUBLIC "-//W3C//DTD HTML 4.0 Final//EN">
<HTML>
<HEAD>
    <TITLE>Fontgr&ouml;&szlig;en</TITLE>
</HEAD>
<BODY>
<BASEFONT SIZE="4">F&uuml;r den gesamten Text gilt nun eine
Gr&ouml;&szlig;e von 4.<BR> Ausnahme ist zum Beispiel
<FONT size="+2">hier</font>.<BR>Oder auch <FONT size="-
2">hier.</font></BASEFONT>
</BODY>
</HTML>
```

2.5 Logische Textauszeichnungen

HTML kennt einige Elemente, die keinerlei Auswirkungen auf den Text zu haben scheinen, wenn sie eingesetzt werden. Dabei handelt es sich um die sogenannten logischen Textauszeichnungen.

Das Sprachkonzept von HTML sieht vor, daß Textpassagen in Abhängigkeit von ihrem Inhalt mit einem bestimmten Element formatiert werden sollen, um in der Anzeigesoftware auf eine spezielle Art und Weise dargestellt zu werden. Leider hat sich dieser Teil des Sprachkonzepts bisher nicht durchsetzen können, obwohl die Idee dahinter bestechend ist.

Wird in diesem Buch ein Listing gezeigt, so kommt ein anderer Font zum Einsatz, um diese Passagen vom übrigen Text abzugrenzen. Auch die Entwickler von HTML haben an ein solches Vorgehen gedacht. Die logischen Textauszeichnungen sollen Texte automatisch auf eine bestimmte Art und Weise formatieren, um sie als Zitate oder Listings kenntlich zu machen. Obwohl kein Browser existiert, der die logischen Tags darstellt, könnten sie für zukünftige Software durchaus eine Rolle spielen, weil damit Verweise und Dokumente klassifiziert werden könnten. Aus diesem Grunde sind diese speziellen Formatierungen auch weiter Bestandteil von HTML.

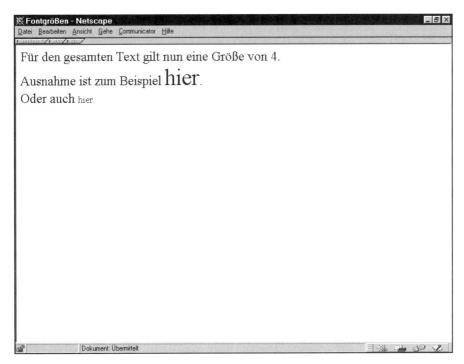

Abbildung 2-8: Manipulation der Fontgrößen

2.5.1 Zitate

Um ein Zitat zu kennzeichnen, wird das Paar `<CITE>...</CITE>` verwendet. Dabei muß es sich nicht um ein Zitat im klassischen Sinne handeln, sondern denkbar ist auch der Hinweis auf eine weiterführende Ressource.

Eine andere Möglichkeit, um zitierten Text kenntlich zu machen, ist die Verwendung des Elements `<BLOCKQUOTE>...</BLOCKQUOTE>`. Zwar wird die Verwendung dieses Elements nicht mehr empfohlen, dennoch erfreut er sich bei HTML-Designern immer noch großer Beliebtheit, da die Browser auf diese Weise markierten Text, als Blocksatz darstellen.

<BLOCKQUOTE> kann mit dem Attribut cite ergänzt werden, das dann die Quelle des Zitats zeigt. Abbildung 2-9 veranschaulicht dieses Stilmittel.

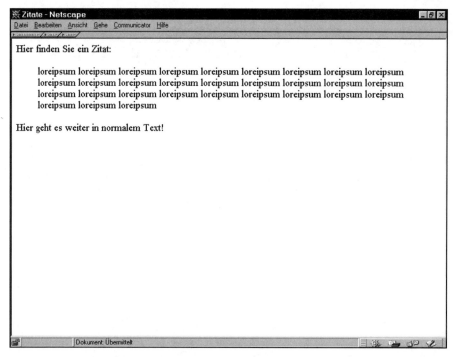

Abbildung 2-9: Zitate werden durch <BLOCKQUOTE> besonders anschaulich

Listing 2-13:

```
<!DOCTYPE HTML PUBLIC "-//W3C//DTD HTML 4.0 //EN">

<HTML>
<HEAD>
     <TITLE>Zitate</TITLE>
</HEAD>
<BODY>
Hier finden Sie ein Zitat: <BR>
<BLOCKQUOTE cite="http://www.blafasel.com/statements.html">
Hier folgt dann das Zitat.
</BLOCKQUOTE>
Hier geht es weiter in normalem Text!
</BODY>
</HTML>
```

2.5.2 Listings

Gerade das World Wide Web scheint dafür prädestiniert zu sein, Programmcode unterschiedlichster Art zu veröffentlichen. In jeder Dokumentation werden die erläuternden Texte deutlich von eigentlichen Eingaben unterschieden. In HTML wird dies mit Hilfe von `<CODE>` ... `</CODE>` gemacht. Der so formatierte Text wird als Quellcode eines Programms angesehen.

Soll deutlich gemacht werden, daß es sich um die Ausgabe eines Programms oder um die Anzeige eines Ergebnisses handelt, kommt das Element `<SAMP>...</SAMP>` zum Einsatz.

Schließlich wird durch `<KBD>...</KBD>` eine Passage kenntlich gemacht, die als Eingabe des Benutzers gilt. Bei diesem Element hat das englische Wort für Tastatur, *Keyboard*, Pate gestanden.

Listing 2-14:
```
<!DOCTYPE HTML PUBLIC "-//W3C//DTD HTML 4.0 //EN">
<HTML>
<HEAD>
     <TITLE>Listings</TITLE>
</HEAD>
<BODY>
Der folgende Texte ist Code: <BR>
<CODE>var a = 5<BR>
If a = 4 goto Label 1
</CODE><BR>
Der nachfolgende Text kennzeichnet eine Eingabe des
Anwenders:<BR>
Geben Sie <KBD>var=3</KBD> ein!<BR>
Nun folgt die Ausgabe des Programms:<BR>
<SAMP>Ihre Eingabe war leider nicht richtig</SAMP>
</BODY>
</HTML>
```

2.5.3 Betonungen

HTML sieht auch besondere logische Textauszeichnungen für Betonungen vor. Dabei werden zwei unterschiedliche Arten unterschieden. Wenn Sie so wollen, eine einfache und eine stärkere Betonung. Die einfache Betonung wird durch das Element `<EM>...</EM>` gekennzeichnet, wobei es sich hier um die Abkürzung für *Emphase* handelt.

Um eine stärkere Betonung zu setzen, wird `<STRONG>`...`</STRONG>` verwendet. Rein optisch wird eine Betonung mit `<EM>` als kursiver, eine Betonung mit `<STRONG>` als fetter Text dargestellt.

2.5.4 Definitionen und Abkürzungen

Nützliche Informationen für Rechtschreibprüfungen, Suchmaschinen oder Übersetzungssysteme werden durch die im folgenden beschriebenen Elemente bereitgestellt.

In jeder Sprache gibt es feststehende Abkürzungen wie „GmbH" oder „etc.". Um solche Abkürzungen in HTML definieren zu können, gibt es das Element `<ABBR>`...`</ABBR>`, also das Kürzel für das englische Wort *Abbreviation*. Die Spezifikation von HTML 4.0 sieht vor, daß innerhalb dieses Elementepaars die Abkürzung steht, während der eigentliche Inhalt der Abkürzung durch das Attribut `title` im einleitenden Tag genannt wird.

Listing 2-15:

```
<!DOCTYPE HTML PUBLIC "-//W3C//DTD HTML 4.0 //EN">
<HTML>
<HEAD>
    <TITLE>Abk&uuml;rzungen</TITLE>
</HEAD>
<BODY>
<ABBR title="Gesellschaft mit beschr&auml;nkter
Haftung">GmbH</ABBR><BR>
<ABBR title="World Wide Web">WWW</ABBR>
</BODY>
</HTML>
```

Dieses Element wurde in den bisherigen HTML-Versionen als `<ACRONYM>` bezeichnet.

Definitionen von Fachbegriffen werden von den Elementen `<DFN>` ... `</DFN>` umschlossen. Der Begriff, der definiert werden soll, wird durch das Attribut `title` im einleitenden Tag genannt.

Listing 2-16:

```
<!DOCTYPE HTML PUBLIC "-//W3C//DTD HTML 4.0 //EN">
<HTML>
<HEAD>
```

Logische Textauszeichnungen

```
        <TITLE>Zitate</TITLE>
</HEAD>
<BODY>
<DFN title="WWW">Das World Wide Web ist ein Dienst des
Internet, der multimediale M&ouml;glichkeiten
offeriert.</DFN>
</BODY>
</HTML>
```

2.5.5 Hoch- und tiefgestellter Text

Eine Weile wurden unterschiedliche Möglichkeiten diskutiert, wie sich in HTML Sachverhalte aus dem wissenschaftlichen Bereich darstellen lassen sollten, zum Beispiel chemische und mathematische Formeln. Lange Zeit wurden bestimmte Math-Tags favorisiert, die sich aber nie so richtig durchsetzen konnten, da die großen Browserhersteller entsprechende Formatierungen nicht unterstützten. Allerdings kommt es immer mal wieder vor, daß im naturwissenschaftlichen Bereich Zeichen hoch- und tiefgestellt werden müssen. Auch die französische Sprache kennt Situationen, wo ein hochgestelltes Zeichen korrekterweise verwendet werden muß.

Um Zeichen tieferzustellen, werden die Elemente `<SUB>` und `</SUB>` verwendet. Hochgestellt werden Passagen mit `<SUP>...</SUP>`.

Listing 2-17:

```
<!DOCTYPE HTML PUBLIC "-//W3C//DTD HTML 4.0 Final//EN">
<HTML>
<HEAD>
<TITLE>Hochgestellte und Tiefgestellte Zeichen</TITLE>
</HEAD>
<BODY>
Im folgenden sehen Sie tiefergestellte Zeichen: <br>
H<SUB>2</SUB>O<BR>
H<SUB>2</SUB>SO<SUB>4</SUB><br>
Nun hochgestellte Zeichen: <BR>
M<SUP>ell</SUP> Dupont<BR>
X<SUP>2</SUP>
</BODY>
</HTML>
```

2.5.6 Überarbeitungen kennzeichnen

Viele Textverarbeitungen bieten eine Funktion, die die Überarbeitungsstufen eines Dokuments anzeigen kann. So ist es in einer Teamarbeit möglich, Ergänzungen und Korrekturen von Kollegen zu erkennen. Bisher mußte man auf diese nützliche Funktion in HTML verzichten. Der neue Standard sieht allerdings auch für dieses Problem eine Lösung vor.

Ergänzungen werden durch die Elemente <INS> und </INS> angezeigt. Zur Hervorhebung von Löschungen wird zukünftig <DEL>...</DEL> verwendet. Beide Elemente können durch Attribute ergänzt werden.

- Datetime: zeigt das Datum und die Zeit der letzten Änderungen an.
- cite: Gibt die URL zu einem Dokument an, das erklärt, warum die Überarbeitungen vorgenommen wurden. Das Format für die Zeit ist dabei „JJJJ-MM-TThh:mm:ss".

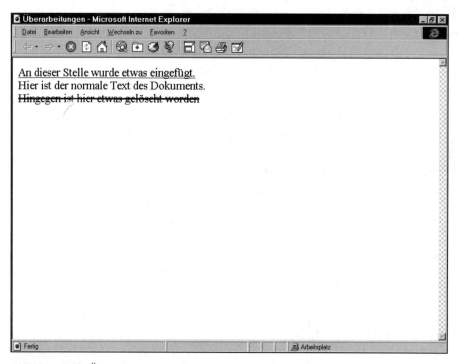

Abbildung 2-10: Überarbeitungen im Internet Explorer

Listing 2-18:
```
<!DOCTYPE HTML PUBLIC "-//W3C//DTD HTML 4.0//EN">
<HTML>
<HEAD>
<TITLE>&Uuml;berarbeitungen</TITLE>
```

```
</HEAD>
<BODY>
<INS datetime="1997-06-01T17:53:12">An dieser Stelle wurde
etwas eingef&uuml;gt.</INS><BR>Hier ist der normale Text
des Dokuments. <BR> <DEL>Hingegen ist hier etwas
gel&ouml;scht worden</DEL>
</BODY>
</HTML>
```

Die Spezifikation für die Version 4.0 von HTML sieht vor, daß die Anzeigesoftware die gekennzeichneten Stellen optisch hervorhebt, stellt aber frei, in welcher Form das zu geschehen hat. Bisher interpretiert nur der Internet Explorer von Microsoft in der Version 4.0 diese Tags korrekt.

2.6 Überschriften

Längere Texte werden durch Überschriften erst übersichtlich. Gerade beim Bildschirm-Design sollte man es sich zur Aufgabe machen, dem Leser die angebotenen Informationen möglichst gut strukturiert zu präsentieren. HTML kennt ein eigenes Element für die Gestaltung von Überschriften: <H>...</H> steht für *Heading* und markiert eine Überschrift in einem Text. Es gibt sechs verschiedene Überschriftenebenen, die alle dadurch gekennzeichnet sind, daß ein Absatz gesetzt wird, sich die Schriftgröße ändert und genügend Leerraum um die Überschrift herum erzeugt wird, um sich deutlich vom übrigen Text abzuheben.

<H1>...</H1> formatiert eine Überschrift der ersten Ebene, analog werden die Überschriften der verbleibenden fünf weiteren Ebenen gebildet. Jeder Benutzer kann die verwendeten Schriftarten für Überschriften und Fließtexte in seinem Browser individuell konfigurieren, es sei denn, der Web-Designer arbeitet mit *Style Sheets*, dennoch lassen sich einige Charakteristika der einzelnen Ebenen herausarbeiten:

- Überschriften der Ebene 1 <H1>: Großer Font, zentrierte Darstellung, ein bis zwei Leerzeilen darunter.
- Überschriften der Ebene 2 <H2>: Großer Font, fett, linksbündige Darstellung. Gleichfalls mit einer bis zwei Leerzeilen darunter.
- Überschriften der Ebene 3 <H3>: Großer Font, kursive Darstellung, kleiner Einzug vom linken Rand, eine oder zwei Leerzeilen darunter.

- Überschriften der Ebene 4 <H4>: Normale Schriftgröße, fett, größerer linker Einzug verglichen mit <H3>, eine Leerzeile darunter.
- Überschriften der Ebene 5 <H5>: Normale Schriftgröße, kursiv, größerer Einzug wie <H4>. Eine Leerzeile darüber.
- Überschriften der Ebene 6 <H6>: Normale Schriftgröße, fette Darstellung, größerer Einzug wie <H5>, eine Leerzeile darüber.

Listing 2-19:

```
<!DOCTYPE HTML PUBLIC "-//W3C//DTD HTML 4.0 Final//EN">
<HTML>
<HEAD>
<TITLE>Untitled</TITLE>
</HEAD>
<BODY>
<H1>Eine Überschrift der Ebene 1</H1>
Hier folgt der Blindtext.
<H2>Eine Überschrift der Ebene 2</H2>
Blindtext
<H3>Überschrift der Ebene 3</H3>
Blindtext
<H4>Überschrift der Ebene 4</H4>
Blindtext
<H5>Überschrift der Ebene 5</H5>
Blindtext
<H6>Überschrift der Ebene 6</H6>
</BODY>
</HTML>
```

Es steht dem Designer völlig frei, die Überschriften in einer selbstgewählten Reihenfolge zu benutzen, zum Beispiel nur die Ebenen 1 und 3 zu verwenden. Dennoch wird diese Vorgehensweise nicht empfohlen, weil Software, die Überschriften zur automatischen Indizierung von Texten heranzieht, falsche Ergebnisse produzieren könnte, denn in einem solchen Falle würde <H2> als Unterebene von <H1> angesehen, <H3> als Unterebene von <H2> und so weiter.

Überschriften können auch ausgerichtet werden. Dazu wird das Attribut align verwendet, das innerhalb des einleitenden Überschriften-Elements eingetragen wird. Es stehen dabei folgende Möglichkeiten zur Verfügung:

- center: zentriert,
- left: linksbündig,
- right: rechtsbündig.

Das Überschriften-Element kann darüber hinaus noch mit einem weiteren Attribut versehen werden: `title` verleiht der Überschrift eine zusätzliche Betitelung. Diese kann zum Beispiel dazu dienen, im Browser weitere Hinweise auf den Text im Rahmen eines *Tool-Tips* zu geben.

Diese Tool-Tips, kleine Sprechblasen, sind Ihnen sicherlich aus Ihrer Textverarbeitung vertraut: Sie erscheinen immer dann, wenn der Mauszeiger längere Zeit über einer mit einem Tool-Tip ausgestatteten Stelle des Bildschirms verharrt. Auch das *title-Attribut* wird in das einleitende Überschriftenelement eingetragen. Der Wert dieser Ergänzung wird von Anführungszeichen umschlossen.

3 Dokumente miteinander vernetzen

Tim Berners-Lee Grundgedanke bei der Entwicklung des World Wide Web war, auf möglichst einfache und elegante Art Dokumente auf unterschiedlichen Rechnern miteinander zu vernetzen, um damit Wissenschaftlern Forschungsergebnisse leichter zugänglich zu machen. Die Vernetzung der Dokumente erfolgt über Verweise innerhalb eines Textes, die auch *Links* genannt werden und entscheidend zum Erfolg des Internet beigetragen haben.

Voraussetzungen für die Verwendung von Links ist das Hypertext Transmission Protocol (HTPP), das sowohl Server (Rechner des Anbieters) als auch Client (Software des Nutzers, also meist der Browser) unterstützen muß. Die Browser haben sich inzwischen zu einer universellen Applikation des Desktops entwickelt, denn sie sind nicht nur in der Lage, HTML-Dateien anzuzeigen, sondern auch andere Dienste des Internet unter der grafischen Oberfläche zu integrieren. Damit ist der Anwender in der Lage, die verschiedenen Möglichkeiten des Netzes mit nur einer Software zu nutzen, ohne sich in verschiedene Programme neu einarbeiten zu müssen. Ein wesentlicher Vorteil gegenüber den Anfangstagen des Internet, was zu seiner Popularität beigetragen hat.

3.1 Links und Anker

Ein Link, der auch *Hyper-Link* oder *Web-Link* genannt wird, besitzt zwei Enden, die als Anker bezeichnet werden, sowie eine Richtung. Der Link beginnt beim Anker der Quelle und zielt auf den Anker des Ziels, das jedes gültige Element eines HTML-Dokuments sein kann oder eine andere Ressource des Internet.

Ein Anker wird durch das Element `<A>` erstellt. Um einen Anker in einem Zieldokument zu schaffen, wird das Attribut `name` verwendet. Gleichberechtigt kann auch `id` benutzt werden. `id` kann innerhalb jedes beliebigen HTML-Elements eingetragen werden.

Zur Zeit der Niederschrift unterstützte nur der Internet Explorer ab Version 4.0 das Attribut `id`!

Listing 3-1:
```
<!DOCTYPE HTML PUBLIC "-//W3C//DTD HTML 4.0 Final//EN">
<HTML>
<HEAD>
<TITLE>Anker</TITLE>
</HEAD>
<BODY>
An dieser Stelle wird ein <A name="abschnitt1">Anker</A>
gesetzt.<BR>
...
<H1 id="abschnitt2">Diese &Uuml;berschrift ist zugleich
Anker f&uuml;r Abschnitt 2</H1>
</BODY>
</HTML>
```

Wie Sie sehen, wird dem Attribut name ein Wert in Anführungszeichen zugewiesen. Der Anker wird durch den abschließenden Tag </A> begrenzt. Hingegen kommt das Attribut id ohne ein abschließendes Element aus, da hier der Name des Ankers ja direkt in einen anderen Tag eingefügt wird.

Bei der Benennung eines Ankers ist auf einige Konventionen von HTML Rücksicht zu nehmen. Der verwendete Name darf in der gesamten Datei nur einmal vergeben sein, hat also einzigartig zu sein. Zum anderen muß der Anker-Name und der Name der Sprungmarke *string-gleich* sein, d.h., "abschnitt" und "Abschnitt" sind nicht identisch. Gemäß der DTD von HTML darf der Name eines Ankers Entities enthalten. "Lösung" wäre also ein gültiger Name.

Das Attribut id darf gemäß der DTD von HTML 4.0 kein Entity enthalten!

Name und id teilen sich einen gemeinsamen Platz für Variablennamen. Sie können also nicht einen Anker mit name=abschnitt1 definieren und gleichfalls eine id=abschnitt1 erstellen.

Um auf einen solchen Link zu verweisen, wird wieder das <A>Element verwendet. Diesmal wird es um das Attribut href erweitert, das den Namen des Zielankers bezeichnet. Dieser Name steht ebenfalls in Anführungszeichen, ist allerdings um ein vorangestelltes Kreuz "#" ergänzt.

Listing 3-2:

```
<!DOCTYPE HTML PUBLIC "-//W3C//DTD HTML 4.0 Final//EN">
<HTML>
<HEAD>
<TITLE>Links innerhalb eines Dokuments</TITLE>
</HEAD>
<BODY>
<A HREF="#abschnitt1">Hier geht es zu Abschnitt 1</A><BR>
<A HREF="#abschnitt2">Und hier zu Abschnitt 2</A><BR>
...
An dieser Stelle wird ein <A name="#abschnitt1">Anker</A>
gesetzt.<BR>
...
<H1 id="abschnitt2">Diese &Uuml;berschrift ist zugleich
Anker f&uuml;r Abschnitt 2</H1>
</BODY>
</HTML>
```

In der Ansicht ergibt sich damit das typische Aussehen eines Verweises im World Wide Web: Der Text wird blau unterstrichen dargestellt, um dem Benutzer einen anklickbaren Verweis zu symbolisieren. In Abbildung 3-1 finden Sie das typische Aussehen eines Links.

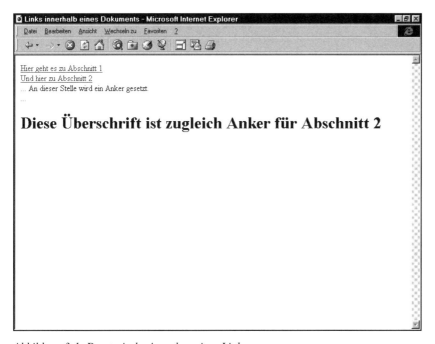

Abbildung 3-1: Das typische Aussehen eines Links

3.2 Auf andere Dokumente und Dienste verweisen

Das Einfügen eines Links auf ein anderes Dokument wird auf die gleiche Art und Weise durchgeführt. Wieder dient das Paar <A>...</A> zur Kennzeichnung des Verweises, während das Attribut `href` den Namen des Zieles angibt. Es gehört zur Besonderheit von HTML und dem HTTP-Protokoll, daß auch auf andere Dienste außerhalb des World Wide Web verwiesen werden kann. Folgende Dienste stehen zur Auswahl:

- Hypertext Transfer Protokoll (HTTP),
- File Transfer Protokoll (FTP),
- ein Diskussionsforum in den Newsgroups (News),
- Verweis auf eine E-Mail-Adresse (Mail).

Um auf ein Angebot im Internet zu verweisen, wird seine sogenannte *URL* verwendet. Bei diesem *Uniform Ressource Locator* handelt es sich um eine einfach zu merkende Adresse innerhalb des Internet, aus der darüber hinaus auch das verwendete Protokoll ersichtlich ist. Für ein Angebot im World Wide Web lautet die URL beispielsweise: http://www.microsoft.com. Um auf diese Seiten der Firma Microsoft im WWW zu verweisen, würde der entsprechende Eintrag lauten:

```
<A HREF="http://www.microsoft.com">.
```

Die beiden führenden Browser gehen davon aus, daß eine eingegebene Adresse bzw. ein Link primär auf ein Angebot des World Wide Web verweist, also das HTTP-Protokoll zwingend voraussetzt. Aus diesem Grunde kann der Anwender bei Adreßeingaben auf das führende "http://" verzichten. Auch der Autor von HTML-Seiten ist nicht gezwungen, dieses Kürzel in seine Links aufzunehmen, wenn er sicher sein kann, daß die Betrachter seiner Seiten nur einen dieser Browser verwenden. Um allerdings auch den Anwendern anderer Produkte die Möglichkeit zu geben, ohne Schwierigkeiten auf eine weiterreichende Information zuzugreifen, sollte immer darauf geachtet werden, daß die komplette URL im Dokument referenziert wird.

Listing 3-3:

```
<!DOCTYPE HTML PUBLIC "-//W3C//DTD HTML 4.0 Final//EN">
<HTML>
```

```
<HEAD>
    <TITLE>Http-Links</TITLE>
</HEAD>
<BODY>
<A href="http://www.microsoft.com">Die Web-Site von
Microsoft</A><BR>
<A href="http://www.vobis.de">Vobis</A><BR>
Ein tolles <A
href="http://www.domain.de/blafasel/index.html#Abschnitt2">
Dokument</A>

</BODY>
</HTML>
```

In diesem Beispiel wurde beim letzten Link auf den Anker `Abschnitt2` im Dokument `index.html` verwiesen, das sich im Verzeichnis `blafasel` des Servers befindet.

Bei den bisher vorgestellten Links handelt es sich um absolute Verweise, d.h., Sie geben einen kompletten Pfadnamen zur gewünschten Datei an. Befinden sich die Dokumente, auf die Sie hinweisen möchten, auf dem gleichen Server und im gleichen Verzeichnis wie das Ausgangsdokument, so genügt die Angabe des Dateinamens:

`<A href="index.html">...</A>`

Sie können sogar auf Dateien verweisen, die sich auf der Festplatte Ihres Rechners befinden, um beispielsweise ein eigenes Dokumentenarchiv in HTML aufzubauen. Dabei werden folgende Angaben benötigt:

- der "Protokolltyp": `File://`,
- der Name des Servers (Rechners): `LOCALHOST`,
- der Pfadname, wobei Verzeichnisse mit dem einfachen Schrägstrich (Slash), gekennzeichnet werden und
- schließlich der Name der Datei.

Um auf eine Datei mit dem Namen `Versuch.html` zu verweisen, die sich im Verzeichnis `Temp` Ihres Rechners auf der Platte `C` befindet, geben Sie ein:

`<A href="FILE://LOCALHOST/C:/Temp/VERSUCH.HTML">...</a>`

Die Vorgehensweise bei einem Verweis auf eine bestimmte Datei oder einen Server, der das File Transfer Protokoll unterstützt, ist analog:

Listing 3-4:

```
<!DOCTYPE HTML PUBLIC "-//W3C//DTD HTML 4.0 Final//EN">
<HTML>
<HEAD>
<TITLE>FTP-Links</TITLE>
</HEAD>
<BODY>
Die neueste Version des <A
HREF="ftp://ftp.foobar.com/new/super.zip">Klassikers</A>
</BODY>
</HTML>
```

In diesem Beispiel verweisen Sie auf die Datei `super.zip`, die sich im Verzeichnis `new` auf dem FTP-Server `foobar.com` befindet. Viele FTP-Server bieten einen anonymen Zugang an, um von dort Dateien herunterzuladen. Dieses auch "Anonymous FTP" genannte Verfahren ist bei den Browsern in der Regel voreingestellt. Neuere Versionen erlauben aber auch die Möglichkeit, Links für bestimmte Benutzerkonten auf einem FTP-Server einzurichten. Dies ist zum Beispiel in einem Intranet von Interesse, wenn eine ganze Abteilung Zugriff auf bestimmte Daten haben soll. Der Eintrag `<a href="ftp://marketing@ftp.domain.de">` würde auf das Benutzerkonto der Marketing-Abteilung auf dem Server verwiesen. Dabei wird der Benutzer dann nach einem Paßwort für das entsprechende Konto gefragt werden.

In tausenden Diskussionsforen des Internet wird täglich über alle erdenklichen Themen debattiert und gestritten. In einem HTML-Dokument kann auf diese sogenannten *Newsgroups* verwiesen werden. Dabei ist allerdings zu beachten, daß nicht jeder News-Server auch alle Foren zur Verfügung stellt. Die meisten Internet-Provider bieten ihren Kunden einen guten Querschnitt durch das verfügbare Angebot, oder das, was sie dafür halten. Es kann also durchaus passieren, daß ein Anwender auf dem Server seines Providers nicht die referenzierte Gruppe vorfindet, was sein Browser mit einer Fehlermeldung quittieren wird.

Listing 3-5:

```
<!DOCTYPE HTML PUBLIC "-//W3C//DTD HTML 4.0 Final//EN">
<HTML>
<HEAD>
<TITLE>News-Links</TITLE>
</HEAD>
<BODY>
```

Auf andere Dokumente und Dienste verweisen

```
Lesen Sie auch die Angebote dieser <A
href="news:de.markt.misc">Gruppe</A>
</BODY>
</HTML>
```

Einer der zweifellos interessantesten Möglichkeiten für einen Link ist, dem Anwender Gelegenheit zu geben, dem Autoren einer Web-Seite mit einer E-Mail zu antworten. Leider funktioniert das folgende Element mit dem Internet Explorer nicht ganz reibungslos, sondern nur mit Programmen, die innerhalb des Explorers als externe Mailprogramme eingetragen werden können. Schon seit der Version 3.0 ist dieses Problem bekannt: Schade, daß Microsoft hier keine Abhilfe geschaffen hat. Der Netscape Communicator zeigt hingegen keinerlei Probleme in dieser Hinsicht.

Für einen Link auf eine neue E-Mail wird `mailto` als Inhalt für `href` verwendet. An diesen Eintrag schließt sich unmittelbar die Adresse des Empfängers an. Netscape erlaubt dem Autoren eines HTML-Dokuments sogar, eine Mail mit einem vordefinierten Betreff abzusenden. Abbildung 3-2 zeigt ein solches Beispiel.

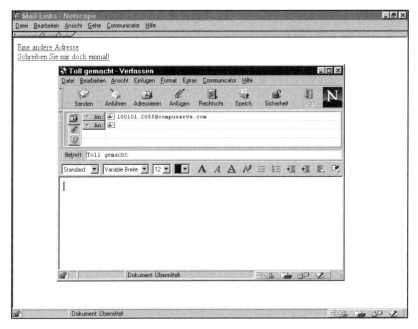

Abbildung 3-2: Eine Mail kann sogar mit einem vorgegebenen Betreff über einen Link geschrieben werden.

Listing 3-6:

```
<!DOCTYPE HTML PUBLIC "-//W3C//DTD HTML 4.0 Final//EN">
<HTML>
<HEAD>
<TITLE>Mail-Links</TITLE>
</HEAD>
<BODY>
<A href="mailto:slamprecht@aol.com">Eine andere Adresse</a>
<A href="mailto:100101.2055@compuserve.com?subject=Toll
gemacht">Schreiben Sie mir doch einmal!</A>
</BODY>
</HTML>
```

3.3 Weitere Optionen für Links

Ein interessantes Element ist neu in HTML 4.0: `<LINK>` definiert einen Anker bzw. einen Link im Kopf einer Datei. Das Element ist dafür gedacht, Beziehungen zwischen einem Dokument und anderen zu verdeutlichen und besitzt an sich keinen Inhalt. Dennoch stellt es die Spezifikation von HTML frei, daß Anzeigesoftware das `<LINK>`-Element auf irgendeine Art und Weise optisch interpretiert, zum Beispiel als Navigationshilfen.

Ein mit `<LINK>` definierter Verweis kennzeichnet möglicherweise ein Dokument in einer ganzen Reihe von zusammengehörenden Dateien. Um zukünftigen Produkten die Möglichkeit zu geben, automatisch Navigationshilfen oder Schaltflächenleisten zur besseren Orientierung zu erstellen, kennt das `<LINK>`-Element das Attribut `rel`, das Informationen über die Richtung der Verweise aufnehmen kann. Der Browser *Mosaic 3.0* gestattet bereits solche automatisch erstellen Menüleisten.

Listing 3-7:

```
<!DOCTYPE HTML PUBLIC "-//W3C//DTD HTML 4.0 Final//EN">
<HTML>
<HEAD>
<TITLE>Links</TITLE>
<LINK rel="prev" href="kapitel4.html">
<LINK rel="next" href="kapitel6.html">
<LINK rel="home" href="homepage.html">
</HEAD>
<BODY>
...
</BODY>
</HTML>
```

Weitere Optionen für Links

In diesem Beispiel befindet sich der Leser in Kapitel 5 einer Arbeit. Die Datei verweist in Kopf-Bereich auf zwei weitere Kapitel, einem vorhergehenden, das mit dem Wert `prev` im Attribut `rel` gekennzeichnet ist, sowie einem folgenden Kapitel, das durch `next` im Attribut `rel` markiert ist. Außerdem wird auf eine Startseite des Angebots verwiesen. Mit einem Klick auf die Schaltfläche `home` gelangt der Leser an dieses Dokument.

Mögliche Werte für `rel` sind:

- `home`: Damit wird der Leser auf eine im Dokument definierte Homepage zurückverwiesen.
- `toc` oder `contents`: Damit gelangt der Leser auf eine Seite, die ein Inhaltsverzeichnis anbietet.
- `index`: Damit wird auf den Index des Dokumentsatzes oder der Site verwiesen.
- `next`: Wie bereits gezeigt, kann der Leser damit eine Datei weiterblättern.
- `prev`: Verweist auf ein vorhergehendes Dokument in einer Folge.

Das `<LINK>`-Element kennt genau wie der Anker, der mit `<A>` gebildet wird, das Attribut `title`. Über dieses Attribut können einem Link weitergehende Informationen zugeordnet werden, die von einem Browser als kontextsensitive Anzeige oder in einem Wechsel des Cursors angezeigt werden könnten. Allerdings gibt es derzeit noch keine Software, die diese Möglichkeit unterstützt. Auch der Wert für dieses Attribut wird von Anführungszeichen umschlossen.

Listing 3-8:

```
<!DOCTYPE HTML PUBLIC "-//W3C//DTD HTML 4.0 Final//EN">
<HTML>
<HEAD>
<TITLE>Links</TITLE>
<LINK rel="prev" href="kapitel4.html" title="Hier geht es
zu Kapitel 4">
<LINK rel="next" href="kapitel6.html" title="Sehen Sie
Kapitel6!">
<LINK rel="home" href="homepage.html">
</HEAD>
<BODY>
```

```
...
</BODY>
</HTML>
```

3.4 Das <BASE>-Element

Bei Verweisen auf andere Elemente wird in HTML meist eine komplette URL verwendet, auf die allerdings, wie bereits gezeigt wurde, dann verzichtet werden kann, wenn sich die Dokumente alle innerhalb eines Verzeichnisses auf dem Server befinden. Das Element <BASE> kann dem Autoren einer Web-Site eine Menge Arbeit sparen, denn es legt eine Basis-URL fest, auf die sich alle relativen Verweise beziehen.

Listing 3-9:
```
<!DOCTYPE HTML PUBLIC "-//W3C//DTD HTML 4.0 Final//EN">
<HTML>
<HEAD>
     <TITLE>Untitled</TITLE>
     <BASE href="www.domain.com">
</HEAD>
<BODY>
Dies ist ein <A href="../test/versuch.html">Link</a>
</BODY>
</HTML>
```

Das <BASE>-Element muß im Header eines Dokuments eingetragen werden und bezieht sich nur auf das eine Dokument, in dem es sich befindet. Im obigen Beispiel wird die relative Pfadangabe ../test/versuch.html zu www.domain.com/test/versuch.html aufgelöst.

4 Tabellen und Listen

In fast jedem Dokument des täglichen Lebens finden sich Tabellen und Darstellungen in Listenform, um Inhalte übersichtlich zu präsentieren. Auch HTML macht hier keine Ausnahme. Über die bloße Strukturierung eignen sich diese Formate aber auch dazu, Layouts zu entwickeln, die so ohne weiteres nicht möglich waren und sind.

In diesem Kapitel erfahren Sie, wie Sie Tabellen und Listen erstellen, wie diese aufgebaut sind und welche Richtlinien zu beachten sind.

4.1 Tabellen

In diesem Abschnitt wird Ihnen gezeigt, wie sich in HTML Tabellen erstellen und formatieren lassen.

4.1.1 Allgemeiner Aufbau einer Tabelle

Eine Tabelle setzt sich aus folgenden Elementen zusammen:

- einer (optionalen) Überschrift,
- einer oder mehreren Gruppen von Zeilen. Jede Zeile kann optional eine eigene Überschrift enthalten,
- eine oder mehrere Spalten.
- Jede Zeile enthält eine oder mehrere Zellen.
- Jede Zelle kann entweder Überschriftsinformationen enthalten oder Daten.

Eine Tabelle wird durch die Elemente `<TABLE>...</TABLE>` definiert. Dieses Element kann durch verschiedene Attribute erweitert werden:

- `align`: Bestimmt die Ausrichtung der Tabelle in Hinblick auf den Text des Dokuments. Mögliche Werte sind
  - `left`: linksbündig,
  - `right`: rechtsbündig,
  - `center`: zentriert.

- `width`: Definiert die Breite der Tabelle. Dabei können absolute Werte in Pixeln oder Prozentwerte eingetragen werden, die die Breite in Hinblick auf die Anzeigefläche des Browsers festlegen.
- `height`: Bestimmt die Höhe der Tabelle in absoluten Werten gemessen in Pixeln oder mit einer prozentualen Angabe.
- `cols`: Legt die Zahl der Spalten fest.

Die Zahl der Spalten ist für den Browser ein Hinweis, die Tabelle gleich beim Laden korrekt anzuzeigen, denn üblicherweise wird eine Tabelle reihenweise aufgebaut. Wird die Spaltenanzahl nicht explizit angegeben, wird die Tabelle dennoch richtig angezeigt, allerdings kann dabei ein neuer Seitenaufbau nötig sein.

Eine Zeile der Tabelle wird durch das Element `<TR>...</TR>` erzeugt. Innerhalb dieses Paares, das sich unmittelbar an das einleitende `<TABLE>` anschließt, werden die einzelnen Datenzellen mit `<TD>...</TD>` erfaßt. Damit kann eine erste einfache Tabelle erstellt werden, die Sie in Abbildung 4-1 sehen:

Listing 4-1:

```
<!DOCTYPE HTML PUBLIC "-//W3C//DTD HTML 4.0 Final//EN">
<HTML>
<HEAD>
     <TITLE>Tabellen</TITLE>
</HEAD>
<BODY>
<TABLE ALIGN="center" WIDTH="85%" COLS="4">
<TR>
     <TD>Zelle 1</TD>
     <TD>Zelle 2</TD>
     <TD>Zelle 3</TD>
     <TD>Zelle 4</TD>
</TR>
<TR>
     <TD>Zelle 5</TD>
     <TD>Zelle 6</TD>
     <TD>Zelle 7</TD>
     <TD>Zelle 8</TD>
</TR>
</TABLE>
</BODY>
</HTML>
```

Tabellen

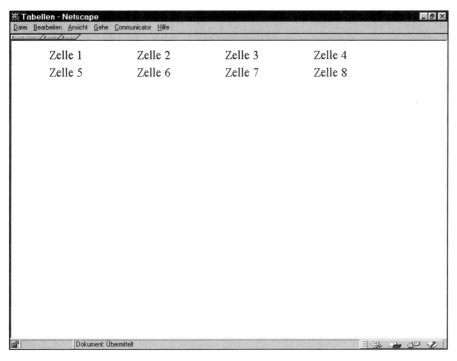

Abbildung 4-1: Eine einfache Tabelle

4.1.2 Tabellenüberschriften

Einer solchen Tabelle kann eine Überschrift vorangestellt werden, was mit Hilfe des Elements <CAPTION>...</CAPTION> angezeigt wird. Das <CAPTION>-Element wird innerhalb der Tabellendefinition (<TABLE>... </TABLE>) eingefügt. Dabei muß es sich aber nicht um eine reguläre Überschrift handeln, sondern der erläuternde Text kann auch unterhalb, rechts oder links neben der Tabelle angezeigt werden. Diese Ausrichtung wird durch das Attribut align des <CAPTION>-Elements bestimmt. Mögliche Werte sind:

- top: Die Erläuterung steht oberhalb der Tabelle,
- bottom: unterhalb der Tabelle,
- left: links davon,
- right: rechts davon.

Allerdings gibt es derzeit keinen Browser, der die Ausrichtung links und rechts korrekt anzeigt.

Listing 4-2:

```
<!DOCTYPE HTML PUBLIC "-//W3C//DTD HTML 4.0 Final//EN">
<HTML>
<HEAD>
     <TITLE>Tabellen</TITLE>
</HEAD>
<BODY>
<TABLE ALIGN="center" WIDTH="85%" COLS="4">
<CAPTION align="bottom">Hinweise auf die Tabelle </CAPTION>
<TR>
    <TD>Zelle 1</TD>
    <TD>Zelle 2</TD>
    <TD>Zelle 3</TD>
    <TD>Zelle 4</TD>
</TR>
<TR>
    <TD>Zelle 5</TD>
    <TD>Zelle 6</TD>
    <TD>Zelle 7</TD>
    <TD>Zelle 8</TD>
</TR>
</TABLE>
</BODY>
</HTML>
```

4.1.3 Informationen zu Tabellenzeilen

Eine Tabelle muß wenigstens eine Reihe an Daten enthalten. Jede dieser Reihen wird in drei Sektionen aufgeteilt. Kopf (*head*), Textkörper (*body*) und Fußzeile (*foot*). Diese drei Bereiche werden durch die Elemente `<THEAD>...</THEAD>`, `<TBODY>...</TBODY>` und `<TFOOT>...</TFOOT>` gekennzeichnet.

Die Fußzeile muß innerhalb der Tabellendefinition vor dem `<TBODY>`-Element erscheinen, damit die Anzeigesoftware die Fußzeile aufbauen kann, bevor die eigentlichen Datenzeilen aufgebaut werden. Das nachfolgende Beispiel zeigt den somit entstehenden strukturellen Aufbau. Zur Zeit der Drucklegung war allerdings noch kein Browser in der Lage, diese Informationen auch anzuzeigen. Ein Beispiel für erläuternden finden Sie in Abbildung 4-2.

Tabellen

Abbildung 4-2: Tabelle mit erläuterndem Text

Listing 4-3:

```
<!DOCTYPE HTML PUBLIC "-//W3C//DTD HTML 4.0 Final//EN">
<HTML>
<HEAD>
     <TITLE>Tabellen</TITLE>
</HEAD>
<BODY>
<TABLE ALIGN="center" WIDTH="85%" COLS="4">
<CAPTION align="bottom">Hinweise auf die Tabelle </CAPTION>
<THEAD>
<TR>Kopfinformationen</TR>
</THEAD>
<TFOOT>
<TR>Fu&szlig;zeilen</TR>
</TFOOT>

<TBODY>
<TR>
    <TD>Zelle 1</TD>
    <TD>Zelle 2</TD>
    <TD>Zelle 3</TD>
    <TD>Zelle 4</TD>
```

```
</TR>
<TR>
    <TD>Zelle 5</TD>
    <TD>Zelle 6</TD>
    <TD>Zelle 7</TD>
    <TD>Zelle 8</TD>
</TR>
</TBODY>
</TABLE>
</BODY>
</HTML>
```

4.1.4 Spalten gruppieren

Der Autor eines Dokuments kann die Spalten einer Tabelle nach eigenen Vorstellungen gruppieren und diesen Gruppen verschiedene Eigenschaften zuweisen. Auch hier gilt, daß diese Formatierung zwar in HTML 4.0 vorgesehen sind, aber nur wenige Browser von diesen Elementen Gebrauch machen. Die Spalten einer Tabelle werden durch <COLGROUP> zu Gruppen zusammengefaßt. Diesen können dann zwei Attribute zugewiesen werden:

- span: Dieser Wert gibt die Zahl der Spalten an, die zu einer Gruppe gehören sollen.
- width: Bestimmt die Breite der Spalten, die zu der Gruppe gehören. Erwartet wird ein absoluter Wert, gemessen in Pixeln, oder eine prozentuale Angabe.

Listing 4-4:

```
<!DOCTYPE HTML PUBLIC "-//W3C//DTD HTML 4.0 Final//EN">
<HTML>
<HEAD>
    <TITLE>Tabellen</TITLE>
</HEAD>
<BODY>
<table>
<COLGROUP span="2" width="33%">
<COLGROUP span="4" width="*">
<tr>
    <td>Zelle 1</td>
    <td>Zelle 2</td>
    <td>Zelle 3</td>
    <td>Zelle 4</td>
    <td>Zelle 5</td>
    <td>Zelle 6</td>
</tr>
```

```
<tr>
      <td>Zelle 7</td>
      <td>Zelle 8</td>
      <td>Zelle 9</td>
      <td>Zelle 10</td>
      <td>Zelle 11</td>
      <td>Zelle 12</td>
</tr>
<tr>
      <td>Zelle 13</td>
      <td>Zelle 14</td>
      <td>Zelle 15</td>
      <td>Zelle 16</td>
      <td>Zelle 17</td>
      <td>Zelle 18</td>
</tr>
</table>
</BODY>
</HTML>
```

In diesem Beispiel wird der ersten Gruppe, die zwei Spalten umfaßt, eine Breite von 33% der Anzeigefläche zugewiesen, während die zweite Gruppe, bestehend aus vier Spalten, den Rest des Fensters ausfüllt. Ein solches Beispiel sehen Sie in Abbildung 4-3.

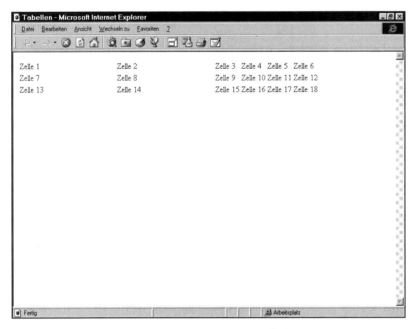

Abbildung 4-3: Eine mit <COLGROUP> arbeitende Tabelle

Ein weiteres Element, das dem gleichen Zweck, nämlich dem Zuweisen von Eigenschaften von Spalten dient, ist <COL>...</COL>. Damit können Sie Spalten Werte für die Breite (width) und die Ausrichtung (align) zuweisen. Dieses Vorgehen finden Sie anschaulich in Abbildung 4-4 dargestellt.

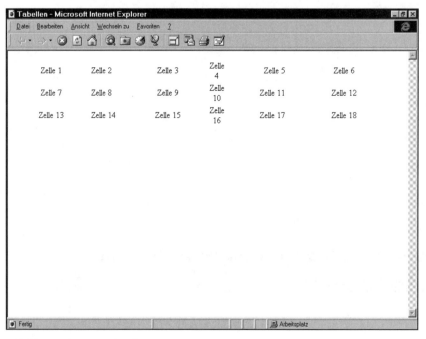

Abbildung 4-4: Unterschiedliche Breiten und Ausrichtungen von Spalten mit dem <COL>-Element

Listing 4-5:

```
<!DOCTYPE HTML PUBLIC "-//W3C//DTD HTML 4.0 Final//EN">
<HTML>
<HEAD>
     <TITLE>Tabellen</TITLE>
</HEAD>
<BODY>
<table>
<COL align="center" width="20%">
<COL align="left" width="10%">
<COL align="center" width="20%">
<COL align="center" width="5%">
<COL align="right" width="15%">
<COL align="center" width="*">
```

```
<tr>
        <td>Zelle 1</td>
        <td>Zelle 2</td>
        <td>Zelle 3</td>
        <td>Zelle 4</td>
        <td>Zelle 5</td>
        <td>Zelle 6</td>
</tr>
<tr>
        <td>Zelle 7</td>
        <td>Zelle 8</td>
        <td>Zelle 9</td>
        <td>Zelle 10</td>
        <td>Zelle 11</td>
        <td>Zelle 12</td>
</tr>
<tr>
        <td>Zelle 13</td>
        <td>Zelle 14</td>
        <td>Zelle 15</td>
        <td>Zelle 16</td>
        <td>Zelle 17</td>
        <td>Zelle 18</td>
</tr>
</table>
</BODY>
</HTML>
```

4.1.5 Die Zellen einer Tabelle

Die Zellen einer Tabelle werden durch die Elemente `<TD>...</TD>` gebildet. Eine solche Zelle kann gewöhnliche Daten enthalten oder auch eine Überschrift, etwa um eine Spalte zu bezeichnen. Soll eine Zelle diese Funktion ausüben, wird anstatt des Tags `<TD>` das Element `<TH>` verwendet. Das "h" steht hier für *Heading*, also Überschrift, während das "D" das Wort *Data* abkürzt. Werden Zelle mit `<TH>` formatiert, so werden die Inhalte besonders hervorgehoben. Ein Beipiel für eine Überschrift sehen Sie in Abbildung 4-5.

Listing 4-6:
```
<!DOCTYPE HTML PUBLIC "-//W3C//DTD HTML 4.0 Final//EN">
<HTML>
<HEAD>
        <TITLE>Tabellen</TITLE>
</HEAD>
<BODY>
<TABLE>
```

```
<TR>
    <TH>Jahr</TH>
    <TH>Umsatz</TH>
    <TH>Ver&auml;nderung</TH>
</TR>
<TR>
    <TD>1997</TD>
    <TD>---</TD>
    <TD>---</TD>
    </TR>
<TR>
    <TD>1996</TD>
    <TD>150.000</TD>
    <TD>+15%</TD>
    </TR>
</TABLE>
</BODY>
</HTML>
```

Den Zellen einer Tabelle kann eine individuelle Höhe und Breite zugewiesen werden.

Haben Sie der Tabelle eine maximale Bereite und Höhe gegeben, so gilt im Konfliktfall dieser Wert!

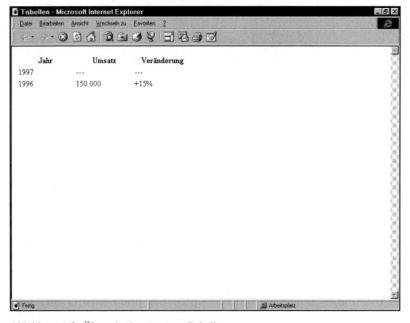

Abbildung 4-5: Überschriften in einer Tabelle

Tabellen

Die Breite einer Zelle wird durch das Attribut `width` bestimmt. Dabei werden absolute Werte in Pixeln oder prozentuale Angaben akzeptiert. Auch die Höhe einer Zelle kann, durch das Attribut `height`, definiert werden. Dabei ist zu beachten, daß nur eine Zelle die Höhe für eine gesamte Zeile definieren kann. Solche unterschiedlichen Höhen und Breiten sehen Sie in Abbildung 4-6.

Abbildung 4-6: Unterschiedliche Breiten und Höhen in einer Tabelle

Listing 4-7:
```
<!DOCTYPE HTML PUBLIC "-//W3C//DTD HTML 4.0 Final//EN">
<HTML>
<HEAD>
     <TITLE>Tabellen</TITLE>
</HEAD>
<BODY>
<TABLE HEIGHT="90%">
<TR>
     <TH HEIGHT="10%" WIDTH="33%">Jahr</TH>
     <TH  WIDTH="33%">Umsatz</TH>
     <TH WIDTH="15%">Ver&auml;nderung</TH>
```

```
</TR>
<TR>
	<TD HEIGHT="25%">1997</TD>
	<TD>---</TD>
	<TD>---</TD>
	</TR>
<TR>
	<TD HEIGHT="50%">1996</TD>
	<TD>150.000</TD>
	<TD>+15%</TD>
	</TR>
</TABLE>
</BODY>
</HTML>
```

4.1.6 Abstände zwischen Zelleninhalt und Zellenrand bestimmen

Für die gesamte Tabelle kann der Autor einen Abstand zwischen dem eigentlichen Zelleninhalt und dem Rand der Zelle bestimmen. HTML kennt hierfür das Attribut cellpadding. Dieses wird im <TABLE>-Element eingetragen und erwartet Eingaben, gemessen in Pixeln. Die Voreinstellung lautet auf 1 Pixel. Ein Beispiel für unterschiedliche Werte von cellpadding sehen Sie in Abbildung 4-7.

Listing 4-8:

```
<!DOCTYPE HTML PUBLIC "-//W3C//DTD HTML 4.0 Final//EN">
<HTML>
<HEAD>
	<TITLE>Tabellen</TITLE>
</HEAD>
<BODY>
<TABLE WIDTH="90% "CELLPADDING="5">
<TR>
	<TH>Jahr</TH>
	<TH>Umsatz</TH>
	<TH>Ver&auml;nderung</TH>
</TR>
<TR>
	<TD >1997</TD>
	<TD>----</TD>
	<TD>----</TD>
	</TR>
</TABLE>
<P>
<TABLE WIDTH="90%" CELLPADDING="15">
<TR>
	<TH>Jahr</TH>
```

Tabellen

```
        <TH>Umsatz</TH>
        <TH>Ver&auml;nderung</TH>
</TR>
<TR>
        <TD >1996</TD>
        <TD>1 Mio.</TD>
        <TD>+ 100% </TD>
        </TR>
</TABLE>
</BODY>
</HTML>
```

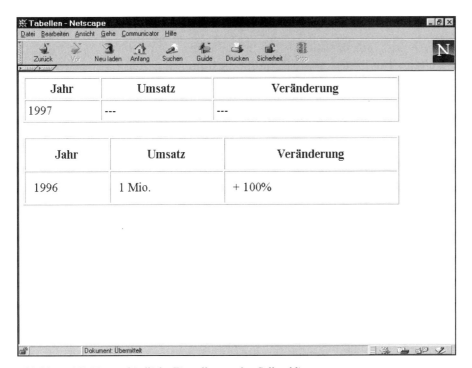

Abbildung 4-7: Unterschiedliche Einstellungen für Cellpadding

4.1.7 Abstand der Zellen voneinander

Auch der Abstand zwischen den Zellen ist frei wählbar. Hierzu wird das Attribut CELLSPACING verwendet, das in Pixeln gemessene Werte akzeptiert und innerhalb des einleitenden <TABLE>-Elements eingetragen wird. Voreingestellt ist hierbei ein Wert von 2 Pixeln. Ein Beispiel für unterschiedliches cellspacing sehen Sie in Abbildung 4-8.

74   Tabellen und Listen

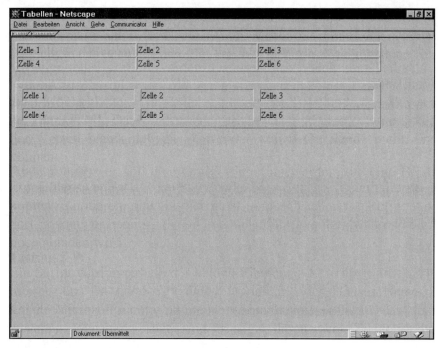

Abbildung 4-8: Verschiedene Werte für Cellspacing

Listing 4-9:

```
<!DOCTYPE HTML PUBLIC "-//W3C//DTD HTML 4.0 Final//EN">
<HTML>
<HEAD>
     <TITLE>Tabellen</TITLE>
</HEAD>
<BODY>
<TABLE WIDTH="90%" CELLSPACING="2">
<TR>
    <TD>Zelle 1</TD>
    <TD>Zelle 2</TD>
    <TD>Zelle 3</TD>
</TR>
<TR>
    <TD>Zelle 4</TD>
    <TD>Zelle 5</TD>
    <TD>Zelle 6</TD>
</TR>
</TABLE>
<P>
<TABLE WIDTH="90%" CELLSPACING="12">
<TR>
    <TD>Zelle 1</TD>
```

```
        <TD>Zelle 2</TD>
        <TD>Zelle 3</TD>
</TR>
<TR>
        <TD>Zelle 4</TD>
        <TD>Zelle 5</TD>
        <TD>Zelle 6</TD>
</TR>
</TABLE>
</BODY>
</HTML>
```

4.1.8 Tabellen mit Rahmen versehen

Jede Tabelle kann optional mit einem Rahmen versehen werden. Zur besseren Anschauung wurde dies bereits bei den Beispielen gemacht. Ein Rahmen wird durch das Attribut `Border` im einleitenden `<TABLE>`-Element gesetzt. Als gültige Eingabe wird jeder positive Zahlwert angesehen, der die Breite des Rahmens in Pixeln angibt. Standardmäßig ist eine Tabelle ohne Rahmen versehen. Um sicher zu gehen, daß ein proprietärer Browser nicht doch einen Rahmen setzt, wenn dieser nicht gewünscht wird, kann der Autor diesem explizit den Wert 0 zuweisen. Eine gerahmte Tabelle sehen Sie in Abbildung 4-9.

Listing 4-10:
```
<!DOCTYPE HTML PUBLIC "-//W3C//DTD HTML 4.0 Final//EN">
<HTML>
<HEAD>
        <TITLE>Tabellen</TITLE>
</HEAD>
<BODY>
<TABLE WIDTH="90%" BORDER="1">
<TR>
        <TD>Zelle 1</TD>
        <TD>Zelle 2</TD>
        <TD>Zelle 3</TD>
</TR>
<TR>
        <TD>Zelle 4</TD>
        <TD>Zelle 5</TD>
        <TD>Zelle 6</TD>
</TR>
</TABLE>
<P>

<TABLE WIDTH="90%"   BORDER="7">
```

```
<TR>
    <TD>Zelle 1</TD>
    <TD>Zelle 2</TD>
    <TD>Zelle 3</TD>
</TR>
<TR>
    <TD>Zelle 4</TD>
    <TD>Zelle 5</TD>
    <TD>Zelle 6</TD>
</TR>

</TABLE>
</BODY>
</HTML>
```

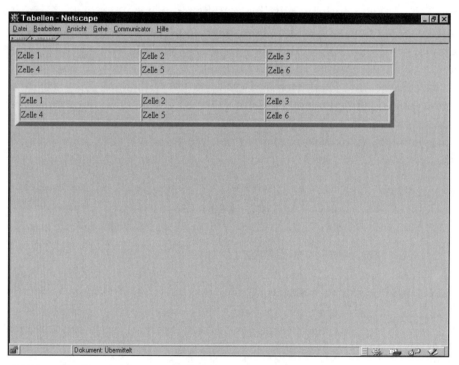

Abbildung 4-9: Unterschiedliche Rahmenbreiten

HTML 4.0 sieht vor, das Element border zugunsten der Attribute frame und rules zu ersetzen. Allerdings unterstützte bei Drucklegung des Buches nur der Internet Explorer diese beiden neuen Formatierungen, zumindest rudimentär.

Tabellen

`Frame` bestimmt, welche Linien, die eine Tabelle umgeben, angezeigt werden sollen. Mögliche Werte dieses Attributs, das innerhalb des einleitenden `<TABLE>`-Elements eingetragen wird, sind:

- `void`: Keine Linien. Dies ist zugleich die Voreinstellung.
- `above`: Nur die obere Kante wird mit Linien versehen.
- `below`: Nur die untere Kante wird mit Linien versehen.
- `hsides`: Ober- und Unterkante werden durch eine Linie markiert.
- `vsides`: Die linke und rechte Seite wird mit Linien markiert.
- `lhs`: Nur die linke Seite,
- `rhs`: nur die rechte Seite erhalten Linien.
- `box`: Alle vier Seiten werden umrahmt.
- `border`: Besitzt die gleiche Funktion wie box, wird aber nicht mehr empfohlen.

`Rules` bestimmt, welche Linien innerhalb der Tabelle um die Zellen herum gezeigt werden. Folgende Werte stehen für dieses Attribut zur Verfügung:

- `none`: Dies ist die Voreinstellung. Innerhalb der Tabelle werden keine Linien angezeigt.
- `rows`: Zeilen werden von Linien umrahmt.
- `cols`: Spalten werden von Linien eingefaßt.
- `all`: Alle Zellen werden von Linien umrahmt.

Diese Optionen wurden in Abbildung 4-10 verwendet.

Listing 4-11:

```
<!DOCTYPE HTML PUBLIC "-//W3C//DTD HTML 4.0 Final//EN">
<HTML>
<HEAD>
<TITLE>Neue Elemente f&uuml;r Rahmen in Tabellen</TITLE>
</HEAD>
<BODY>
<TABLE WIDTH="99%" CELLSPACING="2" CELLPADDING="2"
FRAME="above" RULES="cols">
<TR>
    <TD>Zelle 1</TD>
    <TD>Zelle 2</TD>
```

```
</TR>
<TR>
    <TD>Zelle 3</TD>
    <TD>Zelle 4</TD>
</TR>
</TABLE>
</BODY>
</HTML>
```

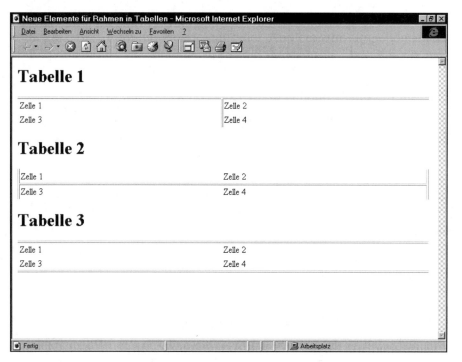

Abbildung 4-10: Verschiedene Tabellen mit den neuen Elementen für Rahmen und Linien

4.1.9 Ausrichtung des Tabelleninhalts verändern

Tabellen eignen sich nicht zuletzt deshalb als Layout-Element, weil sich der Zellinhalt horizontal und vertikal bezogen auf die Tabelle ausrichten läßt. Damit reichen Tabellen in HTML an die Ausdrucksmöglichkeiten im Printbereich heran: Auch hier schließen Währungsangaben meist rechtsbündig ab, sonstiger Text wird zentriert dargestellt. Die Ausrichtung der Zellen wird durch das Attribut `align` festgelegt. Dieses wird direkt in den Tag für eine Daten- oder Kopfzelle eingefügt. Mögliche Werte sind:

Tabellen

- `left`: an der Tabelle linksbündig ausgerichteter Text,
- `right`: der Zellinhalt wird rechts bündig ausgerichtet,
- `center`: die Inhalte von Zellen werden zentriert.

Die Angaben werden für jede Datenzelle unabhängig gemacht.

Listing 4-12:
```
<!DOCTYPE HTML PUBLIC "-//W3C//DTD HTML 4.0 Final//EN">
<HTML>
<HEAD>
    <TITLE>Tabellen</TITLE>
</HEAD>
<BODY>
<TABLE WIDTH="90%" BORDER="1">
<TR>
    <TD align="center">Zelle 1</TD>
    <TD align="right">Zelle 2</TD>
    <TD align="left">Zelle 3</TD>
</TR>
<TR>
    <TD align="RIGHT">Zelle 4</TD>
    <TD align="CENTER">Zelle 5</TD>
    <TD align="RIGHT">Zelle 6</TD>
</TR>
</TABLE>
</BODY>
</HTML>
```

Der Tabellentext kann aber nicht nur horizontal, sondern auch vertikal ausgerichtet werden, d.h., am oberen oder unteren Rand sowie mittig in einer Zelle erscheinen. Erreicht wird dies durch das Attribut `valign`, das ebenfalls direkt in die Tags für die einzelnen Zellen eingetragen wird, und die folgenden Werte annehmen kann:

- `top`: Der Text erscheint am oberen Rand der Zelle,
- `middle`: mittig angeordnet oder
- `bottom`: am unteren Rand einer Tabellenzelle.

Die unterschiedliche Ausrichtung von Zellinhalten sehen Sie in Abbildung 4-11.

Listing 4-13:
```
<!DOCTYPE HTML PUBLIC "-//W3C//DTD HTML 4.0 Final//EN">
<HTML>
```

```
<HEAD>
<TITLE>Tabellen</TITLE>
</HEAD>
<BODY>
<TABLE WIDTH="90%" BORDER="1">
<TR>
    <TD HEIGHT="52" ALIGN="CENTER" VALIGN="Bottom">Zelle 1</TD>
    <TD ALIGN="CENTER" VALIGN="Middle">Zelle 2</TD>
    <TD ALIGN="CENTER" VALIGN="Top">Zelle 3</TD>
</TR>
<TR>
    <TD HEIGHT="15%" ALIGN="center">Zelle 4</TD>
    <TD ALIGN="right">Zelle 5</TD>
    <TD ALIGN="left">Zelle 6</TD>
</TR>
</TABLE>
</BODY>
</HTML>
```

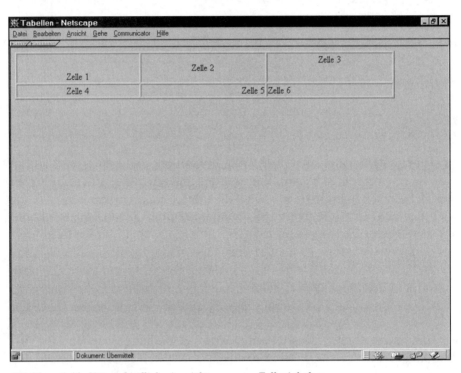

Abbildung 4-11: Unterschiedliche Ausrichtungen von Zelleninhalten

4.1.10 Zellen zusammenfassen

Es kommt öfter vor, daß der Autor eines HTML-Dokuments Zellen einer Tabelle zusammenfassen möchte, beispielsweise um mehreren Spalten eine gemeinsame Überschrift zu geben. Für diesen Zweck bietet HTML zwei verschiedene Elemente an, die jeweils Zellen über mehrere Spalten hinweg oder über mehrere Zeilen hinweg verbinden.

Colspan dient der Zusammenfassung von Zellen über mehrere Spalten hinweg. Mit diesem Attribut läßt sich die Zahl der Spalten festlegen, über die hinweg eine Zelle gebildet werden soll. Das Verbinden von Zellen funktioniert sowohl bei einfachen Datenzellen <TD> als auch bei Zellen, die eine Überschrift <TH> bilden sollen. In Abbildung 4-12 sehen Sie dies beispielhaft dargestellt.

Verbundene Zellen werden nur dann korrekt angezeigt, wenn die Tabelle mehr Spalten umfaßt, als Zellen über Spalten hinweg verbunden werden sollen.

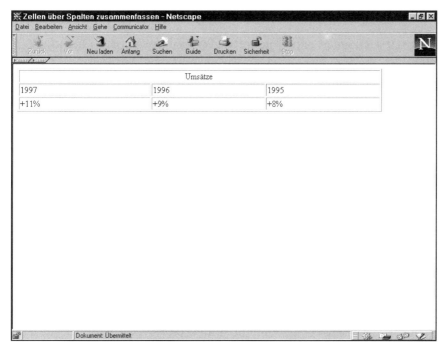

Abbildung 4-12: Zellen über Spalten zusammengefaßt

Listing 4-14:

```
<!DOCTYPE HTML PUBLIC "-//W3C//DTD HTML 4.0 Final//EN">
<HTML>
<HEAD>
     <TITLE>Zellen &uuml;ber Spalten
zusammenfassen</TITLE>
</HEAD>
<BODY>
<TABLE BORDER=1 WIDTH=90%>
<TR>
    <TD COLSPAN="3" ALIGN="center"">Ums&auml;tze</TD>
    </TR>
<TR>
    <TD>1997</TD>
    <TD>1996</TD>
    <TD>1995</TD>
</TR>
<TR>
    <TD>+11%</TD>
    <TD>+9%</TD>
    <TD>+8%</TD>
</TR>
</TABLE>
</BODY>
</HTML>
```

Zellen lassen sich auch über mehrere Zeilen hinweg zusammenfassen, was über das Attribut rowspan erreicht wird. Dieses Attribut wird Datenzellen oder Überschriftszellen hinzugefügt, die sich über größere Passagen erstrecken sollen.

Das Element rowspan ist nur dann wirksam, wenn die Tabelle mehr Zeilen enthält, wie dem Attribut zugewiesen wurden.

Listing 4-15:

```
<!DOCTYPE HTML PUBLIC "-//W3C//DTD HTML 4.0 Final//EN">
<HTML>
<HEAD>
<TITLE>Zellen &uuml;ber mehrere Zeilen
zusammenfassen</TITLE>
</HEAD>
<BODY>
<TABLE WIDTH="90%" BORDER="1">
<TR>
    <TD ROWSPAN="2">Schuhe</TD>
    <TD>Damenschuhe</TD>
</TR>
<TR>
```

```
        <TD>Herrenschuhe</TD>
</TR>
<TR>
<TD>Andere Artikel</TD>
<TD>Handschuhe</TD>
</TR>
</TABLE>
</BODY>
</HTML>
```

4.1.11 Mit Farben in Tabellen arbeiten

Farben sind eine gute Möglichkeit, Inhalte zu strukturieren und Sachverhalte zu verdeutlichen. In HTML 4.0 können einzelne Zellen oder die gesamte Tabelle mit Farben versehen werden.

Um die gesamte Tabelle mit einer Hintergrundfarbe zu versehen, wird das Attribut bgcolor benutzt. Dabei handelt es sich um die Abkürzung von *Background Color*. Es wird im einleitenden <TABLE>-Element eingetragen und kann echte Farbnamen oder hexadezimale Farbwerte als Inhalt annehmen.

Einer einzelnen Zelle kann durch das gleiche Attribut eine Farbe zugewiesen werden, indem es im entsprechenden einleitenden Tag notiert wird. Die einer Zelle zugewiesenen Farben sind auch dann gültig, wenn der gesamten Tabelle eine Farbe zugewiesen wurde. Dies sehen Sie in Abbildung 4-13.

Listing 4-16:
```
<!DOCTYPE HTML PUBLIC "-//W3C//DTD HTML 4.0 Final//EN">
<HTML>
<HEAD>
<TITLE>Zellen &uuml;ber mehrere Zeilen
zusammenfassen</TITLE>
</HEAD>
<BODY>
<TABLE WIDTH="90%" BGCOLOR="SILVER">
<TR>
    <TD ROWSPAN="2">Schuhe</TD>
    <TD>Damenschuhe</TD>
</TR>
<TR>
    <TD BGCOLOR="YELLOW">Herrenschuhe</TD>
</TR>
<TR>
```

```
<TD BGCOLOR="GRAY">Andere Artikel</TD>
<TD>Handschuhe</TD>
</TR>
</TABLE>
</BODY>
</HTML>
```

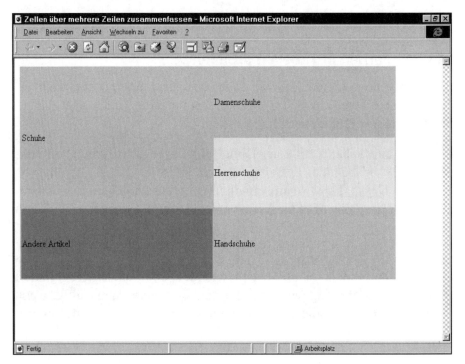

Abbildung 4-13: Eine mit unterschiedlichen Farben ausgestattete Tabelle

4.2 Listen

Da Listen ein relativ häufig eingesetztes Stilelement in Texten sind, verfügt HTML für die leichtere Erstellung von Auflistungen über eigene Elemente. Listen können enthalten:

- ungeordnete Informationen,
- geordnete Informationen einer bestimmten Reihenfolge und
- Definitionen.

Dies war zugleich ein Beispiel für ungeordnete Informationen, denn es kam hier nicht auf die Reihenfolge an, sondern nur um die optische Hervorhebung der unterschiedlichen Typen von Listen.

4.2.1 Ungeordnete Listen

Eine ungeordnete Liste wird durch das Paar <UL>...</UL> gebildet, was die Abkürzung für *Unordered List* ist. Jedes einzelne Element dieser Liste wird durch <LI> markiert, wobei auf das abschließende Element </LI> verzichtet werden kann. <LI> bedeutet nichts anderes als *List Item*, also Listeneintrag.

Listing 4-17:
```
<!DOCTYPE HTML PUBLIC "-//W3C//DTD HTML 4.0 Final//EN">
<HTML>
<HEAD>
      <TITLE>Ungeordnete Listen</TITLE>
</HEAD>
<BODY>
<UL>
<LI>Erster Eintrag
<LI>Zweiter Eintrag
<LI>Dritter Eintrag
</UL>
</BODY>
</HTML>
```

Ungeordnete Listen können ineinander verschachtelt werden. Ein Listeneintrag der ersten Liste kann also zugleich der Beginn einer zweiten Liste sein. Dies sehen in Abbildung 4-14 dargestellt.

Listing 4-18:
```
<!DOCTYPE HTML PUBLIC "-//W3C//DTD HTML 4.0 Final//EN">
<HTML>
<HEAD>
      <TITLE>Ungeordnete Listen</TITLE>
</HEAD>
<BODY>
<UL>
<LI>Erster Eintrag Liste 1</LI>
<LI>Zweiter Eintrag Liste 1</LI>
      <UL>
      <LI>Erster Eintrag Liste 2
      <LI>Zweiter Eintrag Liste 2
      <Li>Dritter Eintrag Liste 2
```

```
     </UL>
<LI>Dritter Eintrag Liste 1
</UL>
</BODY>
</HTML>
```

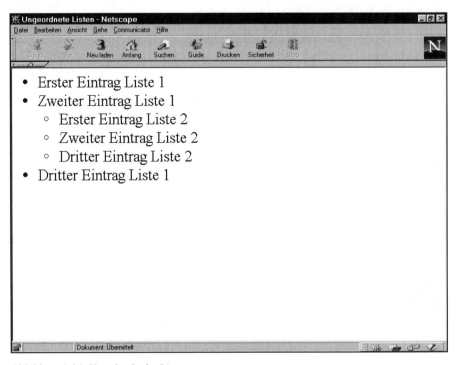

Abbildung 4-14: Verschachtelte Listen

Da Listen jede Art von Daten enthalten können, eignen sie sich auch hervorragend für die Präsentation von Link-Sammlungen für das World Wide Web.

Die Einträge in einer ungeordneten Liste werden durch Blickfangpunkte, sogenannte Bullets, hervorgehoben. Dabei verwenden die Browser je nach der Tiefe der Verschachtelung unterschiedliche Symbole. Der Verfasser eines Dokuments kann aber auch ganz gezielt ein besonderes Symbol für die Einträge fordern, das dann für sämtliche Einträge der gleichen Ebene gilt. Für die Bestimmung des Blickfangpunktes steht das Attribut type zur Verfügung, das folgende Werte annehmen kann:

Listen

- `Square`: Es wird ein kleines Quadrat verwendet,
- `Circle`: ein kleiner Kreis markiert den Eintrag oder
- `Disc`: ein ausgefüllter Kreis steht vor jedem Eintrag.

Die Verwendung dieses Attributs wird zugunsten von *Style Sheets* allerdings nicht mehr empfohlen, wenn auch die Browser derzeit die Formatierungen korrekt anzeigen.

Listing 4-19:
```
<!DOCTYPE HTML PUBLIC "-//W3C//DTD HTML 4.0 Final//EN">
<HTML>
<HEAD>
     <TITLE>Ungeordnete Listen</TITLE>
</HEAD>
<BODY>
<UL>
<LI TYPE="circle">Erster Eintrag Liste 1</LI>
<LI>Zweiter Eintrag Liste 1</LI>
     <UL>
     <LI TYPE="square">Erster Eintrag Liste 2
     <LI>Zweiter Eintrag Liste 2
     <LI>Dritter Eintrag Liste 2
     </UL>
<LI>Dritter Eintrag Liste 1
     <UL>
     <LI TYPE="disc">Erster Eintrag Liste 3
     <LI>Zweiter Eintrag Liste 3
     </UL>
</UL>
</BODY>
</HTML>
```

Die einzelnen Elemente können darüber hinaus mit dem Attribut `title` versehen werden, dessen Inhalt sich beispielsweise als Tool-Tip anzeigen lassen soll. Derzeit macht allerdings nur der Internet Explorer Gebrauch von dieser Funktion. Dem Benutzer wird dabei der bei `title` eingetragene Wert angezeigt, der innerhalb des Elements *<UL>* definiert wurde, sofern nicht einem Listeneintrag ein anderer Wert für `title` zugewiesen wurde.

Listing 4-20:
```
<!DOCTYPE HTML PUBLIC "-//W3C//DTD HTML 4.0 Final//EN">
<HTML>
<HEAD>
```

```
        <TITLE>Ungeordnete Listen</TITLE>
</HEAD>
<BODY>
<UL TITLE="Mit Hilfe von Tool Tips wird die Navigation
einfacher">
<LI TYPE="circle">Erster Eintrag Liste 1</LI>
<LI>Zweiter Eintrag Liste 1</LI>
<LI>Dritter Eintrag Liste 1
</UL>
</BODY>
</HTML>
```

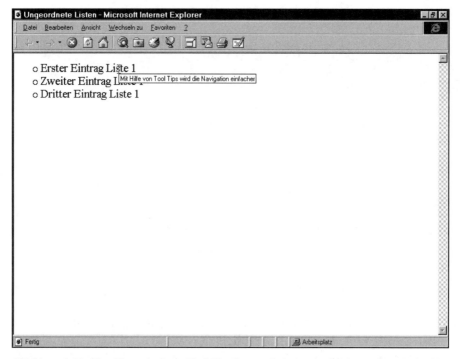

Abbildung 4-15: Eine Liste mit einem Tool-Tip, der erscheint, wenn der Anwender mit der Maus über den Eintrag fährt.

4.2.2 Geordnete Listen

Im Gegensatz zu einer ungeordneten Liste spielt die Reihenfolge der Elemente bei einer geordneten oder sortierten Liste eine Rolle. Dieses Textelement eignet sich aus diesem Grunde für Anleitungen oder Rezepte, also immer dort, wo dem Leser vermittelt werden soll, daß eine Information nach einem festen Schema auf die andere folgt.

Listen

Eine geordnete Liste wird durch `<OL>...</OL>` markiert. Die Bezeichnung des Elements leitet sich von *Ordered List*, sortierte Liste, ab. Wieder wird jeder einzelne Eintrag der Liste durch `<LI>` gebildet. Auch sortierte Listen können ineinander verschachtelt werden, obwohl das WWW-Konsortium diese Technik nicht mehr empfiehlt. In der täglichen Praxis gibt es damit aber keinerlei Probleme.

Listing 4-21:
```
<!DOCTYPE HTML PUBLIC "-//W3C//DTD HTML 4.0 Final//EN">
<HTML>
<HEAD>
    <TITLE>Sortierte Listen</TITLE>
</HEAD>
<BODY>
<OL>
<LI>Eintrag erste Liste
<LI>Eintrag erste Liste
    <OL>
    <LI>Eintrag zweite Liste
    <LI>Eintrag zweite Liste
    </OL>
<LI>Eintrag erste Liste
</OL>
</BODY>
</HTML>
```

Den Einträgen in geordneten Listen werden Zahlen oder Buchstaben vorangestellt, abhängig von der Ebene der Verschachtelung. Der Autor eines HTML-Dokuments kann allerdings festlegen, mit welchem Zeichen die Einträge eingeleitet werden sollen. Dazu wird das Attribut Type verwendet, das dem einleitenden `<OL>`-Element beigefügt wird und dem folgende Werte zugewiesen werden können:

- 1: Die Einträge werden mit arabischen Ziffern durchnumeriert.
- a: Die Einträge werden mit kleinen Buchstaben durchnumeriert.
- A: Es werden Großbuchstaben für die Zählung verwendet.
- i: Es werden kleine römische Zahlen benutzt.
- I: Für die Zählung werden große römische Zahlen benutzt.

Listing 4-22:
```
<!DOCTYPE HTML PUBLIC "-//W3C//DTD HTML 4.0 Final//EN">
<HTML>
```

```
<HEAD>
     <TITLE>Sortierte Listen</TITLE>
</HEAD>
<BODY>
<OL TYPE="a">
<LI>Eintrag erste Liste
<LI>Eintrag erste Liste
<LI>Eintrag erste Liste
</OL>
</BODY>
</HTML>
```

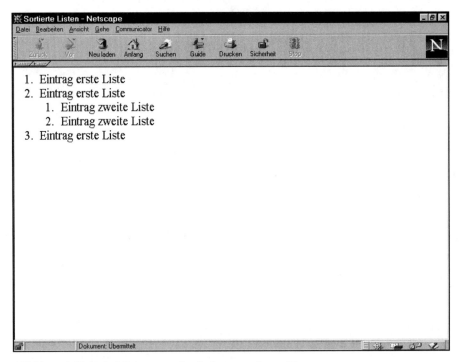

Abbildung 4-16: Beispiel einer verschachtelten geordneten Liste

Wie Sie der Abbildung 4-16 entnehmen können, wird bei einer verschachtelten Liste leider nicht im Sinne einer dezimalen Gliederung durchgezählt. Es ist damit also nicht möglich, eine Zählfolge wie 1.1, 1.1.1, 1.1.2 usw. zu erreichen.

Allerdings kann der HTML-Autor festlegen, an welcher Position eines Zahlsystems die Listennumerierung begonnen wird. Dazu wird das Attribut start verwendet, das dem einleitenden <OL>-Element zugeordnet

Listen

wird. Ein Wert von `start=3` bei einer alphabetischen Numerierung läßt die Liste beim Buchstaben c beginnen.

Listing 4-23:

```
<!DOCTYPE HTML PUBLIC "-//W3C//DTD HTML 4.0 Final//EN">
<HTML>
<HEAD>
     <TITLE>Sortierte Listen</TITLE>
</HEAD>
<BODY>
<OL TYPE="a" START=5>
<LI>Eintrag erste Liste
<LI>Eintrag erste Liste
<LI>Eintrag erste Liste
</OL>
</BODY>
</HTML>
```

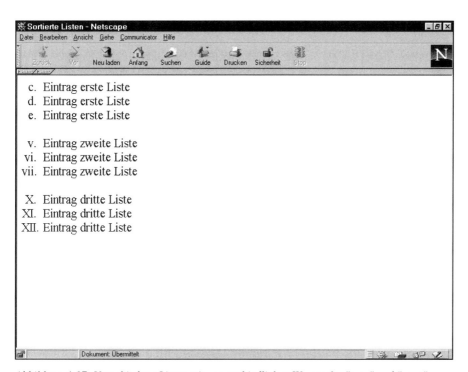

Abbildung 4-17: Verschiedene Listen mit unterschiedlichen Werten für "type" und "start"

4.2.3 Definitionslisten oder Glossare

Jeder von Ihnen wird ein Glossar kennen, Sie finden sie häufig in Büchern als Verzeichnisse, in denen Fachvokabular erläutert wird. HTML kennt Glossare unter dem Begriff *Definiton List*, wovon sich auch das entsprechende Element <DL>...</DL> ableitet.

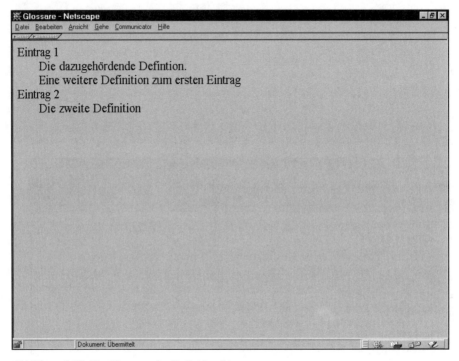

Abbildung 4-18: Ein Glossar oder Definition List

Ein Glossar besteht aus mehreren Begriffen, die näher erklärt werden sollen, sowie der dazugehörenden Definition. Die Glossareinträge, also die Begriffe, die näher erklärt werden sollen, werden von den Elementen <DT>...</DT> umschlossen. Daran schließt sich die Definition an, die von <DD>...</DD> umrahmt wird.

Listing 4-24:
```
<!DOCTYPE HTML PUBLIC "-//W3C//DTD HTML 4.0 Final//EN">
<HTML>
<HEAD>
<TITLE>Glossare</TITLE>
```

```
</HEAD>
<BODY>
<DL>
     <DT>Eintrag 1</DT>
     <DD>Die dazugeh&ouml;rende Defintion.</DD>
     <DT>Eintrag 2</DT>
     <DD>Die zweite Definition</DD>
</DL>
</BODY>
</HTML>
```

Ein Glossareintrag kann mehrere Definitionen umfassen. Fügen Sie also so viele Definitionen mit dem `<DD>`-Element hinzu, wie benötigt werden.

5 Objekte, Bilder und Applets einfügen

Das Web lebt unter anderem von Grafiken und anderen Dateien wie Videos und Audio-Clips, die die schriftlichen Informationen einer Web-Site ergänzen und vertiefen können. Neben ihrem informativen Charakter haben Abbildungen auch eine wichtige Funktion im Hinblick auf die Aufnahmefähigkeit des Lesers. Die berühmten "Bleiwüsten", also seitenlange Texte ohne jegliche Illustration, sind für den Leser sehr ermüdend und erschweren die Aufnahme der Informationen. Im folgenden Kapitel erfahren Sie, wie Sie Grafiken und andere Objekte in Ihre Seiten integrieren.

5.1 Grafiken einfügen

Um eine Grafik einzufügen, stehen dem HTML-Designer zwei Wege zur Verfügung. Zum einen kann er das bereits in HTML 3.2 enthaltene Element <IMG> verwenden, das die Abkürzung für das englische Wort *image* darstellt. Oder er verwendet das neue Element aus HTML 4.0 <OBJECT>, das gegenüber den konventionellen Sprachbestandteilen einige Vorteile bietet.

- Die bisherigen Elemente eigneten sich immer nur für ein spezielles Medienformat, zum Beispiel ein Bild, einen Video-Clip oder eine Animation. Sobald eine neue Technologie entwickelt wird, laufen die entsprechenden Elemente ins Leere.
- Eigens für die neue Programmiersprache Java wurde das Element <APPLET> eingeführt, das sich allerdings nur für Java-Applets eignet und andere in der Zukunft mögliche Programmiersprachen außer acht läßt.

Diesen Problemen begegnet das <OBJECT>-Element, da es dem Autoren die Möglichkeit an die Hand gibt, alle für einen Client notwendigen Informationen zu liefern, um ein Objekt anzuzeigen: Quellcode, Initialvariablen und Daten, die für den Ablauf bzw. die Anzeige notwendig sind. Bevor jedoch das <OBJECT>-Element näher vorgestellt wird, spielen zunächst die konventionellen Methoden zum Einfügen von multimedialen Erweiterungen eine Rolle.

Eine Grafik kann mit dem Element `<IMG>` in eine Seite integriert werden. Dieses Element besitzt selbst keinen Inhalt, sondern zeigt nur an, daß an dieser Stelle eine Grafik eingefügt werden soll. Um welche Grafik es sich dabei handelt, wird durch das Attribut `src` bestimmt. Befindet sich die Grafikdatei im gleichen Verzeichnis wie die HTML-Datei, so genügt als Referenz die Angabe des Dateinamens der Abbildung. Im folgenden Listing soll eine Grafik mit dem Namen SOLOGO.GIF eingefügt werden.

Listing 5-1:

```
<!DOCTYPE HTML PUBLIC "-//W3C//DTD HTML 4.0 Final//EN">
<HTML>
<HEAD>
<TITLE>Grafiken einf&uuml;gen</TITLE>
</HEAD>
<BODY>
Nun folgt eine Illustration:<P>
<IMG SRC="SOLOGO.gif">
</BODY>
</HTML>
```

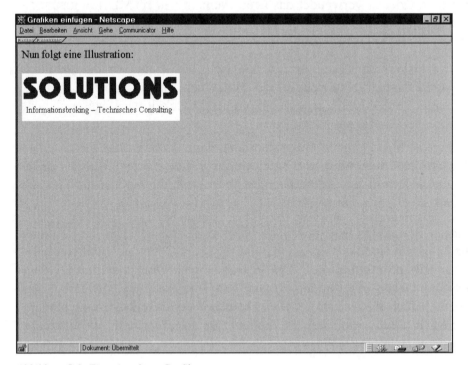

Abbildung 5-1: Eine eingefügte Grafik

Grafiken einfügen

In Abhängigkeit von der Software des Servers, auf dem die HTML-Seiten gespeichert sind, wird bei den Namen von referenzierten Dateien Groß- und Kleinschreibung unterschieden. TEST.GIF und test.gif sind also nicht dasselbe. Die meisten Schwierigkeiten beim Seitenaufbau von Dateien treten durch diese Fehler auf.

Befindet sich die referenzierte Datei in einem anderen Verzeichnis als die HTML-Seite, so muß der relative oder absolute Pfadname verwendet werden, damit die Abbildung auch angezeigt werden kann.

- Diese Pfadangabe umfaßt zunächst den Protokolltyp. Handelt es sich um eine Grafik, die über das World Wide Web erreicht werden kann, so lautet der Protokolltyp http://, liegt die Grafik lokal auf einem Rechner vor, ist file:// das richtige Protokoll.
- Anschließend wird der Name des Rechners genannt, auf dem sich die Grafik befindet, also beispielsweise www.hanser.de. Bei einem lokalen Rechner lautet der Name localhost.
- Nun folgen noch der Pfadname und der Name der Grafikdatei, wobei Verzeichnisse durch einen einfachen Schrägstrich kenntlich gemacht werden, nicht durch einen Backslash, wie es die Anwender von Windows- oder DOS-PC gewohnt sind.

Das nachfolgende Listing zeigt einige Grafikreferenzen.

Listing 5-2:
```
<!DOCTYPE HTML PUBLIC "-//W3C//DTD HTML 4.0 Final//EN">
<HTML>
<HEAD>
<TITLE>Grafiken einf&uuml;gen</TITLE>
</HEAD>
<BODY>
Nun folgt eine Illustration:<P>
<IMG SRC="FILE://LOCALHOST/C:/SOLOGO.gif"><P>
Ein anderes Beispiel:<P>
<IMG SRC="http://www.foobar.com/test.jpg"
</BODY>
</HTML>
```

Die zweite Möglichkeit, eine Grafik einzufügen, besteht in der Verwendung des <OBJECT>-Elements, das allerdings bisher nur sehr rudimentär vom Internet Explorer unterstützt wird. Die Verwendung des Elements zeigt der folgende Code.

Listing 5-3:

```
<!DOCTYPE HTML PUBLIC "-//W3C//DTD HTML 4.0 Final//EN">
<HTML>
<HEAD>
<TITLE>Grafiken einf&uuml;gen</TITLE>
</HEAD>
<BODY>
Nun folgt eine Illustration:<P>
<OBJECT data="SOLOGO.GIF" type="image/gif"></OBJECT>
</BODY>
</HTML>
```

Dieses Element kennt das Attribut data, das als Wert die URL, unter der das Objekt gespeichert ist, annimmt. Hierbei gelten die gleichen Regeln wie beim Referenzieren von Grafiken mit dem <IMG>-Element. Alternativ kann zu data auch das Attribut classid verwendet werden. Wichtig ist bei beiden die Erweiterung type, die den Browser über das Dateiformat des Objektes informiert. Durch die Verwendung von type ist das Objekt-Element auch für zukünftige Formate geeignet.

5.2 Transparente Grafiken

Wie Sie in Abbildung 5-1 sehen, hebt sich die eingefügte Grafik deutlich vom Hintergrund des Browserfensters ab. Viele Seiten im World Wide Web zeigen allerdings Abbildungen, die scheinbar nahtlos vor dem Seitenhintergrund erscheinen, auch dann noch, wenn der Anwender die Hintergrundfarbe der Seiten mit seinem Browser ändert.

Dabei nutzen die Designer eine Funktion des GIF-Formats, die Transparenzinformationen speichern kann. Hierzu wird einer Farbe, vorzugsweise dem Hintergrund, die Eigenschaft "transparent" zugewiesen. Alle Flächen, die diese Farbe enthalten, lassen dann den Hintergrund durchscheinen.

Exemplarisch wird nun gezeigt, wie sich eine Grafik in dieser Weise bearbeiten läßt. Dazu wird das weitverbreitete Programm *PaintShop Pro* eingesetzt, das sich in einer kostenlosen Demoversion aus dem Internet über http://www.jasc.com beziehen läßt.

Eine transparente Grafik muß von Anfang an auf diese Eigenschaft hin konzipiert werden. Schillernde Farbverläufe eignen sich dazu kaum. Beim Entwurf sollte also ein möglichst einfarbiger Hintergrund berücksichtigt werden. Um die Abbildung transparent werden zu lassen, laden Sie die Grafik in PaintShop Pro. Verwenden Sie dann das Werkzeug *Pipette* und zeigen Sie anschließend damit auf den Bildhintergrund. Klicken Sie danach die rechte Maustaste. Damit wird die Hintergrundfarbe des Bildes zur aktuellen Hintergrundfarbe des Programms. Im nächsten Schritt wird die Grafik nun im GIF-Format gespeichert. Dazu wird der Befehl SAVE AS aus dem Menü FILE verwendet. Dort muß der Dateityp GIF - COMPUSERVE aus dem Feld LIST OF FILE TYPES gewählt werden, sowie das Sub-Format VERSION 89A - NONINTERLACED. Bevor die Eingaben mit Ok bestätigt werden, wird noch die Option SET THE TRANSPARENCY VALUE TO THE BACKGROUND COLOR aus dem Bereich OPTIONS ausgewählt. Damit ist eine transparente Grafik hergestellt.

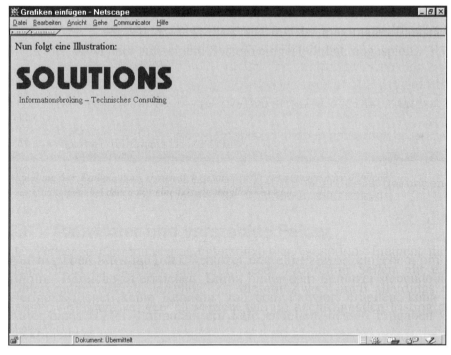

Abbildung 5-2: Eine transparente Grafik hebt sich nicht so unschön vom Hintergrund ab und wirkt professioneller

5.3 Grafiken mit Rahmen und Beschriftungen versehen

Sofern der Designer dies wünscht, kann jede Grafik mit einem Rahmen versehen werden. Dazu wird der Grafikreferenz das Attribut `border` hinzugefügt, dem Sie einen Zahlwert in Pixeln zuweisen, der die Dicke des Rahmens bestimmt.

Listing 5-4:

```
<!DOCTYPE HTML PUBLIC "-//W3C//DTD HTML 4.0 Final//EN">
<HTML>
<HEAD>
<TITLE>Grafiken mit Rand</TITLE>
</HEAD>
<BODY>
Nun folgt eine Illustration:<P>
<IMG SRC="sologo.gif"BORDER=4>
</BODY>
</HTML>
```

Jeder Grafik kann in HTML eine erläuternde Beschreibung hinzugefügt werden. Dazu wird der Referenz das Attribut `align` hinzugefügt, was zur Folge hat, daß der unmittelbar auf die Grafik folgende Absatz als Beschriftung des Bildes angesehen wird. Die gültigen Werte für `align`:

- `Top`: Der Text beginnt oben bündig rechts neben der Grafik.
- `Middle`: Mittig neben dem Text wird die Beschriftung eingefügt.
- `Bottom`: Der Text beginnt unten bündig neben der Abbildung.

Beispiele für unterschiedliche Ausrichtungen sehen Sie in Abbildung 5-3.

Listing 5-5:

```
<!DOCTYPE HTML PUBLIC "-//W3C//DTD HTML 4.0 Final//EN">
<HTML>
<HEAD>
<TITLE>Grafiken mit Beschriftungen</TITLE>
</HEAD>
<BODY>
Nun folgt eine Illustration:<P>
<IMG SRC="atom.gif" BORDER=0 ALIGN="TOP">Dies ist die erste
Beschriftung.<P>
<P>
```

Grafiken mit Rahmen und Beschriftungen versehen

```
<IMG SRC="atom.gif" BORDER=0 ALIGN="MIDDLE">Dies ist die
zweite Beschriftung. Dabei mu&szlig; es sich nicht um eine
kurze Beschriftung handeln.<P>
<P>
<IMG SRC="atom.gif" BORDER=0 ALIGN="BOTTOM">Dies ist die
dritte Beschriftung.<P>
</BODY>
</HTML>
```

Netscape hatte diese Beschriftungsmöglichkeiten bereits in der HTML-Version 3.2 um einige eigene Möglichkeiten erweitert, die nun zum Standard 4.0 gehören. Auch hier werden die Werte dem Attribut align zugeordnet. Die möglichen Werte sind:

- Left: Dabei wird die Grafik am äußersten freien linken Platz der Seite plaziert. Umgebender Text umfließt die Abbildung auf der rechten Seite.
- Right: Die Abbildung wird am rechten Rand der Seite angezeigt. Umgebender Text umfließt die Grafik auf der linken Seite.

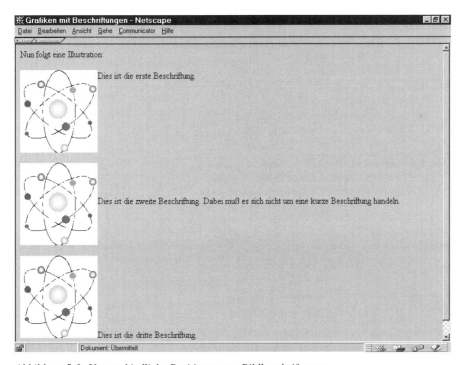

Abbildung 5-3: Unterschiedliche Positionen von Bildbeschriftungen

- `Texttop`: Die Grafik orientiert sich an der obersten Position von Text. Dies ist in aller Regel, aber nicht immer, auch bei `align=top` der Fall.
- `Absmiddle`: Die Schrift wird absolut mittig zur Grafik ausgerichtet.
- `Baseline`: Die Unterkante der Grafik orientiert sich am unteren Rand der Zeile, in der sie steht.
- `Absbottom`: Die Schrift wird am äußersten unteren Rand der Grafik ausgerichtet.

Durch diese Erweiterungen lassen sich mit etwas Fantasie Layouts erreichen, die schon fast an das Erscheinungsbild einer Zeitung erinnern. Noch einfacher wird dies allerdings durch die *Style Sheets*, da hier vorgesehen ist, einzelne Elemente einer Seite exakt zu positionieren.

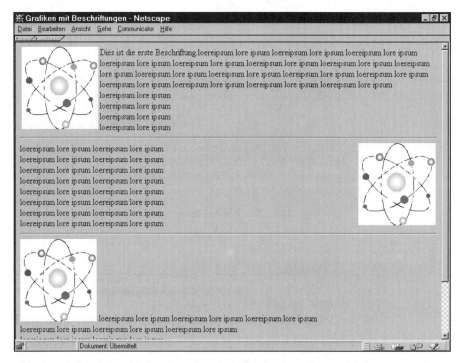

Abbildung 5-4: Mit dem Attribut "align" in einer Grafikreferenz lassen sich interessante Layouts erreichen.

Um jede Grafik kann ein Rand definiert werden, innerhalb dessen kein Text einfließen darf. Dazu werden die Attribute `hspace` und `vspace`

Grafiken mit Rahmen und Beschriftungen versehen

benutzt. Beide Attribute erwarten Eingaben, gemessen in Pixeln, wobei `hspace` (Abkürzung für *horizontal space*) den horizontalen Abstand zwischen Grafik und Text festlegt, während `vspace` (Abkürzung für *vertical space*) für den vertikalen Abstand zuständig ist.

Listing 5-6:

```
<!DOCTYPE HTML PUBLIC "-//W3C//DTD HTML 4.0 Final//EN">
<HTML>
<HEAD>
<TITLE>Textabstand</TITLE>
</HEAD>
<BODY>
<IMG SRC="image5.gif" WIDTH=56 HEIGHT=115 HSPACE=25
VSPACE=25 BORDER=0 ALIGN="left">lore ipsum lore ...
<IMG SRC="image5.gif" WIDTH=56 HEIGHT=115 HSPACE=50
VSPACE=50 BORDER=0 ALIGN="left">
</BODY>
</HTML>
```

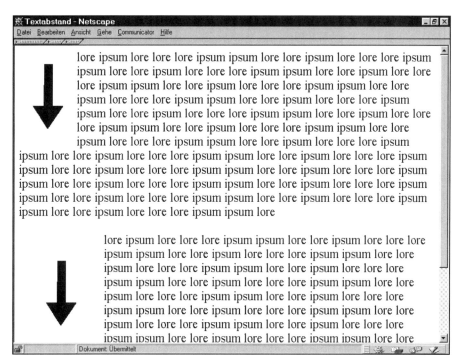

Abbildung 5-5: Unterschiedliche Werte für "vspace" und "hspace"

Alternativ kann der Designer für das exakte Positionieren von Grafiken und Text auch versuchen, mit *Style Sheets* zu arbeiten, wie es vom World Wide Web-Konsortium empfohlen wird.

5.4 Alternative Beschriftungen

Es kann immer wieder vorkommen, daß die Benutzer des World Wide Web Grafiken auf den Seiten nicht sehen können. Sei es, weil ein Übertragungsfehler stattgefunden hat, oder die Grafikfunktion des Browsers abgeschaltet wurde, um schneller durch das Netz surfen zu können. Aus diesem Grunde sieht HTML vor, daß jeder eingefügten Abbildung ein Text zugewiesen werden kann, der dann lesbar ist, wenn das Bild nicht angezeigt werden konnte. Insbesondere wenn Sie in Hinblick auf sehbehinderte Benutzer Seiten entwerfen (siehe dazu den eigenen Abschnitt in diesem Buch) sollten Sie von dieser Möglichkeit Gebrauch machen.

Einen kurzen Text weisen Sie der Grafik mit Hilfe des Attributs `alt` hinzu. Dabei handelt es sich um die Abkürzung von `alternative`, was ja sprichwörtlich ist, denn Sie bieten dem Benutzer damit ja eine Alternative zur Abbildung an. Die eigentliche Beschriftung folgt unmittelbar auf das Attribut und wird von Anführungszeichen umschlossen.

Listing 5-7:
```
<!DOCTYPE HTML PUBLIC "-//W3C//DTD HTML 4.0 Final//EN">
<HTML>
<HEAD>
<TITLE>Alternative Beschriftungen</TITLE>
</HEAD>
<BODY>
<img src="wow.gif" alt="Das Haupthaus unserer Firma">
</BODY>
</HTML>
```

Die beiden Browser Netscape Navigator ab Version 4.0 und Internet Explorer 4.0 interpretieren darüber hinaus die alternative Beschriftung als Tool-Tip, die der Browser anzeigt, wenn der Benutzer mit der Maus auf die Abbildung zeigt.

Ein ganz neues Attribut in HTML 4.0 ist `longdesc`, mit dem sich auf eine längere Beschriftung einer Grafik verweisen lassen soll. Auch dies ist im Hinblick auf sehbehinderte Menschen von Bedeutung, denn damit wird es

Alternative Beschriftungen 105

möglich, die Inhalte beispielsweise umfangreicherer Geschäftsgrafiken in einer separaten Textdatei zusammenzufassen.

Als Wert bekommt dieses Attribut die URL der Beschreibungsdatei zugewiesen.

Abbildung 5-6: Die Alternativbeschriftung eines Bildes

Listing 5-8:
```
<!DOCTYPE HTML PUBLIC "-//W3C//DTD HTML 4.0 Final//EN">
<HTML>
<HEAD>
<TITLE>Alternative Beschriftungen</TITLE>
</HEAD>
<BODY>
<img src="umsatz97.gif" alt="Umsatzentwicklung 1997"
longdesc="http://www.foobar.com/images/bericht.html">
</BODY>
</HTML>
```

5.5 Grafiken skalieren

Eingefügte Grafiken können in ihrer Originalgröße belassen, oder vom Browser selbst skaliert werden. Dadurch lassen sich zum Teil sehr interessante Effekte erzielen, die einen Entwurf spannend machen können. Innerhalb des <IMG>-Elements werden dazu die beiden Attribute Width und Height hinzugefügt, die Angaben in Pixeln erwarten und die Breite und Höhe einer Grafik definieren.

Angenommen, es soll eine Grafik eingefügt werden, die eine Breite von 100 und eine Höhe von 80 Pixeln hat. Setzen Sie nun die Werte für Width auf 200 und für Height auf 160 Pixel fest, so wird die Abbildung im Browser zweimal so groß angezeigt, wie sie eigentlich ist.

Listing 5-9:
```
<!DOCTYPE HTML PUBLIC "-//W3C//DTD HTML 4.0 Final//EN">
<HTML>
<HEAD>
<TITLE>Grafiken skalieren</TITLE>
</HEAD>
<BODY>
<IMG SRC="hello.gif" BORDER=0 WIDTH=250 HEIGHT=180
ALT="Eine besonders grosse Grafik">
</BODY>
</HTML>
```

5.6 Grafiken unterschiedlicher Auflösung

Die Qualität einer Grafik korrespondiert unmittelbar mir ihrer Übertragungszeit. Je detaillierter, also höher auflösend das Bild ist, desto länger dauert es, bis es vom Browser des Anwenders angezeigt wird. Um dieses Problem zu lösen, existieren zwei Möglichkeiten: Zum einen kann man auf ein Grafikformat ausweichen, das eine Vorschaufunktion hat, d.h. die Grafik baut sich langsam vor den Augen des Lesers auf, bis sie schließlich in voller Schärfe zu sehen ist. Das ist etwa beim GIF-Format *89a Interlaced* der Fall, oder man verwendet HTML, das es nun erlaubt, zwei Grafiken innerhalb der gleichen Referenz anzugeben. Eine hochauflösende, die dann angefordert wird, wenn die Seite vollständig übertragen wurde, und eine niedrigauflösende, die sofort beim ersten Abfordern der Seite übermittelt wird.

Hierzu wird das Attribut `lowsrc` der Referenz hinzugefügt. Browser, die dieses Attribut nicht interpretieren, ignorieren diesen Teil der Referenz einfach, so daß es zu keinen Problemen kommen sollte. Die anderen Clients fordern nun beim Laden der Seite zunächst die Grafik an, die bei `lowsrc` referenziert wurde. Ist die Seite komplett übertragen, so findet ein Reload statt. Dabei wird die Grafik, die sich hinter dem Attribut `src` verbirgt, in die Seite eingefügt.

Listing 5-10:
```
<!DOCTYPE HTML PUBLIC "-//W3C//DTD HTML 4.0 Final//EN">
<HTML>
<HEAD>
<TITLE>Geringere Auflösung</TITLE>
</HEAD>
<BODY>
<img src="logo.gif" border=0 lowsrc="logo-low.gif">
</BODY>
</HTML>
```

5.7 Grafiken als Verweise verwenden

In einem HTML-Dokument kann eine Grafik als Verweis auf andere Ressourcen des Internet dienen. Dabei ist es sogar möglich, daß verschiedene Bereiche ein und derselben Abbildung auf unterschiedliche URLs verweisen. In einem solchen Fall spricht man auch von einer *Image Map*. In diesem Abschnitt erfahren Sie, wie Sie eine Grafik zu einem Link machen, und wie Sie Image Maps erstellen.

Soll eine Abbildung als Ausgangspunkt für einen Verweis dienen, werden Grafikreferenz und Anchor-Tag miteinander kombiniert. Dabei befindet sich die Grafikreferenz zwischen den beiden Elementen `<A>...</A>`.

Listing 5-11:
```
<!DOCTYPE HTML PUBLIC "-//W3C//DTD HTML 4.0 Final//EN">
<HTML>
<HEAD>
<TITLE>Grafik als Link</TITLE>
</HEAD>
<BODY>
<A HREF="http://www.wired.com"><IMG SRC="image3.gif"></A>
</BODY>
</HTML>
```

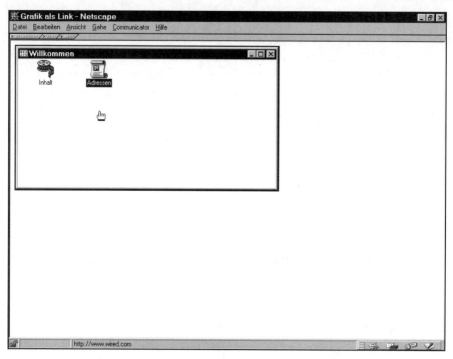

Abbildung 5-7: Eine Grafik als Link

Der Browser wird die Grafik mit einem (blauen) Rahmen versehen: Ein Effekt, der ein Layout empfindlich stören kann. Um dies zu vermeiden, setzen Sie den Wert für das Attribut `border` innerhalb der Grafikreferenz einfach auf 0.

Eine so eingefügte Grafik kann nur auf genau eine URL verweisen. Es gibt aber auch die Option, eine Image Map zu konstruieren. Hier handelt es sich um eine Grafik, innerhalb der verschiedene Bereiche auf unterschiedliche Adressen im Internet verweisen können.

Es werden grundsätzlich zwei verschiedene Typen von Image Maps unterschieden. Zum einen können die Cursorpositionen des Mauszeigers auf dem Server des Anbieters ausgewertet werden, um Skripte auszulösen oder auf eine andere Adresse zu verweisen. Hierbei handelt es sich meist um eine sogenannte *CGI-Programmierung*.

CGI steht dabei für *Common Gateway Interface*. CGI-Skripte können mit einer Reihe von Programmiersprachen erstellt werden, sehr verbreitet unter Web-Designern ist dabei die Sprache PERL, die für unterschiedliche Betriebssysteme verfügbar ist. Damit die Grafik auch als Image Map erkannt wird, müssen Sie der Grafikreferenz das Attribut `ismap` hinzufügen, das keinen Inhalt hat. Damit dann die Verweise der Grafik auch ausgeführt werden können, muß die Serversoftware Zugriff auf eine entsprechende Definitionsdatei besitzen. Das World Wide Web-Konsortium empfiehlt die Verwendung von serverseitigen Image Maps allerdings nicht mehr, denn bereits seit der Version 3.2 von HTML gibt es einen einfachen und schnellen Weg, Image Maps zu erstellen.

Dabei wird die "Arbeit" quasi auf die Seite des Client, also des Browsers verlegt, weshalb diese Imape Maps auch *Client Side Image Maps* heißen. Alles, was zum Ausführen der Verweise benötigt wird, befindet sich in einer HTML-Datei. Durch den lokalen Zugriff auf die Daten, die sich im Arbeitsspeicher des Anwenderrechners befinden, sind Client Side Image Maps gerade bei langsamen Netzverbindungen sehr viel schneller ausgeführt, als serverseitige Maps.

Die Konstruktion einer Client Side Image Map geht in zwei Schritten vor sich. Zunächst muß sich der Designer Klarheit darüber verschaffen, welche Bereiche seiner Grafik kontextsensitiv sein sollen, und wohin die Verweise führen. Dabei kann es sich um eine URL, um eine Sprungmarke innerhalb des gleichen Dokuments oder um die Ausführung eines Skripts handeln. Aus diesen Informationen wird dann im Anschluß eine Definition der Image Map angefertigt. Wie sich diese Definition aufbaut, wird später in diesem Abschnitt beschrieben werden.

Um eine Grafik als Client Side Image Map zu verwenden, wird der Grafikreferenz das Attribut `usemap` hinzugefügt. Als Wert wird dieser Variablen die URL zugewiesen, die auf die Definitionsdatei der Map führt, d.h. auf die Datei, die die Bereiche der Grafik festlegt, die auf andere Adressen verweisen. Diese Definitionsdatei kann sich aber auch in der gleichen Datei, wie die Grafikreferenz selbst befinden.

Die beiden Attribute `ismap` und `usemap` dürfen auch innerhalb der gleichen Grafikreferenz verwendet werden, um anzuzeigen, daß die Grafik sowohl als serverseitige Map, als auch als Client Side Image Map (CSIM) ausgeführt werden kann. Dies hilft dabei, browserunabhängige Seiten zu entwerfen, damit auch die Benutzer älterer Software, die keine CSIM kennt, nicht ausgeschlossen werden. Das nachfolgende Listing zeigt verschiedene Zusammenstellungen des Gebrauchs der beiden Attribute.

Listing 5-12

```
<!DOCTYPE HTML PUBLIC "-//W3C//DTD HTML 4.0 Final//EN">
<HTML>
<HEAD>
<TITLE>Imagemaps</TITLE>
</HEAD>
<BODY>
<IMG SRC="image3.gif" ISMAP USEMAP="#beispielmap" border=0>
<IMG SRC="image4.gif"
USEMAP="http://www.foobar.com/map.html#mapdefinition"
border=0>
<IMG SRC="image5.gif" USEMAP="#mapdefinition" border=0>
</BODY>
</HTML>
```

Wie Sie sehen, orientiert sich das Attribut `usemap` an der Verwendung des Anchor-Tags. Befindet sich die Definition der Map innerhalb der gleichen Datei, verwenden Sie das Kreuz "#", um an die entsprechende Stelle zu springen. Soll die Definition einer anderen Datei entnommen werden, geben Sie die entsprechende URL an, gefolgt vom Namen der Definition, die durch ein vorangestelltes Kreuz kenntlich gemacht wurde.

Nun müssen Sie die Map definieren. Der leichteren Übersicht halber soll die Definition innerhalb der gleichen Datei wie die Grafikreferenz stehen. Eine Map-Definition erfolgt innerhalb der Elemente `<MAP>...</MAP>`. Ihren Namen, also die Sprungmarke des USEMAP-Attributs erhält die Definition ihrerseits durch ein Attribut, das im einleitenden `<MAP>`-Element eingetragen wird: `name`.

Listing 5-13:

```
<!DOCTYPE HTML PUBLIC "-//W3C//DTD HTML 4.0 Final//EN">
<HTML>
<HEAD>
<TITLE>Imagemaps</TITLE>
</HEAD>
<BODY>
<IMG SRC="image3.gif" USEMAP="#beispielmap" border=0>
<MAP NAME="beispielmap">Hier folgt die Definition</MAP>
</BODY>
</HTML>
```

Grafiken als Verweise verwenden

Nun muß die Definition der Bereiche erfolgen, die als Link innerhalb der Grafik dienen sollen. Dazu werden zwei Angaben gebraucht. Zum einen die Koordinaten innerhalb der Grafik, die die Bereiche begrenzen, zum anderen die geometrische Form dieses Bereiches.

Die Koordinaten müssen Sie zunächst einmal mit einem Grafikprogramm in Erfahrung bringen. Der beliebte *PaintShop Pro* etwa zeigt in seiner Statusleiste die aktuelle Cursorposition an.

In Abbildung 5-8 wurden die rechteckigen Bereiche, die kontextsensitiv sein sollen, deutlich hervorgehoben, sowie die Koordinaten notiert. Bei den Koordinaten wird immer erst der Wert in der Breite (X-Wert), dann der in der Höhe (Y-Wert) angegeben.

Die einzelnen kontextsensitiven Bereiche werden nun durch das Element `<AREA>` definiert. Es steht innerhalb der beiden `<MAP>`...`</MAP>`-Elemente und wird durch die notwendigen Attribute `shape`, das die geometrische Form des Bereiches definiert, `coords`, dem die Koordinaten zugewiesen werden, sowie `href`, das die URL des Verweises enthält, ergänzt.

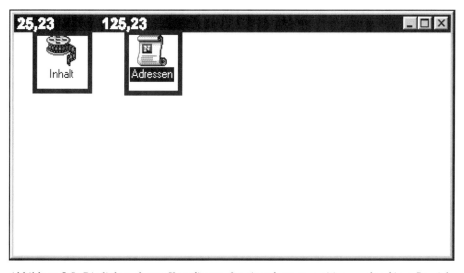

Abbildung 5-8: Die linken oberen Koordinaten für einen kontextsensitiven rechteckigen Bereich

Zur Verfügung stehen folgende geometrischen Figuren, und damit auch Werte für das Attribut `shape`:

- `rect`: Dabei handelt es sich um ein Rechteck. Es werden die Koordinaten der linken oberen und rechten unteren Ecke benötigt.
- `circle`: Hier ist der verweisende Bereich kreisförmig. Die erste Koordinate bezeichnet den Kreismittelpunkt, die zweite das Ende des Radius.
- `poly`: Poly steht für Polygon, also unregelmäßiges Vieleck. Die angegeben Koordinaten müssen dabei die jeweiligen Endpunkte der Figur benennen.

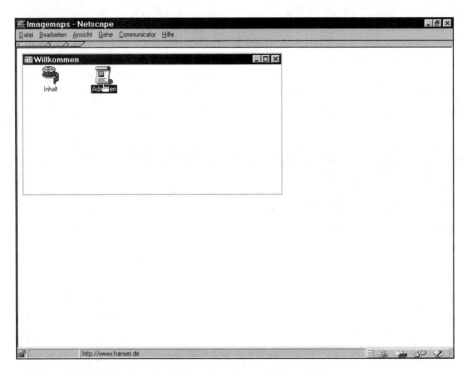

Abbildung 5-9: Das Ergebnis der Mühe: Eine Client Side Image Map

Im folgenden Listing sehen Sie nun den kompletten Quellcode für die exemplarische Image Map.

Listing 5-14:

```
<!DOCTYPE HTML PUBLIC "-//W3C//DTD HTML 4.0 Final//EN">
<HTML>
<HEAD>
<TITLE>Imagemaps</TITLE>
</HEAD>
<BODY>
<IMG SRC="image4.gif" USEMAP="#beispielmap" BORDER=0>
<MAP NAME="beispielmap">
<AREA SHAPE="rect" COORDS="25,23,85,83"
HREF="http://www.wired.com">
<AREA SHAPE="circle" COORDS="154,50,186,57"
HREF="http://www.hanser.de">
</MAP>
</BODY>
</HTML>
```

Wie Sie sehen, ist die Konstruktion einer solchen Image Map mit einigem Aufwand verbunden. Zum Glück existieren heute eine Reihe von Produkten, die dem Entwickler eine Menge Arbeit abnehmen können.

Live Image ist ein solches Programm, das Sie im Internet über die URL `http://www.mediatec.com` beziehen können. Die Bearbeitung einer Image Map wird damit zum Kinderspiel. Ein Assistent ist bei allen Arbeitsschritten behilflich. Der Anwender wählt zunächst die Grafik aus, die er bearbeiten möchte und legt dann fest, ob das Programm den Quellcode der neuen Image Map in eine bestehende oder eine neue HTML-Datei einfügen soll. Im nächsten Arbeitsschritt müssen nun die kontextsensitiven Bereiche mit der Maus aufgezogen werden. Eine Abfragemaske hilft beim Eintragen der jeweiligen URL.

Zum Schluß werden die Eingaben abgespeichert. Der Benutzer kann sich das Ergebnis seiner Arbeit sofort in seinem gewohnten Browser ansehen und die Links kontrollieren. Schneller kann man kaum an eine CSIM gelangen. Abbildung 5-10 zeigt die Oberfläche von *Live Image*.

Was machen Sie aber mit Nutzern, die noch mit einem älteren Browser unterwegs sind, Sie aber nicht die Möglichkeit haben, ein serverseitiges Skript ausführen zu lassen? Sie brauchen trotzdem nicht auf eine Image Map zu verzichten, allerdings steht Ihnen ein wenig mehr Arbeit bevor. Die Voraussetzung für den kleinen Trick, der zur Anwendung kommt, ist, daß Ihre Leser wenigstens mit einem Browser arbeiten, der bereits Tabellen unterstützt. Heute dürften dies aber für die meisten am Markt befindlichen der Fall sein.

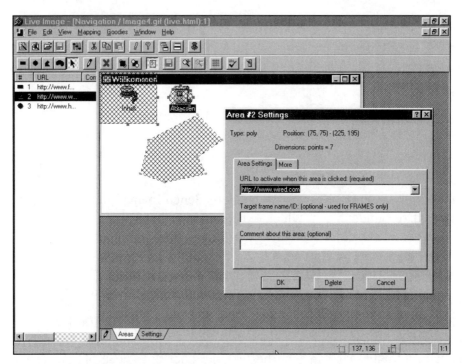

Abbildung 5-10: Mit dem Programm Live Image gelangen Sie schnell an eine Image Map

Suchen Sie zunächst eine Grafik aus, die als Image Map dienen soll. Diese zerschneiden Sie dann mit einem Grafikprogramm Ihrer Wahl, zum Beispiel Corel Draw! oder PaintShop Pro in soviele Teile, wie die Grafik kontextsensitive Bereiche haben soll. Jeder dieser Teile wird dann als eigenständige Grafik abgespeichert, zum Beispiel image1.gif bis image3.gif.

Im zweiten Schritt erstellen Sie nun eine Tabelle, die so viele Zellen enthält, wie Sie neue Grafiken erstellt haben. In diesem Beispiel also drei Zellen. Wichtig ist dabei, daß Sie die Werte für Cellpadding und Cellspacing auf den Wert 0 setzen, da sich andernfalls unschöne Zwischenräume bilden würden.

In jeder dieser Tabellenzellen tragen Sie nun die Grafikreferenz des Bildes sowie den Verweis auf die jeweilige Sprungadresse ein. Damit die Grafik nahtlos zusammengesetzt wird, müssen Sie nun nur noch die Breite jeder Zelle über den Wert Width auf die Breite der jeweiligen Grafik festlegen. Diesen Wert können Sie mit Hilfe jedes Grafikprogramms ermitteln, in *PaintShop Pro* etwa durch die Anzeige von IMAGE INFORMATION. Kontrollieren Sie nun nur noch, daß die Grafik ohne einen Rahmen angezeigt wird, indem der Wert für Border ebenfalls auf 0 gesetzt wird. Das nachfolgende Listing kann Ihnen als Anhaltspunkt dienen. Wenn Sie akkurat gearbeitet haben, sollte zwischen Ihrer Grafik und einer Image Map kein Unterschied festzustellen sein.

Listing 5-15:
```
<!DOCTYPE HTML PUBLIC "-//W3C//DTD HTML 4.0 Final//EN">
<HTML>
<HEAD>
<TITLE>Geschummelte Image-Map</TITLE>
</HEAD>
<BODY>
<TABLE CELLSPACING="0" CELLPADDING="0" BORDER=0>
<TR>
    <TD WIDTH=127><A HREF="http://www.wired.com"><IMG
SRC="map1.gif" WIDTH=127 HEIGHT=251 BORDER=0
ALT=""></A></TD>
    <TD WIDTH=149><A HREF="http://www.wired.de"><IMG
SRC="map2.gif" WIDTH=149 HEIGHT=250 BORDER=0
ALT=""></A></TD>
    <TD WIDTH=202><A HREF="http://www.zdnet.de"><IMG
SRC="map3.gif" WIDTH=202 HEIGHT=251 BORDER=0
ALT=""></A></TD>
</TR>
</TABLE>
</BODY>
</HTML>
```

5.8 Hintergrundgrafiken

Aus ergonomischer Sicht sind Hintergrundbilder, die die komplette Seite hinterlegen, sicherlich nicht zu empfehlen, da sie nicht zur besseren Lesbarkeit beitragen, inzwischen gibt es aber kaum eine Site ohne sie. Beim Entwurf einer Hintergrundgrafik sollte der Designer größte Vorsicht walten lassen, damit die Nutzer nicht durch störende Effekte in der

Aufnahme der Informationen behindert werden. Das Design sollte mit möglichst geringen Kontrasten arbeiten und die Farben sehr hell sein.

Eine Grafik, die als Hintergrund dienen soll, wird wie eine Kachel verwendet. Benutzer des Betriebssystems *Windows* kennen diesen Effekt: Die Anzeige des Bildes wird so oft auf der Arbeitsfläche wiederholt, bis diese ganz ausgefüllt ist. Damit die Übertragungszeit für das Hintergrundbild möglichst kurz bleibt, sollte eine recht kleine Grafik ausgewählt werden, die auch nicht hochauflösend zu sein braucht.

Eine Grafik wird zu einem Hintergrundbild, indem das Attribut background innerhalb des ersten <BODY>-Elements der Datei eingetragen wird. Als Wert können Sie diesem Attribut eine relative oder absolute Pfadangabe, also auch eine komplette URL, zuweisen.

Listing 5-16:
```
<!DOCTYPE HTML PUBLIC "-//W3C//DTD HTML 4.0 Final//EN">
<HTML>
<HEAD>
<TITLE>Hintergrundbilder</TITLE>
</HEAD>
<BODY background="http://www.foobar.de/background.gif">
</BODY>
</HTML>
```

5.9 Nicht nur ein Gag: Browserinterne Grafiken verwenden

Der Netscape Navigator (Communicator) besitzt interne Grafikressourcen, auf die ebenfalls verwiesen werden kann. Was auf den ersten Blick wie Spielerei aussehen mag, entpuppt sich auf den zweiten Blick als recht kostengünstige Möglichkeit, um an Bildmaterial für Icons zu kommen. Diese Grafiken haben darüber hinaus den Vorteil, daß sie bereits auf der Festplatte des Anwenders vorliegen, also nicht erst über das Netz geschickt werden müssen. Probieren Sie doch einfach mal das nachfolgende Listing selbst aus.

Listing 5-17:
```
<!DOCTYPE HTML PUBLIC "-//W3C//DTD HTML 4.0 Final//EN">
<HTML>
<HEAD>
```

Nicht nur ein Gag: Browserinterne Grafiken verwenden

```
<TITLE>Browser-interne Ressourcen</TITLE>
</HEAD>
<BODY>
<IMG SRC="internal-gopher-telnet"><P>
<IMG SRC="internal-gopher-menu"><P>
<IMG SRC="internal-gopher-index"><P>
<IMG SRC="internal-gopher-unknown"><P>
<IMG SRC="internal-gopher-text"><P>
<IMG SRC="internal-gopher-binary"><P>
<IMG SRC="internal-gopher-image"><P>
<IMG SRC="internal-gopher-sound"><P>
<IMG SRC="internal-gopher-movie"><P>
</BODY>
</HTML>
```

Abbildung 5-11: Browser-interne Ressourcen sind eine preiswerte Icon-Sammlung

Diese Grafiken können Sie genau wie externe Grafiken verwenden, also auch mit Text umfließen lassen oder in der Größe verändern.

5.10 Weitere Optionen beim Einfügen von Grafiken

Das `<IMG>`-Element versteht noch einige weitere Attribute. Eines davon ist `title`. Damit kann die Grafik mit einem Titel versehen werden, der als Tool-Tip beim Zeigen mit der Maus angezeigt wird. Das Attribut `title` überschreibt dabei das Attribut `alt`, d.h. innerhalb des Browserfensters wird dann nicht die Alternativbeschriftung angezeigt, sondern der Inhalt des Attributs `title`. Die Alternativbeschriftung wird aber selbstverständlich weiter sichtbar, falls die referenzierte Grafik aus irgendeinem Grund nicht darstellbar sein sollte.

Ein anderes Attribut, das das `<IMG>`-Element ergänzt, ist `name`. Der Designer ist damit in der Lage, jeder Grafikreferenz einen eindeutigen Bezeichner innerhalb einer Seite zu geben. Dadurch können Grafiken mit Hilfe von JavaScript manipuliert werden, um den Eindruck von Dynamik zu erzeugen.

Listing 5-18:
```
<!DOCTYPE HTML PUBLIC "-//W3C//DTD HTML 4.0 Final//EN">
<HTML>
<HEAD>
<TITLE>Die Attribute name und title</TITLE>
</HEAD>
<BODY>
<IMG SRC="image5.gif" name="LOGO" TITLE="Bewundern Sie
unser tolles Logo!"
</BODY>
</HTML>
```

5.11 Welches Grafikformat soll es denn sein?

Die beiden am häufigsten im World Wide Web eingesetzten Grafikformate sind das *Graphic Interchange Format* (GIF) und der von der *Joint Photographic Expert Group* (JPEG) entwickelte Standard. Jedes dieser Formate hat seine Vor- und Nachteile beim Einsatz in HTML-Dokumenten.

Das GIF-Format wurde ursprünglich für den Datenaustausch von Bildmaterial innerhalb des Online-Dienstes *CompuServe* entwickelt. Dabei wird ein Kompressionsalgorithmus verwendet, der nach seinen Erfindern Lempel, Ziv und Welch, *LZW-Algorithmus* genannt wird. Dieser durchsucht ein Bild zunächst nach sich wiederholenden Zeichenfolgen, die dann in einer Tabelle abgespeichert werden. An den ursprünglichen Stellen wird nur noch ein Zeiger gespeichert, der auf die entsprechende Tabelle verweist. Dieses Prinzip ist Anwendern aus der DFÜ-Szene durch die sogenannten Packprogramme bestens bekannt. Finden sich in einer Textzeile etwa fünf Gleichheitszeichen hintereinander, so speichert ein Packprogramm anstelle dieser redundanten Informationen einfach "4=", was eine Ersparnis von drei Zeichen ausmacht. Bei Bildern mit größeren einfarbigen Flächen erzeugt das GIF-Format erstaunliche Dateiverkleinerungen.

Das JPEG-Format (Dateiendung JPG) ist ein Kompressionsalgorithmus, der nicht verlustfrei arbeitet. Beim Verkleinern eines Bildes löscht JPEG Informationen aus einem Bild heraus, die das menschliche Auge nicht wahrnehmen kann. Das Verfahren beruht dabei auf der Erkenntnis, daß das Auge Änderungen in der Helligkeit besser wahrnehmen kann als Farbveränderungen. Der Algorithmus untersucht jede der Farbkomponenten Rot, Gelb und Blau eines Bildes und berechnet einen Mittelwert. Alle Punkte des Bildes werden dann als Abweichungen dieses Mittelwertes beschrieben. Schließlich weist JPEG weichen Farbübergängen eine größere Bedeutung zu als starken Kontrasten. Aus Bereichen mit harten Kontrasten werden mehr Informationen herausgelöscht als aus Bereichen mit weichen Kontrasten. Das so reduzierte Bild wird dann so komprimiert, als sei es mit einem normalen Packprogramm bearbeitet worden.

Aus dem Gesagten folgt, daß sich die Einsatzgebiete der beiden Formate deutlich unterscheiden müssen: JPEG ist ideal für fotorealistische Darstellungen wie Porträts und Landschaftsaufnahmen. Bei einfachen Linienzeichnungen oder Bildern mit scharfen Kanten wie zum Beispiel Logos gerät der Algorithmus von JPEG schnell an seine Grenzen. Hier hat das GIF-Format deutliche Vorteile.

Sie können selbst die Probe aufs Exempel machen. Zeichnen Sie, z.B. mit *PaintShop Pro*, eine dicke schwarze Linie auf weißem Grund. Speichern Sie diese Grafik nun als GIF ab. Speichern Sie dieselbe Grafik erneut, jedoch diesmal als JPEG-Datei, wobei Sie unter den Speicheroptionen einen Kompressionsfaktor von 50 eingestellt haben sollten. Öffnen Sie beide Dateien erneut und vergleichen Sie das Ergebnis. Die JPG-Datei wird im Vergleich zur GIF-Grafik deutlich unschärfer aussehen.

Besitzt eine Abbildung jedoch zahlreiche Farbverläufe und weiche Kontraste, eignet sich das JPG-Format besser für die Anzeige im Internet. Während JPEG-Dateien maximal 16,7 Millionen Farben verwenden können, ist das GIF-Format auf 256 Farben beschränkt. Dadurch kommt es bei fotorealistischen Aufnahmen zu deutlichen Qualitätseinbußen im Vergleich zum JPEG-Format. Zum anderen ist die Kompression einer fotorealistischen Aufnahme im GIF-Format relativ niedrig, was seinen Grund in der Arbeitsweise des verwendeten Algorithmus hat. In Landschaftsaufnahmen etwa sind Wiederholungen eher selten anzutreffen, weswegen die Kompression hier ins Leere läuft. Umgekehrt sind etwa Bildschirmfotos oder Excel-Schaubilder ideal für das GIF-Format, da sie sich durch harte Kontraste und in aller Regel durch maximal 256 Farben auszeichnen.

Zum A und O eines jeden Web-Designers gehört es, seine eingefügten Grafiken hinsichtlich ihrer Übertragungszeit zu optimieren. Dabei soll hier nicht diskutiert werden, ob es einem Nutzer zumutbar ist, minutenlang auf die Übertragung einer Grafik zu warten, sondern der finanzielle Aspekt im Vordergrund stehen. Sicherlich ist die Entscheidung darüber, wie viele Grafiken verwendet werden, abhängig davon, für welche Zielgruppe eine Web-Site erstellt wird, bzw. welchen Inhalt die Seiten haben sollen. Von einem Hersteller actiongeladener PC-Spiele erwarten die Internet-Nutzer nichts anderes als den Gebrauch opulenter Grafiken, die einen Eindruck von der Atmosphäre der Spiele bieten. Hingegen käme es einer Bestrafung des Kunden gleich, wenn sich jemand nur über die aktuellen Preise von RAM-Bausteinen informieren will, aber lange auf den Aufbau der Seiten warten müßte. Hier heißt es also genau abzuwägen.

Das Internet ist noch weit davon entfernt, eine Datenautobahn zu sein. Besonders beim Zugang über Online-Dienste und besonders preiswerte Provider kommt das Surfen im World Wide Web in den Abendstunden einem Geduldsspiel gleich. Obwohl theoretisch eine Übertragungsrate von 1600 bis 3000 (7000 bei ISDN) Zeichen pro Sekunde möglich wäre, müssen sich die Anwender in den Abendstunden mit 500 Zeichen pro Sekunde, manchmal noch weniger herumschlagen. Schon eine Seite von knapp 100 Kilobyte Größe beansprucht bei einer effektiven Übertragungsgeschwindigkeit von 500 Byte/Sekunde 200 Sekunden Übertragungszeit. Dafür berechnet die Telekom tagsüber 3 Gebühreneinheiten (Stand Dezember 1997). Viele Provider verlangen darüber hinaus von Ihren Kunden Volumen- und zeitabhängige Gebühren, die auf die Summe von 0,36 DM aufgeschlagen werden müssen. Realistisch sollte bei der Erstellung einer Seite von einer Übertragungszeit von 2 Sekunden für 1 Kilobyte ausgegangen werden. Wird in den USA gehostet (dort locken viele Provider mit besonders günstigen Angeboten für Speicherplatz auf ihren Servern) muß dieser Wert noch um den Faktor 3 bis 5 erhöht werden, da die Leitungen in die USA zu jeder Tageszeit sehr ausgelastet sind.

Was kann der Designer nun tun, um seine Grafiken zu optimieren, damit sie möglichst schnell auf dem Rechner des Anwenders landen? Zunächst ist das für das Motiv geeignetste Dateiformat zu wählen. Es gibt aber noch eine weitere Möglichkeit, die schon bei der Erstellung der Grafiken ansetzt.

Eine Optimierung der Grafik fängt bereits bei der Wahl der Farbtiefe an. Die Farbtiefe ist gleich der Zahl der verschiedenen Farbtöne in einem Bild. Sie reicht auf modernen Computern von 2 (schwarz/weiß) bis zu 16,7 Millionen Farben. Jedoch handelt es sich bei der Höchstzahl mehr um einen theoretischen Wert, denn nur die wenigsten Computernutzer können sich des Besitzes einer Hardware rühmen, die auch tatsächlich 16,7 Millionen Farben darstellen kann. Auf handelsüblichen Systemen schwankt diese Zahl zwischen 256 und 64.000 Farben. Die Anwender haben letztlich gar nichts von in Farben schwelgenden Bildern, da sie diese am Monitor sowieso nicht wahrnehmen können. Achten Sie also darauf, bei der Komposition des Bildmaterials so wenige Farben wie möglich zu gebrauchen und auch in der richtigen Farbtiefe zu speichern. Wird Originalbildmaterial eingescannt, kann in der vergrößerten Ansicht des Bildes festgestellt werden, daß ein einfarbig scheinender Hintergrund aus verschiedenen Tönen besteht.

Die meisten professionellen Grafiksoftwarepakete bieten Werkzeuge, mit denen sich solche Farbflächen optimieren lassen (PaintShop Pro, Adobe Photoshop). Dabei werden die vorhandenen Farbtöne reduziert. So arbeiten die Packalgorithmen des GIF- und JPEG-Formats deutlich besser.

5.12 Videos und Musik einfügen

Die multimediale Welt des World Wide Web läßt inzwischen auch das Einbinden von Video- und Musikdateien zu. Allerdings ist sehr genau zu überlegen, ob tatsächlich Videoclips auf den Seiten präsentiert werden sollen, da diese schnell eine beträchtliche Größe erreichen können, was zu einer langen Ladezeit beim Anwender führt.

Werden Video-Clips auf den Seiten angeboten, so muß für die beiden verbreitetsten Browser unterschiedlich vorgegangen werden.

5.12.1 Videodateien für den Internet Explorer einbinden

Bereits die ersten Versionen des Internet Explorers von Microsoft waren in der Lage, Videofilme im AVI-Format anzuzeigen, die in HTML-Seiten eingebunden waren. Auch der Navigator von Netscape ist dazu in der Lage, allerdings wird zum Abspielen ein PlugIn benötigt, was dazu führt, daß zum Einbinden eines Videos eine andere Syntax verwendet werden muß.

Um ein Video für den Internet Explorer in HTML einzufügen, wird das `<IMG>`-Element durch das Attribut `dynsrc` erweitert. Dabei handelt es sich um die Abkürzung für *dynamic Ressource*. Dem Attribut wird die URL bzw. der Dateiname für die abzuspielende Datei zugewiesen. Zusätzlich kann das Attribut `src` verwendet werden, das bei der Verwendung eines anderen Browsers dafür sorgt, eine referenzierte Grafik anstelle des Videos zu zeigen.

Listing 5-19:
```
<!DOCTYPE HTML PUBLIC "-//W3C//DTD HTML 4.0 Final//EN">
<HTML>
<HEAD>
<TITLE>Videos einbinden</TITLE>
</HEAD>

<BODY>
<IMG SRC="ersatz.gif" BORDER=0 ALT="Schade...Sie haben die
Grafik abgeschaltet" DYNSRC="tie.avi" LOOP=INFINITE>
</BODY>

</HTML>
```

Im obigen Listing zeigt der Internet Explorer das Video `tie.avi`, während andere Browser die Grafik ersatz.gif anzeigen.

Das `<IMG>`-Element kann noch um eine Reihe anderer Attribute erweitert werden, die den Ablauf der Filmsequenz steuern. `Start` bestimmt, wann der Videoclip starten soll. Es können zwei Werte zugewiesen werden: `Fileopen` legt fest, daß das Abspielen sofort nach Beendigung des Downloads beginnt, während `mouseover` die Animation beginnen läßt, wenn der Nutzer mit der Maus auf den Videoclip zeigt. Auch eine Kombination beider Attribute ist möglich.

Listing 5-20:
```
<!DOCTYPE HTML PUBLIC "-//W3C//DTD HTML 4.0 Final//EN">
<HTML>
<HEAD>
<TITLE>Videos einbinden</TITLE>
</HEAD>
<BODY>
<IMG BORDER=0 ALT="" DYNSRC="Xwing.avi"  START="fileopen">
</BODY>
</HTML>
```

Werden keine anderen Angaben gemacht, hat der User nur die Möglichkeit den Ladevorgang der Seite abzubrechen, um eine laufende Wiedergabe des Videos zu unterbinden. Es ist aber möglich, die ihm aus *Windows 95* vertrauten Schaltflächen zum Abspielen einer Datei zur Verfügung zu stellen. Dazu wird das Attribut `controls` eingefügt, das keinen eigenen Wert besitzt. Es ist ein Schalter, der festlegt, daß Schaltflächen eingeblendet werden.

Das Attribut `controls` ist nur bei Versionen des Internet Explorers unterhalb der Versionsnummer 4.0 aktiv!

Der Autor einer Seite kann definieren, wie oft ein Videoclip abgespielt werden soll. Dabei steht ihm eine Bandbreite von einmalig bis hin zu unendlicher Wiederholung zur Verfügung. Hierzu wird das Attribut `loop` verwendet, dem ein beliebiger Zahlwert von -1 an zugewiesen werden kann. -1 hat die gleiche Wirkung wie der Wert `infinite`, d.h. das Video wird so lange abgespielt, wie die Seite im Browser des Anwenders geladen ist.

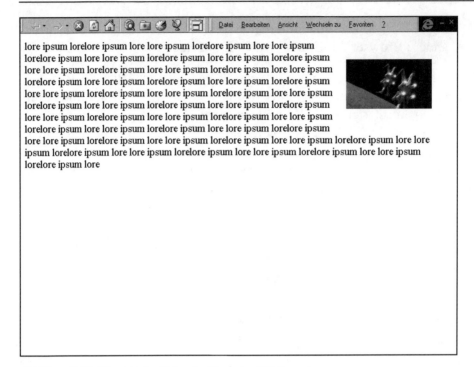

Abbildung 5-12: Hier tobt der Krieg der Sterne im AVI-Format

Da es sich bei der Möglichkeit, Videos einzubinden lediglich um eine Erweiterung des <IMG>-Elements handelt, können alle anderen Attribute dieses Elements auch verwendet werden. Es kann also sowohl ein Abstand zum umgebenden Text, wie auch dessen Ausrichtung definiert werden. Außerdem läßt sich ein Video mit einem Rahmen umgeben.

Listing 5-21:

```
<!DOCTYPE HTML PUBLIC "-//W3C//DTD HTML 4.0 Final//EN">
<HTML>
<HEAD>
<TITLE>Videos einbinden</TITLE>
</HEAD>
<BODY>
<IMG BORDER=0 ALT="Schade...kein Video zu sehen"
DYNSRC="xwing.avi" LOOP=1 START=FILEOPEN CONTROLS
LOOP=5 ALIGN="right" HSPACE=25 VSPACE=35>lore ipsum
lorelore ipsum
</BODY>
</HTML>
```

Videos und Musik einfügen

Das World Wide Web-Konsortium rät dringend davon ab, proprietäre Erweiterungen wie das `dynscr`-Attribut von Microsoft zu verwenden. Statt dessen wird auf das `<OBJECT>`-Element verwiesen, das u.a. aus dem Grund entwickelt wurde, Alleingänge von Herstellern zu verhindern.

5.12.2 Videodateien für den Netscape Navigator einbinden

Es mag dahingestellt bleiben, ob es sich bei der Konkurrenz zwischen Netscape und Microsoft wirklich um einen "Browserkrieg" handelt, als der sie oft von den Medien stilisiert wird, tatsächlich jedoch weigern sich beide Hersteller, die proprietären HTML-Erweiterungen des jeweiligen Gegenspielers zu unterstützen. So ignoriert der Netscape Communicator beharrlich das Attribut `dynsrc`. Um ein Video so einzubinden, daß es auch vom Communicator dargestellt werden kann, ist also ein anderes Vorgehen nötig. Netscape bevorzugt das Sprachelement `<EMBED>`, die Abkürzung für *Embedding* (Einbinden). Damit sollen Multimedia-Dateien aller Art in HTML genutzt werden können. Ob diese Dateien dann auch beim Anwender angezeigt werden, steht auf einem ganz anderen Blatt. Netscape hat von der ersten Version seiner Software an eine modulare Erweiterung seines Browsers favorisiert. Mit Hilfe von sogenannten *PlugIns*, die auch von Drittfirmen angeboten werden, können Dateien aller Art innerhalb des Browserfensters angezeigt werden. Vorausgesetzt, der Anwender hat sich das entsprechende PlugIn besorgt.

Das `<EMBED>`-Element erfordert keinen abschließenden Tag. Notwendiges Attribut ist `scr`, das die URL zu einzubettenden Datei definiert und es dem Navigator außerdem ermöglicht, festzustellen, welches PlugIn zur Wiedergabe verwendet werden muß.

Listing 5-22:
```
<!DOCTYPE HTML PUBLIC "-//W3C//DTD HTML 4.0 Final//EN">
<HTML>
<HEAD>
<TITLE>Videos einbinden</TITLE>
</HEAD>
<BODY>
<EMBED SRC="xwing.avi">
</BODY>
</HTML>
```

Als weitere Ergänzung kann das Attribut `type` verwendet werden, mit dem die MIME-Kodierung der entsprechenden Datei festgelegt wird. Zur besseren Übersicht finden Sie in Tabelle 5-1 eine Auflistung der verbreitetsten MIME-Typen.

Tabelle 5-1: Übersicht der MIME-Typen

Dateierweiterung	Dateityp	MIME-Type
*.aif, *.aiff	AIFF-Audio-Format	audio/x-aiff
*.au, *.snd	Audio-Datei	audio/basic
*.avi	Windows Videodatei	video/ms-video
*.bin	Binärdateien	application/octet-stream
*.csh	C-Shellscript	application/x-csh
*.dvi	TeX-dvi	application/x-dvi
*.gif	GIF-Grafik	image/gif
*.gtar	GNU tar-Archivdatei	application/x-gtar
*.gzip	GNU Zip-Archivdatei	multipart/x-gzip
*.html, *.htm	HTML-Datei	text/html
*.ief	Image Exchange Format	image/ief
*.igs, *.iges	IGES-Datei	application/iges
*.jpeg, *.jpg	JPEG-Datei	image/jpeg
*.latex	LATEX-Datei	application/x-latex
*.mif	FrameMaker-Datei	application/x-mif
*.movie	SGI-Movie Datei	video/x-sgi-movie
*.mpeg, *.mpg,	MPEG-Videodatei	video/mpeg

Dateierweiterung	Dateityp	MIME-Type
*.pdf	Adobe Acrobat Datei	application/pdf
*.ps, *.eps; *.ai	Postscript-Datei	application/postscript
*.qt, *.mov	Quicktime Video	video/quicktime
*.ras	CMU-Raster	image/cmu-raster
*.rgb	RGB-Datei	image/x-rgb
*.rtf	Rich Text Format	application/rtf
*.rtx	MIME Richtext	text/richtext
*.sh	Bourne-Shellscript	application/x-sh
*.shar	Shell-Archiv	application/x-shar
*.tar	tar-Archiv-Datei	application/x-tar
*.tif, *.tiff	Tiff-Grafik	image/tiff
*.txt	Textdatei	text/plain
*.unv	I-DEAS-Dateien	application/i-deas
*.wav	Windows Wave Datei	audio/x-wav
*.xbm	X-Bitmap	image/x-xbitmap
*.xpm	X-Pixmap	image/x-xpixmap
*.zip	ZIP-Archivdatei	application/zip

Es läßt sich ferner festlegen, daß eine eingebettete Datei nicht angezeigt werden soll. Das ist beispielsweise dann von Nutzen, wenn es sich um eine Klangdatei handelt. In diesem Fall wird ein Musikstück abgespielt, ohne daß der User Steuerungsschaltflächen oder ähnliches sieht. Um dies zu erreichen, genügt es häufig, die Werte für `height` und `width` auf 0 zu setzen. Führt dies nicht zum gewünschten Erfolg, wird das <EMBED>-Element um das Attribut `hidden` erweitert. Diesem können zwei Werte zu geordnet werden:

- `true`: verhindert die Anzeige einer eingebetteten Datei. Einige Plug-Ins, wie zum Beispiel das *LiveAudio-PlugIn*, können die eingebettete Datei wiedergeben, ohne sichtbar zu sein. In einem solchen Fall ist die Option `true` ganz nützlich, um das Design der Seiten nicht durch ein im Vordergrund befindliches Steuerfenster zu stören.
- `false`: ist die Standardauswahl. Das PlugIn zeigt den Dateityp an.

Ältere Browser haben ihre Probleme mit dem `<EMBED>`-Element. Dateien können nicht angezeigt werden und häßliche, leere Stellen sind auf den Seiten zu sehen. Aus diesem Grund kennt das `<EMBED>`-Element so etwas wie einen Gegenspieler. Dabei handelt es sich um den Tag `<NOEMBED>`. Browser, die das `<EMBED>`-Element nicht verstehen, zeigen jeglichen HTML-Inhalt an, der zwischen die Elemente `<NOEMBED>` ... `</NOEMBED>` plaziert wird. Umgekehrt zeigen Browser, die `<EMBED>` richtig interpretieren, den Inhalt von `<NOEMBED>` nicht an.

Listing 5-23:
```
<!DOCTYPE HTML PUBLIC "-//W3C//DTD HTML 4.0 Final//EN">
<HTML>
<HEAD>
<TITLE>Videos einbinden</TITLE>
</HEAD>
<BODY>
<EMBED SRC="xwing.avi" WIDTH=250
HEIGHT=150><NOEMBED>Schade, aber Ihr Browser kann die
vorgesehene Datei nicht anzeigen!</NOEMBED>
</BODY>
</HTML>
```

Das `<EMBED>`-Element versteht eine Menge derselben Attribute wie das `<IMG>`-Element. So kann der Anzeigebereich der eingebetteten Datei mit den Attributen `width` und `height` bestimmt werden. Beide erwarten Wertangaben, gemessen in Pixeln.

Listing 5-24:
```
<!DOCTYPE HTML PUBLIC "-//W3C//DTD HTML 4.0 Final//EN">
<HTML>
<HEAD>
<TITLE>Videos einbinden</TITLE>
</HEAD>
<BODY>
<EMBED SRC="xwing.avi" WIDTH=250 HEIGHT=150 HIDDEN="false">
</BODY>
</HTML>
```

Videos und Musik einfügen

Die folgenden, bereits an anderer Stelle ausführlicher vorgestellten Attribute, werden von `<EMBED>` ebenfalls akzeptiert:

- `alt`: Fügt eine Alternativbeschriftung für den Fall ein, daß die eingebettete Datei nicht dargestellt werden kann.
- `align`: Bestimmt die Ausrichtung des den Anzeigebereich umgebenden Textes.
- `border`: Umgibt den Anzeigebereich mit einem Rahmen.
- `hspace`: Definiert den Abstand links und rechts zum umgebenden Text, gemessen in Pixeln.
- `vspace`: Definiert den Abstand oben und unten zum umgebenden Text, gemessen in Pixeln.
- `name`: Damit kann ein individueller Bezeichner zugewiesen werden, der sich zum Beispiel in JavaScript auswerten läßt.
- `title`: Damit kann ein Text definiert werden, der als Tool-Tip angezeigt wird, wenn der Nutzer mit der Maus über den Anzeigebereich fährt.

Ein überaus wichtiges Attribut, mit dem das `<EMBED>`-Element ausgestattet werden kann, ist `pluginspace`. Damit kann eine URL spezifiziert werden, unter der das PlugIn bezogen werden kann, das für die Anzeige der Datei notwendig ist. Der Nutzer wird kurz gefragt, ob das erforderliche Programm geladen werden soll; anschließend beginnt die Übertragung.

Üblicherweise wird eine eingebundene Datei zunächst vollständig geladen und anschließend das benötigte PlugIn gestartet. Es gibt aber auch die Möglichkeit den Start eines PlugIns zu erzwingen. Dazu wird dem `<EMBED>`-Element das Attribut `autostart` hinzugefügt. Wird dem Attribut der Wert `true` zugewiesen, so wird der PlugIn-Start erzwungen.

Listing 5-25:
```
<!DOCTYPE HTML PUBLIC "-//W3C//DTD HTML 4.0 Final//EN">
<HTML>
<HEAD>
<TITLE>Videos einbinden</TITLE>
</HEAD>
<BODY>
```

```
<EMBED SRC="xwing.avi" autostart=true>
</BODY>
</HTML>
```

Video- und Audiodateien können in einer endlosen Schleife wiederholt werden. Dazu wird das zusätzliche Attribut `loop` innerhalb des `<EMBED>`-Elements eingefügt. Ihm wird in diesem Fall der Wert `true` zugewiesen.

Listing 5-26:

```
<!DOCTYPE HTML PUBLIC "-//W3C//DTD HTML 4.0 Final//EN">
<HTML>
<HEAD>
<TITLE>Videos wiederholen</TITLE>
</HEAD>
<BODY>
<EMBED SRC="xwing.avi" LOOP=TRUE>
</BODY>
</HTML>
```

5.12.3 Musikdateien einbinden

Zu einem reizvollen Stilelement in HTML gehört die Möglichkeit, einer Seite Hintergrundmusik zuzuordnen. Dabei handelt es sich allerdings um eine proprietäre Lösung von Microsoft, die nicht zum offiziellen HTML-Standard gehört. Mit einem Umweg läßt sich der gleiche Effekt aber auch mit dem Netscape Communicator erreichen.

Microsoft hat das neue Element `<BGSOUND>` entwickelt, was die Abkürzung für *Background Sound* (Hintergrundmusik) ist. Dieses Element erfordert das Attribut `src`, mit dem die URL bzw. der Pfad auf die Audiodatei festgelegt wird.

Listing 5-27:

```
<!DOCTYPE HTML PUBLIC "-//W3C//DTD HTML 4.0 Final//EN">
<HTML>
<HEAD>
<TITLE>Hintergrundmusik</TITLE>
</HEAD>
<BODY>
<BGSOUND SRC="beispiel.mid">
</BODY>
</HTML>
```

Das Sprachelement kann mit den folgenden Attributen erweitert werden:

- `Balance`: Ist das System des Anwenders in der Lage, Klänge im Stereoton abzuspielen, kann der Designer die Balance zwischen linken und rechten Kanal voreinstellen. Gültige Werte für das Attribut liegen zwischen -10000 und 10000. Wird einer der beiden Werte verwendet, so erfolgt die Wiedergabe des Klangs ausschließlich über einen einzelnen Kanal.

- `Loop`: Damit wird die Zahl der Wiederholungen beim Abspielen der Datei definiert. Dem Attribut kann ein beliebiger Zahlwert zugewiesen werden, wobei -1 und `infinite` zu einer Endlosschleife führen.

- `Title`: Mit Titel kann ein Text zu reinen Informationszwecken der Hintergrundmusik zugefügt werden. Da das `<BGSOUND>`-Element aber keinerlei Anzeige hervorruft, wird vom Internet Explorer auch kein Tool-Tip angezeigt.

- `Volume`: Mit Volume läßt sich die Lautstärke der abgespielten Datei voreinstellen. Gültige Werte liegen zwischen -10.000 und 0. Wird ein Wert von 0 verwendet, wird die Datei mit der maximalen Lautstärke, die der Anwender auf seinem System eingestellt hat, abgespielt.

Listing 5-28:

```
<!DOCTYPE HTML PUBLIC "-//W3C//DTD HTML 4.0 Final//EN">
<HTML>
<HEAD>
<TITLE>Hintergrundmusik</TITLE>
</HEAD>
<BODY>
<BGSOUND SRC="beispiel.mid" TITLE="Ein besonders gelungenes
Klangbeispiel" LOOP="infinite" VOLUME=0 BALANCE=0>
</BODY>
</HTML>
```

Der Netscape Communicator unterstützt das `<BGSOUND>`-Element nicht. Dennoch ist es möglich, auch für dieses Programm Seiten mit einer Hintergrundmusik zu versehen. Zu diesem Zweck muß allerdings das `<EMBED>`-Element verwendet werden, wie im nachfolgenden Listing dargestellt.

Listing 5-29:

```
<!DOCTYPE HTML PUBLIC "-//W3C//DTD HTML 4.0 Final//EN">
<HTML>
<HEAD>
     <TITLE>Hintergrundmusik in Netscape</TITLE>
</HEAD>
<BODY>
<EMBED SRC="background.mid" HIDDEN="true">
</BODY>
</HTML>
```

In Listing 5-29 wird die MIDI-Datei "background.mid" in das HTML-Dokument eingebettet. Da die Option `hidden` eingeschaltet wurde, bekommt der Anwender keinerlei Steuerungsfenster zu Gesicht. Damit ist der gleiche Effekt wie bei der Hintergrundmusik des Internet Explorers erreicht.

5.13 Dreidimensionale Welten einbinden

Eine Revolution für das Intranet und Internet bedeutet eine Programmiersprache, die auf den Namen *Virtual Reality Modelling Language*, kurz VRML, hört. Mit Hilfe dieser einfach zu erlernenden Sprache ist es möglich, dreidimensionale Welten zu errichten, die mit Hilfe eines PlugIns in jedem Browser betrachtet und sogar "durchschritten" werden können.

Die ersten Pläne für VRML sahen vor, die notwendigen Formatierungen in HTML zu integrieren, allerdings wurde den Entwicklern schnell klar, daß unterschiedliche Ansätze nötig waren. VRML wurde zu einer eigenständigen Beschreibungssprache. Dabei wird auf einen Grundstock geometrischer Figuren und Lichteffekte zurückgegriffen. Anstelle von Formatierungen werden hier die räumlichen Koordinaten (Vektoren) von Objekten beschrieben.

VRML liegt inzwischen in der Version 2.0 vor, auf die sich Microsoft und Netscape geeinigt haben, was Experten einhellig zu der Vermutung Anlaß gibt, daß in der nächsten Zeit von dieser Technologie einige Impulse ausgehen werden. Bereits heute verwenden Makler und Architekten, vornehmlich aus den USA, VRML dazu, um ihre Modelle der Öffentlichkeit zu präsentieren. Ein Kaufinteressent für ein Haus kann sich so bereits

Dreidimensionale Welten einbinden

die Innenräume ansehen, noch bevor er das Objekt tatsächlich persönlich besucht hat.

Für die flüssige Darstellung einer dreidimensionalen Welt wird der Hardware des Anwenders allerdings einiges abverlangt. Zwar ist der Quellcode recht schnell übertragen, doch die Errechnung der Figuren und die Umsetzung der Bewegungen in Echtzeit bringen selbst eine leistungsstarke Pentium-CPU ins Schwitzen. Im Listing 5-30 finden Sie ein Beispiel für einen VRML-Quellcode.

Listing 5-30:

```
#VRML V1.0 ascii

Separator {
    PerspectiveCamera {
        position    0.000 0.000 5.000
        orientation 0.000 0.000 1.000 0.000
        focalDistance  5.000
        heightAngle    0.785
    }
    DirectionalLight {
        intensity  1.000
        color   1.000 1.000 1.000
        direction  1.000 1.000 -1.000
    }
    Separator {
        Transform {
            scaleFactor  0.300 0.300 0.300
            rotation    -0.338 -0.272 0.024 0.899
        }
        Material {
            ambientColor   0.200 0.200 0.200
            diffuseColor   0.600 0.600 0.400
            specularColor  0.200 0.400 0.000
            shininess   0.000
        }
        Cube {
            width   2.000
            height  2.000
            depth   2.000
        }
    }
    Separator {
        Transform {
            scaleFactor  0.300 0.300 0.300
            translation  0.020 0.520 -0.100
        }
```

```
            Material {
                ambientColor    0.200 0.200 0.200
                diffuseColor    0.200 0.400 0.800
                specularColor   0.200 0.400 0.000
                shininess   0.800
            }
            Separator {
                Transform {
                    translation   -0.480 -2.900 0.280
                }
                Cylinder {
                    radius   1.000
                    height   2.000
                }



            }
            Cylinder {
                radius   1.000
                height   2.000
            }



    }
    Separator {
            Transform {
                scaleFactor   0.300 0.300 0.300
                translation   -0.720 0.060 1.200
            }
            Material {
                ambientColor    0.200 0.200 0.200
                diffuseColor    0.800 0.300 0.800
                specularColor   0.600 0.340 0.340
                shininess   0.600
            }
            Cone {
                bottomRadius   1.000
                height   2.000
            }


    }
    Separator {
            Transform {
                scaleFactor   0.300 0.300 0.300
                translation   0.920 0.000 -0.020
            }
            Material {
                ambientColor    0.340 0.370 0.200
                diffuseColor    0.800 0.800 0.800
                emissiveColor   0.000 0.000 0.610
                shininess   0.000
            }
            Cone {
                bottomRadius   1.000
```

Dreidimensionale Welten einbinden

```
            height  2.000
                 }

        }
}
```

Der Netscape Communicator unterstützt VRML über ein spezielles Plug-In. Aus diesem Grunde können VRML-Dateien über das <EMBED>-Element einer HTML-Seite hinzugefügt werden.

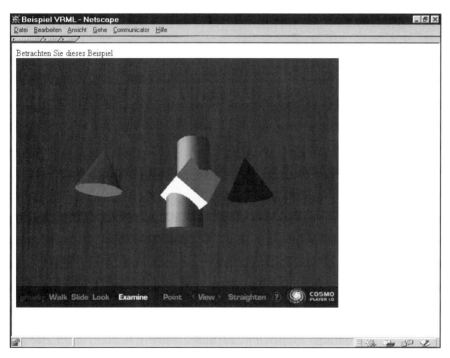

Abbildung 5-13: Ein dreidimensionales Gebilde im Communicator dargestellt

Listing 5-31:

```
<!DOCTYPE HTML PUBLIC "-//W3C//DTD HTML 4.0 Final//EN">
<HTML>
<HEAD>
     <TITLE>Beispiel VRML</TITLE>
</HEAD>
<BODY>
Betrachten Sie dieses Beispiel
<EMBED SRC="bunt.wrl" WIDTH=600 HEIGHT=450>
</BODY>
</HTML>
```

Sie können auch für eingebundene dreidimensionale Welten alle Attribute des <EMBED>-Elements verwenden, also beispielsweise die Ausrichtung des umgebenden Textes ändern oder die Größe der Anzeigefläche neu definieren.

Der Internet Explorer besitzt gleichfalls ein eingebautes PlugIn für die Anzeige von VRML-Dateien, aber geht eigene Wege, was das Einbinden dieser Dateien in den Quellcode einer Seite anbelangt. Dazu wird das <IMG>-Element benutzt, daß um das Attribut vrml erweitert wird. Dieses nimmt dann den Dateinamen bzw. die URL der entsprechenden Datei als Wert an. Da nicht alle Browser diese Erweiterung verstehen, kann auch das sonst übliche src verwendet werden, womit eine alternative Grafik bestimmt wird, die anstelle der 3D-Welt angezeigt wird. Um die gleiche Datei wie in Listing 5-31 für den Internet Explorer einzubinden, ist der folgende Quellcode notwendig:

Listing 5-32:
```
<!DOCTYPE HTML PUBLIC "-//W3C//DTD HTML 4.0 Final//EN">
<HTML>
<HEAD>
<TITLE>Beispiel VRML</TITLE>
</HEAD>
<BODY>
Betrachten Sie dieses Beispiel
<IMG SRC="alternativ.gif" VRML="bunt.wrl" WIDTH=600
HEIGHT=450>
</BODY>
</HTML>
```

Da es sich bei dieser Möglichkeit des Einbindens um eine Instanz des <IMG>-Elements handelt, kann der Designer sämtliche Attribute dieses Elements auch für VRML-Dateien verwenden. Größenmanipulationen sind ebenso möglich, wie die Ausrichtung von umgebenden Text.

Das World Wide Web-Konsortium empfiehlt zukünftig die ausschließliche Verwendung des <OBJECT>-Elements, um VRML-Dateien in HTML zu integrieren. Damit werden proprietäre Lösungen und Erweiterungen von HTML vermieden. Allerdings sind die beiden führenden Browser derzeit noch nicht in der Lage die entsprechenden Tags korrekt zu interpretieren.

5.14 Java und JavaScript einbinden

Die beiden Programmiersprachen *Java* und *JavaScript* tragen zwar beide fast den gleichen Namen, unterscheiden sich allerdings doch erheblich voneinander. JavaScript, der zweite Teil des Namens deutet es an, ist eine sogenannte Skriptsprache für das Internet. Damit lassen sich Routineaufgaben schnell und elegant lösen: Seiten manipulieren, Formulare auf ihre Richtigkeit überprüfen, mit etwas Phantasie sogar kleine Spiele schreiben. JavaScript wird von einem Modul des Browsers interpretiert und ausgeführt, und kann als objektorientiert bezeichnet werden.

Zu jedem Objekt existieren eine Reihe von Methoden und Eigenschaften, die während der Programmierarbeit ebenfalls eine wichtige Rolle spielen. Beispielsweise besitzt das Objekt "Auto" die Methode "Fahren" und eine Eigenschaft kann "blau" sein. Bei den Methoden handelt es sich, wenn man so will, um kleine Miniprogramme, auf die bereits zurückgegriffen werden kann, ohne das Rad neu erfinden zu müssen.

Die Programmierspracha Java, eine Entwicklung der Firma SUN, löste bei ihrer Vorstellung einen wahren Begeisterungssturm unter Fachleuten aus. Das lag daran, daß Java plattformübergreifend ist: Wollte ein Programmierer bisher mehrere Versionen seines Programms für unterschiedliche Hardwareplattformen schreiben, zum Beispiel für den IBM-kompatiblen PC und den Apple-Macintosh, so mußte er sich zweimal an die Arbeit machen, und sich den Kopf über hardwarespezifische Bedingungen und Besonderheiten des jeweiligen Betriebssystems zerbrechen. Java macht Schluß damit. Zwar wird auch dieses Programm kompiliert, d.h. ein sogenannter Compiler macht aus den Eingaben des Programmierers maschinenlesbaren Code (ein bedeutendes Unterscheidungsmerkmal zu JavaScript), dieser wird jedoch *Bytecode* genannt und kann auf unterschiedlichen Plattformen eingesetzt werden. Dies liegt darin, daß dieser Bytecode von einem *Interpreter* ausgeführt wird, der für die gängigsten Betriebssysteme verfügbar ist. Damit braucht der Programmierer nur einen Quellcode zu schreiben, um den Rest kümmert sich der Interpreter der entsprechenden Hardware-Plattform. Java kann eine enge Verwandtschaft zur Programmiersprache C++ nicht verleugnen. Programmier, die bereits mit dieser Sprache gearbeitet haben, werden ohne Mühe auch auf Java umsteigen können.

Mit Java sind völlig eigenständige Programme möglich, von der Datenbank bis zum Spiel. In Form kleiner Miniprogramme, der sogenannten Applets, hat Java auch Einzug in das World Wide Web gehalten.

Um ein JavaScript in HTML zu integrieren, bieten sich dem Entwickler zwei Möglichkeiten. Entweder er notiert den Quellcode des Skript innerhalb der HTML-Datei selbst, oder er verweist auf eine externe Datei, was den Vorteil bietet, daß die Anwender seinen Quellcode nicht einsehen können.

Empfehlenswert ist es, den Quellcode eines Skriptes innerhalb des Dateikopfes zu notieren, obwohl dies nicht vorgeschrieben ist. Befindet er sich dort, so kann er bereits geladen und ausgeführt werden, während die Datei noch geladen wird.

Ein Skript wird innerhalb der beiden Elemente <SKRIPT> und </SKRIPT> referenziert. Da JavaScript eine Entwicklung des Hauses Netscape ist, konnte Microsoft nicht umhin eine eigene Skriptsprache für das Netz vorzustellen. Genauer gesagt, sind es sogar deren zwei. Zunächst das mit JavaScript fast identische Jscript, das wohl aus dem Grunde entwickelt wurde, Lizenzgebühren an Netscape zu sparen, und das mächtige Visual Basic Script, das viele Funktionen von JavaScript kennt, aber einige spezifische Funktionen der MS-Produkte und des Betriebssystems Windows integriert. Aus diesem Grunde kennt das <SKRIPT>-Element auch das Attribut language, mit dem Sie definieren müssen, mit welcher Sprache gearbeitet werden soll.

Listing 5-33:

```
<!DOCTYPE HTML PUBLIC "-//W3C//DTD HTML 4.0 Final//EN">
<HTML>
<HEAD>
<TITLE>Einbinden eines JavaScript</TITLE>
<SCRIPT LANGUAGE="JavaScript">
alert("Herzlich Willkommen");
</SCRIPT>
</HEAD>
<BODY>
</BODY>
</HTML>
```

Java und JavaScript einbinden 139

Es ist empfehlenswert, den Quellcode des Skriptes durch die Kommentarzeichen zu umschließen, weil damit gewährleistet ist, daß ältere Browserversionen, die JavaScript noch nicht kennen, den Code nicht fälschlicherweise für HTML halten und anzeigen.

Ist das JavaScript direkt in der HTML-Datei notiert, kann der Anwender mit seinem Browser den gesamten Quelltext einsehen. Soll das nicht möglich sein, kann das Skript in einer separaten Datei abgespeichert werden, die dann geladen werden muß. Dazu wird das `<SKRIPT>`-Element um das bereits bekannte Attribut `src` erweitert. Dort wird der Dateiname bzw. die URL der Skriptdatei angegeben.

Listing 5-34:
```
<!DOCTYPE HTML PUBLIC "-//W3C//DTD HTML 4.0 Final//EN">
<HTML>
<HEAD>
<TITLE>JavaScript einbinden</TITLE>
<SCRIPT LANGUAGE="JavaScript" SRC="funktion.js"></SCRIPT>
</HEAD>
<BODY>
Hier folgt der Text der Seite.
</BODY>
</HTML>
```

Zur Sprache JavaScript gehören eine Reihe sogenannter *Event-Handler*. Das sind Attribute, die einem HTML-Element hinzugefügt werden können, und die dann eine bestimmte JavaScript-Funktion auslösen. So könnte beispielsweise ein Mausklick auf eine Grafik ein neues Browserfenster einblenden. Es ist hier nicht der Platz um eingehender auf JavaScript einzugehen, deshalb finden Sie in den nachfolgenden Listing nur ein Beispiel dafür, wie ein solcher Event-Handler in ein HTML-Element eingefügt wird. In Abbildung 5-14 sehen Sie ein Beispiel für die Integration eines Event Handlers in HTML.

Listing 5-35:
```
<!DOCTYPE HTML PUBLIC "-//W3C//DTD HTML 4.0 Final//EN">
<HTML>
<HEAD>
<TITLE>JavaScript einbinden</TITLE>
<SCRIPT LANGUAGE="JavaScript" >
</SCRIPT>
</HEAD>
<BODY>
```

```
<FORM>
<INPUT TYPE="button" VALUE="Bitte hier klicken"
ONCLICK='WINDOW.ALERT ("Hallo!")'>
</FORM>
</BODY>
</HTML>
```

In Listing 5-35 wurde der Event-Handler `onclick` verwendet. Betätigt der Anwender die innerhalb des Formularteils definierte Schaltfläche, so wird ein Alarmfenster (`window.alert`) mit dem entsprechenden Text eingeblendet. Das Alarmfenster gehört zu den Standardmethoden von JavaScript. Es hätte dort aber auch der Name einer Funktion auftauchen können, die der Programmierer zunächst hätte definieren müssen. Es sind gerade diese Event-Handler, die dafür sorgen, daß sich mit JavaScript interaktive Web-Seiten erstellen lassen.

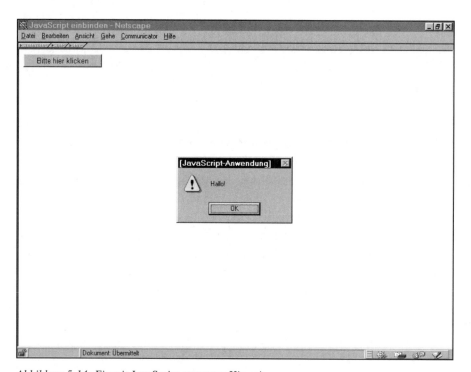

Abbildung 5-14: Ein mit JavaScript erzeugter Hinweis

Auch die kleinen Java-Applets lassen sich vom Programmierer dazu verwenden, interaktive Seiten zu erstellen. Die Einbindung eines solchen

Java und JavaScript einbinden

Applets kann auf zwei unterschiedliche Weisen erfolgen. Zum einen über das `<OBJECT>`-Element, wie Sie in Abschnitt 5.15 sehen werden, oder über das Element `<APPLET>`, von dessen Verwendung das World Wide Web-Konsortium allerdings inzwischen abrät, das aber nichtsdestotrotz immer noch von den Browsern verstanden wird.

Das `<APPLET>`-Element besitzt selbst keinen Wert, sondern erhält mit dem Attribut `code` den Namen des auszuführenden Programms. Befindet sich dieses nicht innerhalb des gleichen Verzeichnisses wie die HTML-Datei selbst, so müssen die bereits bekannten Regeln für das Referenzieren von Abbildungen verwendet werden.

Listing 5-36:
```
<!DOCTYPE HTML PUBLIC "-//W3C//DTD HTML 4.0 Final//EN">
<HTML>
<HEAD>
<TITLE>Java Applet einbinden</TITLE>
</HEAD>
<BODY>
<APPLET CODE="beispiel.class">
</APPLET>
</BODY>
</HTML>
```

Üblicherweise besitzt ein Java-Applet, das Sie einbinden die Dateinamenserweiterung `class`. Wollen Sie nur mit relativen Datei- und Pfadangaben arbeiten, kann mit Hilfe des Attributs `codebase` eine URL definiert werden, die für alle relativen Angaben als Ausgangspunkt dient.

Listing 5-37:
```
<!DOCTYPE HTML PUBLIC "-//W3C//DTD HTML 4.0 Final//EN">
<HTML>
<HEAD>
<TITLE>Java Applet einbinden</TITLE>
</HEAD>
<BODY>
<APPLET CODE="beispiel.class"
CODEBASE="http://www.foobar.com/applets">
</APPLET>
</BODY>
</HTML>
```

Im Beispiel aus Listing 5-37 würde der Browser das Applet nun unter der URL `http://www.foobar.com/applets/beispiel.class` suchen.

Das `<APPLET>`-Element ähnelt in vielerlei Hinsicht dem `<IMG>`-Element. Es werden die folgenden Attribute, die beim `<IMG>`-Element bereits ausführlicher vorgestellt wurden, unterstützt:

- `alt`: Damit kann für Browser, die kein Java beherrschen ein Alternativtext bestimmt werden, der anstelle des Programms erscheint. Dies ist auch dann nützlich, wenn das Applet aus einem anderen Grunde nicht geladen werden konnte.
- `align`: Bestimmt die Ausrichtung des Applets zum umgebenden Text. Es können hier die gleichen Angaben gemacht werden, wie sie bereits beim Einfügen von Grafiken vorgestellt worden sind.
- `height`: Bestimmt die Höhe des Anzeigebereiches, in dem das Applet ausgeführt werden soll. Das Attribut erwartet Angaben in Pixeln.
- `width`: Bestimmt die Breite des Anzeigebereiches, in dem das Applet ausgeführt werden soll. Auch hier müssen die Angaben in Pixeln erfolgen.
- `hspace`: Es wird damit ein Bereich links und rechts des Anzeigebereiches definiert, der nicht von Text umflossen wird.
- `vspace`: Damit werden Bereiche ober- und unterhalb des Anzeigebereiches definiert, die von Text nicht umflossen werden.

Wie jedem anderen Programm können auch einem Java-Applet Parameter übergeben werden, die dann entsprechend in die Bearbeitung einer Funktion einfließen. Für die Übergabe eines Parameters an ein Java-Applet wird das eigene Element `<PARAM>` verwendet. Es wird innerhalb der Elemente `<APPLET>`...`</APPLET>` notiert. Für jeden zu übergebenden Parameter wird genau ein `<PARAM>`-Eintrag benötigt. Das Element kennt zwei Attribute:

- `name`: Damit wird der Name der Variablen, die vom Programm erwartet wird, definiert.
- `value`: Bekommt den Wert zugewiesen, den die Variable annehmen soll.

Listing 5-38:
```
<!DOCTYPE HTML PUBLIC "-//W3C//DTD HTML 4.0 Final//EN">
<HTML>
```

```
<HEAD>
<TITLE>Java Applet einbinden</TITLE>
</HEAD>
<BODY>
<APPLET CODE="beispiel.class"
CODEBASE="http://www.foobar.com/applets" ALT="Ihr Browser
kann kein Java!" ALIGN="LEFT" HEIGHT="300" WIDTH="450">
<PARAM NAME="Zahl_A" VALUE="10">
<PARAM NAME="Zahl_B" VALUE="5">
</APPLET>
</BODY>
</HTML>
```

Das **Listing 5-38:** zeigt ein eingebundenes Applet mit zahlreichen zusätzlichen Attributen und einigen zu übergebenden Parametern.

5.15 Das <OBJECT>-Element

Bereits mehrfach wurde darauf hingewiesen, daß das World Wide Web-Konsortium vom Gebrauch der proprietären HTML-Erweiterungen diverser Browserhersteller abrät. Statt dessen soll das <OBJECT>-Element verwendet werden, das im folgenden genauer vorgestellt werden soll.

Das <OBJECT>-Element ist dem <IMG>-Element in vielen Bereichen sehr ähnlich. So versteht es die folgenden Attribute, die auch beim <IMG>-Element verwendet werden können:

- align: Zur Ausrichtung des umgebenden Textes.
- height: Definiert die Höhe des Anzeigebereiches für das Objekt.
- width: Definiert die Breite des Anzeigebereiches für das Objekt.
- border: Umgibt das Objekt mit einem sichtbaren Rahmen.
- hspace: Definiert einen Bereich links und rechts von der Anzeigefläche, innerhalb dessen kein Text angezeigt wird.
- vspace: Damit wird ein Bereich über und unter der Anzeigefläche bestimmt, innerhalb dessen kein Text angezeigt wird.
- usemap: Das eingebettete Objekt ist eine Imagemap.

Dieses Sprachelement erfordert zum Abschluß seinen Gegenpart </OBJECT>. Die zu referenzierende Datei wird durch das Attribut data bestimmt. Hier kann der relative oder der absolute Pfadname (URL) angegeben werden.

Listing 5-39:

```
<!DOCTYPE HTML PUBLIC "-//W3C//DTD HTML 4.0 Final//EN">
<HTML>
<HEAD>
<TITLE>Referenzieren mit &lt;OBJECT&gt;</TITLE>
</HEAD>
<BODY>
<OBJECT DATA="dec6.avi"></OBJECT>
</BODY>
</HTML>
```

Soll nur mit relativen Angaben gearbeitet werden, können Sie den Ladevorgang beschleunigen, wenn Sie dem Browser eine URL mitteilen, unter der er alle referenzierten Dateien finden kann, etwa ein bestimmtes Verzeichnis auf einem Server. Dazu wird das Attribut codebase verwendet.

Listing 5-40:

```
<!DOCTYPE HTML PUBLIC "-//W3C//DTD HTML 4.0 Final//EN">
<HTML>
<HEAD>
<TITLE>Referenzieren mit &lt;OBJECT&gt;</TITLE>
</HEAD>
<BODY>
<OBJECT DATA="dec6.avi"
codebase="http://www.foobar.com/video"></OBJECT>
</BODY>
</HTML>
```

In dem Beispiel aus Listing 5-40 würde das referenzierte Video unter der URL http://www.foobar.com/video/dec6.avi gesucht werden.

Innerhalb der beiden Elemente können beliebige andere Dateien referenziert werden. Es bietet sich zum Beispiel an, hier eine Grafik mit dem <IMG>-Element einzubinden oder mit Hilfe des <EMBED>-Elements das gleiche Video. Damit ist gewährleistet, daß ältere Versionen des Netscape Communicator ebenfalls die gewünschte Datei anzeigen. Das Listing 5-41 zeigt eine Einbettung eines Objekts mit zahlreichen Optionen.

Listing 5-41:

```
<!DOCTYPE HTML PUBLIC "-//W3C//DTD HTML 4.0 Final//EN">
<HTML>
<HEAD>
<TITLE>Referenzieren mit &lt;OBJECT&gt;</TITLE>
</HEAD>
<BODY>
```

Das <OBJECT>-Element   145

```
Ein Beispiel:
<OBJECT DATA="dec6iii.avi" ALIGN=RIGHT WIDTH=500 HEIGHT=450
VSPACE=40 HSPACE=25><IMG SCR="ersatz.gif"></OBJECT>
<P>
Hier ein anderes Beispiel:
<OBJECT DATA="video2.avi"><EMBED SCR="video2.avi"></OBJECT>
</BODY>
</HTML>
```

Um ein eventuell notwendiges PlugIn ansteuern zu können, muß dem Browser mitgeteilt werden, um welchen MIME-Datentyp es sich bei der Datei handelt. Dazu kann das Attribut `codetype` verwendet werden. Weglassen kann der Designer es allerdings guten Gewissens bei Dateien, die die Browser schon sehr lange unterstützen, wie GIF- oder JPEG-Grafiken. Für den Wert des Attributs gelten die gleichen Angaben wie in Tabelle 5-1.

Listing 5-42:

```
<!DOCTYPE HTML PUBLIC "-//W3C//DTD HTML 4.0 Final//EN">
<HTML>
<HEAD>
<TITLE>Referenzieren mit &lt;OBJECT&gt;</TITLE>
</HEAD>
<BODY>
<OBJECT DATA="dec6iii.avi" CODETYPE="video/ms-
video"></OBJECT>
</BODY>
</HTML>
```

Als Alternative für `codetype` hat das World Wide Web-Konsortium das Attribut `type` vorgeschlagen. Es kann gleichwertig neben `codetype` verwendet werden.

Gerade Videodateien wie im vorangegangenen Beispiel benötigen häufig sehr lange, bis sie komplett auf den Rechner des Anwenders übertragen wurden, um dann anschließend abgespielt zu werden. Um dem Anwender zu zeigen, daß die Datei noch geladen wird, kann dem <OBJECT>-Element das Attribut `standby` hinzugefügt werden, dessen Wert in einer Textnachricht besteht, die während des Ladevorganges eingeblendet wird. Zum Zeitpunkt der Manuskriptabfassung unterstützte allerdings noch kein Browser dieses Attribut zufriedenstellend.

Mit Hilfe des `<OBJECT>`-Elements ist auch das Einbinden von Java-Applets möglich. Dazu ist allerdings zu sagen, daß auch diese Möglichkeit von den vorliegenden Browsern nicht unterstützt wird. Das Listing 5-43 zeigt, wie mit `<OBJECT>` ein Applet eingefügt wird.

Listing 5-43:
```
<!DOCTYPE HTML PUBLIC "-//W3C//DTD HTML 4.0 Final//EN">
<HTML>
<HEAD>
<TITLE>Referenzieren mit &lt;OBJECT&gt;</TITLE>
</HEAD>
<BODY>
<OBJECT CLASSID="java:beispiel"
CODETYPE="application/octet-stream"> </OBJECT>
</BODY>
</HTML>
```

Wie Sie sehen, wurde dabei das neue Attribut `Classid` eingeführt. Dabei handelt es sich um einen dokumentenweit einmaligen Bezeichner für das auszuführende Programm, also um die entsprechende Class-Datei, die zum Applet gehört. In unserem Beispiel trägt das Applet den Namen `beispiel`. Wie Sie sicherlich bemerkt haben, wurde auf die Dateinamenserweiterung verzichtet, da sich der Name des Programms unmittelbar hinter der Einleitung `java:` wiederfindet. Dies ist eine feste Zeichenfolge, um dem Browser mitzuteilen, daß ein Javaprogramm gestartet werden soll.

Das Attribut `codetype` ist Ihnen ja bereist bekannt. `Application/octet-stream` ist die offizielle Bezeichnung für binäre Dateien nach dem MIME-Standard.

Auch Applets, die durch das `<OBJECT>`-Element referenziert wurden, können Parameter übergeben werden. Dazu wird weiterhin das Element `<PARAM>` verwendet, das allerdings um einige Attribute erweitert wurde. Neu ist `valuetype`. Damit kann eine von drei verschiedenen Formaten angegeben werden, die der Wert einer Variable haben darf.

- `data`: Dies ist die Voreinstellung. Die Werte eines Parameters vom Typ `data` werden so wie sie sind der Anwendung übergeben.
- `ref`: Bei dem Wert, der bei `Value` angegeben ist, handelt es sich um eine URL. Unter dieser Adresse sind für das Programm weitere

Runtime-Module zu finden. Bei der Einbindung eine Java-Applets spielt dieser Datentyp noch keine Rolle.

- `object`: Damit kann auf ein anderes Objekt innerhalb des gleichen Dokuments verwiesen werden. Dies soll vorallem bei der Vererbung von Objekteigenschaften nützlich sein. In der Praxis spielt aber auch dieses Attribut noch keine Rolle.

Da es sich bei `data` um den voreingestellten Datentyp handelt, kann diese Angabe auch weggelassen werden, wenn Sie ein Applet einbinden wollen. Im nachfolgenden Listing wurde aber zur Verdeutlichung die Angabe gemacht.

Listing 5-44:
```
<!DOCTYPE HTML PUBLIC "-//W3C//DTD HTML 4.0 Final//EN">
<HTML>
<HEAD>
<TITLE>Referenzieren mit &lt;OBJECT&gt;</TITLE>
</HEAD>

<BODY>
<OBJECT CLASSID="java:beispiel"
CODETYPE="application/octet-stream">

<PARAM NAME="Zahl_A" VALUE="15" VALUETYPE="data">
<PARAM NAME="Zahl_B" VALUE="25" VALUETYPE="data">
</OBJECT>
</BODY>
</HTML>
```

6 Formulare in HTML

Formulare jeglicher Art sind eine tägliche Erscheinung im World Wide Web. Registrierungsformulare, Bestellformulare, Umfragen: Sie alle warten auf die Eintragungen der Benutzer. In diesem Abschnitt erfahren Sie alles über die Erstellung und Weiterverarbeitung von Formularen.

6.1 Ein Formular definieren

Ein Formular ist ein Bestandteil einer HTML-Datei, das mit den gleichen Formatierungen arbeitet, allerdings um einige sogenannte *Controls* erweitert wurde. Diese Controls, auch als Kontrollblöcke bezeichnet, nehmen die Benutzereingaben auf und liefern Werte zurück, die dann von einem externen Programm weiterverarbeitet werden können, um beispielsweise Eingang in eine Datenbank zu finden. Die Inhalte eines Formulars lassen sich allerdings auch per E-Mail an eine bestimmte Adresse schicken.

Zu den Controls gehören Eingabefelder, Checkboxen oder Auswahlfelder. Jedes von ihnen erhält einen eigenen Namen und liefert einen bestimmten Wert zurück.

Ein Formular wird durch das Paar <FORM>...</FORM> definiert. Diese beiden Elemente fungieren als eine Art von Container, in dem das Layout des Formulars definiert wird. Hier wird ferner bestimmt, wie das Formular weiterverarbeitet werden soll.

Innerhalb des einleitenden <FORM>-Tags wird über das Attribut method die Methode definiert, mit der das Formular weiterverarbeitet wird. Dabei werden unterschieden:

- Post: Hierbei wird die Http-Methode Post verwendet, die den Namen und den Wert eines Feldes im Körper des Formulars ablegt.
- Get: Hierbei wird eine Methode des Http-Protokolls verwendet, die die Werte der Variablen in einer Umgebungsvariablen abspeichert. Diese kann dann von einem CGI-Skript ausgelesen und weiterverarbeitet werden.

Ebenfalls für die korrekte Weiterbearbeitung des Formulars ist das Attribut `action` nötig. Damit geben Sie eine URL an, unter der sich entweder das Programm erreichen läßt, mit dem das Formular weiterverarbeitet werden soll, oder die Adresse, an die die Inhalte per E-Mail gesendet werden. Damit sieht der prinzipielle Aufbau eines Formulars wie folgt aus:

Listing 6-1:
```
<!DOCTYPE HTML PUBLIC "-//W3C//DTD HTML 4.0 Final//EN">
<HTML>
<HEAD>
<TITLE>Formulare</TITLE>
</HEAD>
<BODY>
<FORM ACTION="mailto:slamprecht@aol.com" METHOD="POST">
Hier kommt der Inhalt des Formulars
</FORM>
</BODY>
</HTML>
```

In diesem Fall wird das Formular an die oben genannte E-Mail-Adresse verschickt. Soll das Formular an ein Programm weitergeleitet werden, würde der entsprechende Aufbau folgendermaßen aussehen.

Listing 6-2:
```
<!DOCTYPE HTML PUBLIC "-//W3C//DTD HTML 4.0 Final//EN">
<HTML>
<HEAD>
<TITLE>Formulare</TITLE>
</HEAD>
<BODY>
<FORM ACTION="http://meinserver.com/Bin-Post/batchprogramm"
METHOD="POST">
Hier kommt der Inhalt des Formulars
</FORM>
</BODY>
</HTML>
```

In diesem Fall werden die Variablen an das Programm `batchprogramm` übergeben, das sich im Verzeichnis `Bin-post` befindet und auf dem Server `meinserver.com` liegt.

Ein Attribut innerhalb des einleitenden Tags definiert das zulässige Format der Daten, die übermittelt werden dürfen. Dabei gelten die Spezifikationen gemäß des *Multipurpose Internet Mail Extensions* (MIME)-Standards. Das voreingestellte MIME-Format ist "`application/x-www-form-urlencoded`", das dem Attribut `enctype` zugewiesen wird.

6.2 Eingabefelder

Eingaben der Benutzer werden durch die Elemente `<INPUT>...</INPUT>` abgefragt. Dabei gibt es unterschiedliche Arten von Eingabefeldern, die durch das Attribut `type` innerhalb des einleitenden `<INPUT>`-Tags definiert werden.

6.2.1 Texteingaben

Eines der häufigsten Elemente in einem Formular dürfte ein Texteingabefeld sein, indem der Anwender seine Mitteilungen und abgefragten Informationen frei eintragen kann. Um ein solches Eingabefeld zu erstellen wird das Attribut `type="text"` verwendet.

Um die Eingaben der Benutzer in einem Formular von den anderen unterscheiden zu können, erhält jedes Feld einen eigenen Namen, der bei der Übertragung des Formulars übermittelt wird. Dieser Name wird dem Feld über das Attribut `name` zugewiesen.

Listing 6-3:
```
<!DOCTYPE HTML PUBLIC "-//W3C//DTD HTML 4.0 Final//EN">
<HTML>
<HEAD>
<TITLE>Formulare</TITLE>
</HEAD>
<BODY>
<FORM ACTION="mailto:slamprecht@aol.com" METHOD="POST">
<INPUT TYPE="Text" NAME="Adresse">
</FORM>
</BODY>
</HTML>
```

Einem solchen Texteingabefeld können zwei weitere Attribute zugewiesen werden: Zum einen die sichtbare Breite an Zeichen und die Zahl der Zeichen, die intern abgespeichert werden. Die sichtbare Breite wird durch `size` festgelegt, während die maximale Zeichenzahl durch `maxlength` bestimmt wird.

Listing 6-4:
```
<!DOCTYPE HTML PUBLIC "-//W3C//DTD HTML 4.0 Final//EN">
<HTML>
<HEAD>
<TITLE>Formulare</TITLE>
</HEAD>
<BODY>
<FORM ACTION="mailto:slamprecht@aol.com" METHOD="POST">
Geben Sie bitte Ihren Namen ein:
<P>
<INPUT TYPE="Text" NAME="Adresse" SIZE=45 MAXLENGTH=90>
</FORM>
</BODY>
</HTML>
```

In diesem Beispiel wurde das Textfeld Name erstellt, das 45 Zeichen sichtbar darstellt aber intern 90 Zeichen abspeichern kann. Ein Beispiel sehen Sie in Abbildung 6-1.

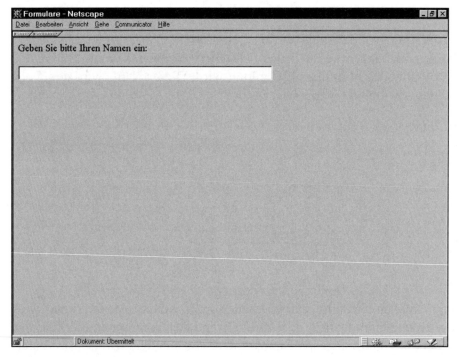

Abbildung 6-1: Ein einfaches Formular

Jedem Feld in einem Formular kann ein voreingestellter Wert zugewiesen werden, der beim ersten Aufruf des Formular sichtbar ist. Dieser Wert wird durch das Attribut `value` bestimmt.

Listing 6-5:
```
<!DOCTYPE HTML PUBLIC "-//W3C//DTD HTML 4.0 Final//EN">
<HTML>
<HEAD>
<TITLE>Formulare</TITLE>
</HEAD>
<BODY>
<FORM ACTION="mailto:slamprecht@aol.com" METHOD="POST">
Geben Sie bitte Ihren Namen ein:
<INPUT TYPE="Text" NAME="Adresse" SIZE=45 MAXLENGTH=90
VALUE="Hier soll Ihr Name hin">
</FORM>
</BODY>
</HTML>
```

Bei den bisher vorgestellten Textfeldern handelt es sich um einzeilige Felder. Der Autor eines HTML-Dokuments kann aber auch mehrzeilige Felder zum Ausfüllen anbieten. Dazu wird das Element `<TEXTAREA>` ... `</TEXTAREA>` verwendet. Auch dieses Element kennt das Attribut `name`. Zusätzlich muß bei einem solchen Element definiert werden, wie viele Zeilen Text angezeigt werden sollen und wie breit eine solche Zeile sein darf. Die Zeilenlänge wird durch `rows` festgelegt, während die Breite durch das Attribut `cols` bezeichnet wird.

Listing 6-6:
```
<!DOCTYPE HTML PUBLIC "-//W3C//DTD HTML 4.0 Final//EN">
<HTML>
<HEAD>
<TITLE>Formulare</TITLE>
</HEAD>
<BODY>
<FORM ACTION="mailto:slamprecht@aol.com" METHOD="POST">
Hier ist Platz für Ihre Kritik
<TEXTAREA NAME="Kritik" COLS="55" ROWS="5"></TEXTAREA>
</FORM>
</BODY>
</HTML>
```

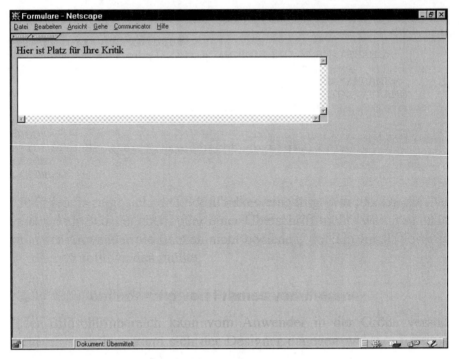

Abbildung 6-2: Ein mehrzeiliges Textfeld für ein Formular

Wie Sie sehen, wird ein mehrzeiliges Textfeld mit Scrollbalken ausgestattet. Dies liegt daran, daß der eingegebene Text nicht automatisch umbrochen wird. Zwar kann der Benutzer mit einem Druck auf die Eingabetaste einen Zeilenumbruch erzwingen, allerdings ist gerade unerfahrenen Besuchern einer Web-Site diese Tatsache nicht bekannt. Aus diesem Grunde kann der Entwickler eines Formulars eine Textarea mit einem Attribut ausstatten, daß den Zeilenumbruch in diesem Feld reguliert. Dieses Attribut wrap kann folgende Zustände annehmen:

- Off: Das ist die Voreinstellung. Es wird kein Zeilenumbruch durchgeführt.
- Virtual: Es wird ein sichtbarer Zeichenumbruch durchgeführt, allerdings wird der Inhalt des Textfeldes ohne Zeilenumbruch verschickt.
- Physical: Es erfolgt sowohl ein für den Betrachter sichtbarer Zeichenumbruch, als auch ein Zeilenumbruch bei der Versendung des Formulars zum Zwecke der Weiterverarbeitung.

Eingabefelder

Der Internet Explorer 3.0 bricht Text in Textboxen als Voreinstellung um, während erst ab Version 4.0 das `wrap`-Attribut unterstützt wird.

Eine Textarea versteht auch das Attribut `name`, das für die Weiterverarbeitung notwendig ist. Außerdem ist es möglich, `title` zu verwenden, mit dem dann beim Zeigen mit der Maus auf das Textfeld ein "Tool-Tip" angezeigt wird.

Eine Textbox mit diesen Möglichkeiten könnte etwa wie folgt aussehen.

Listing 6-7:
```
<!DOCTYPE HTML PUBLIC "-//W3C//DTD HTML 4.0 Final//EN">
<HTML>
<HEAD>
<TITLE>Textboxen</TITLE>
</HEAD>
<BODY>
Teilen Sie uns Ihre Meinung mit:
<FORM ACTION="mailto:"slamprecht@aol.com"" METHOD="POST">
<TEXTAREA NAME="Kritik" COLS="45" ROWS="5" WRAP="PHYSICAL"
TITLE="Sparen Sie nicht mit Ihrer Meinung"></TEXTAREA>
</FORM>
</BODY>
</HTML>
```

Ein recht interessantes Attribut für eine Textarea ist `disabled`. Damit ist es möglich, in der Textarea einen vorgefertigten Text anzuzeigen, der vom Benutzer nicht geändert werden kann. Es eignet sich somit zur Anzeige von Geschäfts- oder Garantiebedingungen, die vom Anwender bloß gelesen, aber nicht geändert werden sollen.

Listing 6-8:
```
<!DOCTYPE HTML PUBLIC "-//W3C//DTD HTML 4.0 Final//EN">
<HTML>
<HEAD>
<TITLE>Textboxen</TITLE>
</HEAD>
<BODY>
Teilen Sie uns Ihre Meinung mit:
<FORM ACTION="mailto:"SLAMPRECHT@AOL.COM"" METHOD="POST">
<TEXTAREA NAME="Kritik" COLS="45" ROWS="5" WRAP="PHYSICAL"
TITLE="Sparen Sie nicht mit Ihrer Meinung" DISABLED>Lesen
Sie hier unsere Gesch&auml;ftsbedingungen: Der Kunde
mu&szlig; s&auml;mtliche Ware bezahlen, die er bestellt,
sonst...</TEXTAREA>
```

```
</FORM>
</BODY>
</HTML>
```

Den vordefinierten Inhalt des Feldes tragen Sie einfach zwischen `<TEXT-AREA>` und `</TEXTAREA>` ein. Das Beispiel aus diesem Listing sehen Sie in Abbildung 6-3.

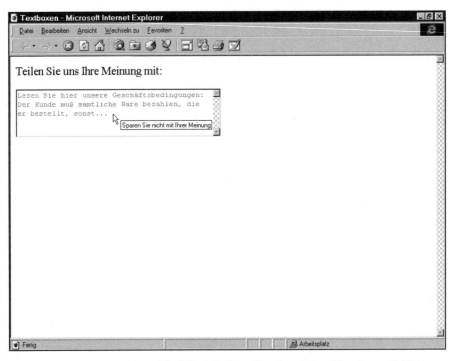

Abbildung 6-3: Ein Textfeld mit "Tool-Tip", Zeilenumbruch und ohne Eingabemöglichkeit

Eine ähnliche Funktion wie `disabled` bietet `readonly`. Solche Textbereiche nehmen zwar die Eingaben des Benutzers entgegen, der beim Absenden übertragende Inhalt des Feldes kann aber nicht wirklich geändert werden.

6.3 Auswahllisten

Um dem Benutzer eines Formulars das Ausfüllen möglichst komfortabel zu machen, können Listenfelder erstellt werden, aus denen der Anwender nur die auf ihn zutreffende Option auszuwählen braucht. Eine solche

Lösung bietet sich zum Beispiel bei der Aufgabe einer Kleinanzeige an, wenn der Nutzer eine Rubrik aussuchen soll oder Sie ihn um die Angabe des Landes beten, aus dem er sich in das Netz eingewählt hat.

Eine Auswahlliste bilden Sie innerhalb der Elemente <SELECT> ... </SELECT>, wobei jeder Listeneintrag durch <Option> markiert wird. Wie bei anderen Elementen eines Formulars weisen Sie mit dem Attribut name dem Feld eine spezifische Bezeichnung zu, die für die Weiterverarbeitung benötigt wird.

Listing 6-9:
```
<!DOCTYPE HTML PUBLIC "-//W3C//DTD HTML 4.0 Final//EN">
<HTML>
<HEAD>
<TITLE>Auswahllisten</TITLE>
</HEAD>
<BODY>
Bitte w&auml;hlen Sie aus:
<FORM ACTION="mailto:"SLAMPRECHT@AOL.COM"" METHOD="POST">
<SELECT NAME="Land">
   <OPTION>USA
   <OPTION>Deutschland
   <OPTION>Schweiz
   <OPTION>&Ouml;sterreich
   <OPTION>Sonstiges
 </SELECT>
</FORM>
</BODY>
</HTML>
```

Auch das Select-Element unterstützt das Attribut Value, mit dem sich ein Wert eintragen läßt, der für die Weiterverarbeitung herangezogen werden kann. Value läßt sich auch jeder einzelnen Option hinzufügen. Die angezeigte Option muß also nicht deckungsgleich mit dem Wert des Feldes sein. Das ist zum Beispiel dann interessant, wenn Sie Landesbezeichnungen in Ihrer Datenbank durch Kürzel oder Nummern kodiert haben.

Der Eintrag Size innerhalb des Select-Elements legt fest, wie viele Optionen beim Aufruf des Formulars in der Liste sichtbar sein sollen.

Listing 6-10:
```
<!DOCTYPE HTML PUBLIC "-//W3C//DTD HTML 4.0 Final//EN">
<HTML>
<HEAD>
```

```
<TITLE>Auswahllisten</TITLE>
</HEAD>
<BODY>
Bitte w&auml;hlen Sie aus:
<FORM ACTION="mailto:"SLAMPRECHT@AOL.COM"" METHOD="POST">
<SELECT NAME="Land" SIZE="2">
   <OPTION VALUE="A">&Ouml;sterreich
   <OPTION VALUE="D">Deutschland
   <OPTION VALUE="CH">Schweiz
   <OPTION VALUE="F">Frankreich
   <OPTION VALUE="GB">England
   <OPTION VALUE="I">Italien
   <OPTION VALUE="USA">Vereinigte Staaten
</SELECT>
</FORM>
</BODY>
</HTML>
```

Soll dem Anwender erlaubt sein, mehrere Einträge auszuwählen, kann dies durch das Attribut `multiple` innerhalb des Select-Elements festgelegt werden. Ebenso ist es möglich, eine Option bereits ausgewählt erscheinen zu lassen. Dazu wird innerhalb des entsprechenden Option-Elements einfach der Eintrag `selected` hinzugefügt. Sowohl `<OPTION>` als auch `<SELECT>` können mit dem `title`-Attribut versehen werden, das vom Internet Explorer bereits fehlerlos als "Tool-Tip" angezeigt wird.

Listing 6-11:

```
<!DOCTYPE HTML PUBLIC "-//W3C//DTD HTML 4.0 Final//EN">
<HTML>
<HEAD>
<TITLE>Auswahllisten</TITLE>
</HEAD>
<BODY>
Bitte w&auml;hlen Sie aus:
<FORM ACTION="mailto:"SLAMPRECHT@AOL.COM"" METHOD="POST">
<SELECT NAME="Land" SIZE="2">
   <OPTION VALUE="A" TITLE="Geben Sie Ihr Land ein!">&Ouml;sterreich
   <OPTION VALUE="D" SELECTED>Deutschland
   <OPTION VALUE="CH">Schweiz
   <OPTION VALUE="F">Frankreich
</SELECT>
</FORM>
</BODY>
</HTML>
```

Checkboxen 159

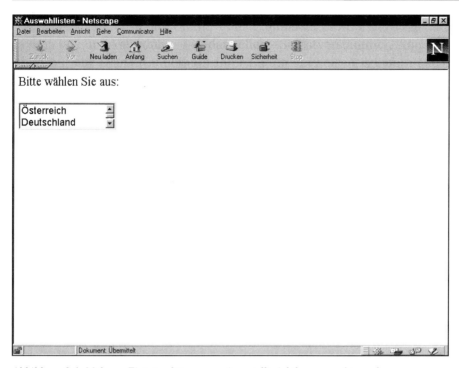

Abbildung 6-4: Mehrere Einträge können voreingestellt sichtbar gemacht werden.

6.4 Checkboxen

Bei Nutzerbefragungen ist es sinnvoll, ein standardisiertes Formular zu entwickeln, daß dem Benutzer Tipparbeit erspart. Wie bei Multiple-Choice-Fragebögen können in HTML 4.0 kleine Kästchen erstellt werden, die der Benutzer nur noch mit der Maus "anzukreuzen" braucht.

Solche Boxen werden durch das Attribut TYPE="Checkbox" innerhalb des Elements <INPUT> erzeugt. Mit Hilfe des Attributs name erhalten die Checkboxen eine eindeutige Bezeichnung, die für die Auswertung des Formulars herangezogen wird. Dabei können mehreren Checkboxen die gleichen Namen zugewiesen werden. Damit lassen sich Gruppen erzeugen, aus denen der Benutzer keine, eine oder mehrere Boxen auswählen kann. Jeder Checkbox sollte mit value auch ein Wert zugeordnet werden, der allerdings nur dann übertragen wird, wenn die Box auch aktiv, also angekreuzt, ist.

Listing 6-12:

```
<!DOCTYPE HTML PUBLIC "-//W3C//DTD HTML 4.0 Final//EN">
<HTML>
<HEAD>
<TITLE>Checkboxen</TITLE>
</HEAD>
<BODY>
Bitte w&auml;hlen Sie aus:
<FORM ACTION="mailto:"SLAMPRECHT@AOL.COM"" METHOD="POST">
<P>
Ich bin mit dem Buch:
<P>
<INPUT TYPE="Checkbox" NAME="Zufriedenheit"
VALUE="sehr">Sehr zufrieden<P>
<INPUT TYPE="Checkbox" NAME="Zufriedenheit"
VALUE="zufrieden">Zufrieden<P>
<INPUT TYPE="Checkbox" NAME="Zufriedenheit"
VALUE="nicht">Gar nicht zufrieden<P>
</FORM>
</BODY>
</HTML>
```

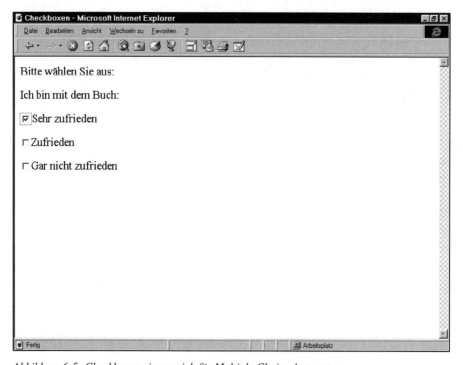

Abbildung 6-5: Checkboxen eignen sich für Multiple Choice Antworten

Soll eine Option bereits gewählt sein, so wird der entsprechende <INPUT>-Eintrag um die Option `checked` erweitert. Auch Checkboxen können mit einem "Tool-Tip" versehen werden, in dem die einzelnen Elemente um das Attribut `title` erweitert werden.

Listing 6-13:
```
<!DOCTYPE HTML PUBLIC "-//W3C//DTD HTML 4.0 Final//EN">
<HTML>
<HEAD>
<TITLE>Checkboxen</TITLE>
</HEAD>
<BODY>
Bitte w&auml;hlen Sie aus:
<FORM ACTION="mailto:"SLAMPRECHT@AOL.COM"" METHOD="POST">
<P>
Ich w&uuml;nsche weitere Informationen:
<P>
<INPUT TYPE="Checkbox" NAME="Infomaterial" VALUE="Prospekt"
CHECKED TITLE="Fordern Sie Infomaterial an">Prospekte<P>
<INPUT TYPE="Checkbox" NAME="Infomaterial"
VALUE="Preisliste" TITLE="Fordern Sie Preislisten
an">Preisliste<P>
<INPUT TYPE="Checkbox" NAME="Infomaterial"
VALUE="Vertreter" TITLE="Lassen Sie einen aufdringlichen
Vertreter vorbeikommen">Vertreterbesuch<P>
</FORM>
</BODY>
</HTML>
```

6.5 Radiobuttons

Radiobuttons sind den Checkboxen sehr ähnlich. Dabei handelt es sich um kleine, runde Schalter, die vom Benutzer angeklickt werden und damit ausgefüllt werden. Im Gegensatz zu den Checkboxen kann immer nur ein Radiobutton aus einer Gruppe markiert sein, und damit sein Inhalt bei der Weiterverarbeitung des Formulars übermittelt werden.

Ein Radiobutton wird durch das Attribut `Type="Radio"` innerhalb des <INPUT>-Elements erzeugt. Erweitert wird das Element durch den Eintrag `name`, der dem Button eine eindeutige Bezeichnung zuweist, sowie durch `value`, mit dem ein Wert für den Schalter definiert wird.

Listing 6-14:

```
<!DOCTYPE HTML PUBLIC "-//W3C//DTD HTML 4.0 Final//EN">
<HTML>
<HEAD>
<TITLE>Radiobuttons</TITLE>
</HEAD>
<BODY>
Bitte w&auml;hlen Sie aus:
<FORM ACTION="mailto:"SLAMPRECHT@AOL.COM"" METHOD="POST">
<P>
Geben Sie uns eine Note (1=sehr gut bis
6=ungen&uuml;gend)<P>
1 <INPUT TYPE="Radio" NAME="Noten" VALUE="1">
2 <INPUT TYPE="Radio" NAME="Noten" VALUE="2">
3 <INPUT TYPE="Radio" NAME="Noten" VALUE="3">
4 <INPUT TYPE="Radio" NAME="Noten" VALUE="4">
5 <INPUT TYPE="Radio" NAME="Noten" VALUE="5">
6 <INPUT TYPE="Radio" NAME="Noten" VALUE="6">
</FORM>
</BODY>
</HTML>
```

Die Radiobuttons können, wie bereits bei anderen Elementen eines Formulars vorgestellt, mit dem Attribut title versehen werden, das vom Internet Explorer als "Tool-Tip" interpretiert wird. Darüber hinaus ist es möglich, bereits eine Option als voreingestellt zu bestimmen. Wird ein <INPUT>-Element mit der Option checked versehen, erscheint dieser Radiobutton beim Aufruf des Formulars als ausgefüllt.

Listing 6-15:

```
<!DOCTYPE HTML PUBLIC "-//W3C//DTD HTML 4.0 Final//EN">
<HTML>
<HEAD>
<TITLE>Radiobuttons</TITLE>
</HEAD>
<BODY>
Bitte w&auml;hlen Sie aus:
<FORM ACTION="mailto:"SLAMPRECHT@AOL.COM" METHOD="POST">
<P>
<P>
Geben Sie uns eine Note (1=sehr gut bis
6=ungen&uuml;gend)<P>
1 <INPUT TYPE="Radio" NAME="Noten" VALUE="1" TITLE="Sie
finden das Buch so gut?" checked>
2 <INPUT TYPE="Radio" NAME="Noten" VALUE="2" TITLE="Na auch
nicht so schlecht">
3 <INPUT TYPE="Radio" NAME="Noten" VALUE="3"
TITLE="Wirklich nicht besser?">
```

```
4 <INPUT TYPE="Radio" NAME="Noten" VALUE="4">
5 <INPUT TYPE="Radio" NAME="Noten" VALUE="5">
6 <INPUT TYPE="Radio" NAME="Noten" VALUE="6" TITLE="Warum
haben Sie es dann gekauft?">
</FORM>
</BODY>
</HTML>
```

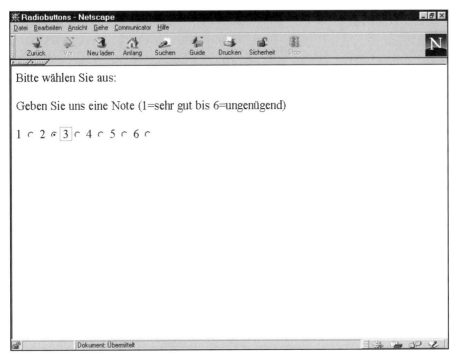

Abbildung 6-6: Radiobuttons eignen sich besonders für Benotungen oder ähnliche Fragestellungen, bei denen nur eine Lösung möglich sein soll.

6.6 Paßwörter und versteckte Felder

Auf manchen Sites muß der Benutzer erst ein Paßwort eingeben, um bestimmte Bereiche zu erreichen. Damit hinter dem Benutzer stehende neugierige Kollegen keine Kenntnis von dem Paßwort erhalten, kann der Autor eines HTML-Formulars ein Feld erstellen, dessen Eingaben verdeckt bleiben.

Ein solches Paßwortfeld wird über den Wert password des Attributs type innerhalb des <INPUT>-Elements erzeugt.

Listing 6-16:

```
<!DOCTYPE HTML PUBLIC "-//W3C//DTD HTML 4.0 Final//EN">
<HTML>
<HEAD>
<TITLE>Pa&szlig;wortfelder</TITLE>
</HEAD>
<BODY>
Im folgenden sehen Sie ein Beispiel f&uuml;r ein
Pa&szlig;wortfeld:
<P>
<FORM ACTION="mailto:SLamprecht@aol.com" METHOD="POST">
<INPUT TYPE="PASSWORD">
</FORM>
</BODY>
</HTML>
```

Der Wert, der für die Weiterverarbeitung benutzt wird, ist der eigentliche Inhalt des Feldes, selbstverständlich nicht die Platzhalterzeichen. Wie ein normales Textfeld kann ein Paßwortfeld eine maximale sowie eine sichtbare Länge erhalten. Die sichtbare Länge wird durch das Attribut `size` bestimmt, während die interne Feldlänge durch `maxlength` beschränkt wird.

Listing 6-17:

```
<!DOCTYPE HTML PUBLIC "-//W3C//DTD HTML 4.0 Final//EN">
<HTML>
<HEAD>
<TITLE>Pa&szlig;wortfelder</TITLE>
</HEAD>
<BODY>
Im folgenden sehen Sie ein Beispiel f&uuml;r ein
Pa&szlig;wortfeld:
<P>
<FORM ACTION="mailto:SLamprecht@aol.com" METHOD="POST">
<INPUT TYPE="PASSWORD" SIZE="7" MAXLENGTH="14">
</FORM>
</BODY>
</HTML>
```

Ein anderes, sehr interessantes Element in HTML-Formularen ist ein verstecktes Feld, daß vom Browser nicht angezeigt wird. Allerdings werden der Name und der voreingestellte Wert des Feldes übertragen. Das ist bei Formularfolgen ganz nützlich, etwa wenn zweite Seiten von Formularen gekennzeichnet werden sollen. Ein verstecktes Feld wird durch den Wert `hidden` für das Attribut `type` generiert.

Schaltflächen 165

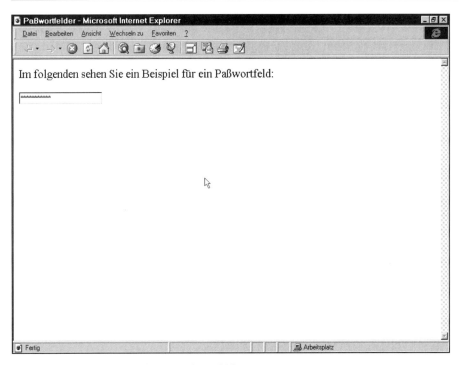

Abbildung 6-7: Ein Beispiel für ein Paßwortfeld

Listing 6-18:
```
<!DOCTYPE HTML PUBLIC "-//W3C//DTD HTML 4.0 Final//EN">
<HTML>
<HEAD>
<TITLE>Versteckte Felder</TITLE>
</HEAD>
<BODY>
<FORM ACTION="mailto:"SLAMPRECHT@AOL.COM"" METHOD="POST"
ENCTYPE="application/x-www-form-urlencoded">
<INPUT TYPE="Hidden" NAME="Zaehlung" VALUE="Seite2">
</FORM>
</BODY>
</HTML
```

6.7 Schaltflächen

Ein Formular ist kaum etwas wert, wenn sich darauf nicht auch Schaltflächen befinden, mit denen der Nutzer das Formular absenden oder den Inhalt wieder löschen kann. HTML 4.0 sieht verschiedene Möglichkeiten vor, um Schaltflächen zu erstellen.

Zum einen kann mit dem <INPUT>-Element ein sogenannter *Submit-Button* generiert werden, der dazu dient, das Formular an die vordefinierte URL zu senden. Dazu wird dem <INPUT>-Element das Attribut type="submit" hinzugefügt. Dabei können noch zwei weitere Attribute Anwendung finden: value definiert eine Beschriftung für die Schaltfläche, die weder vom Browser noch vom Benutzer geändert werden kann. Name bestimmt einen eindeutigen Namen für die Schaltfläche, der beim Absenden des Formulars mit übertragen wird, aber nichts an den Daten des Formulars ändert.

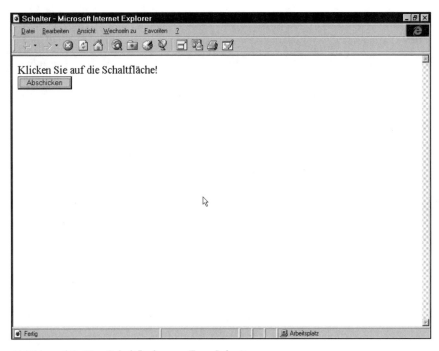

Abbildung 6-8: Eine Schaltfläche vom Type Submit

Listing 6-19:
```
<!DOCTYPE HTML PUBLIC "-//W3C//DTD HTML 4.0 Final//EN">
<HTML>
<HEAD>
<TITLE>Schalter</TITLE>
</HEAD>
<BODY>
<FORM ACTION="mailto:"SLAMPRECHT@AOL.COM"" METHOD="POST"
ENCTYPE="application/x-www-form-urlencoded">
```

Schaltflächen 167

```
Klicken Sie auf die Schaltfl&auml;che!<BR>
<INPUT TYPE="Submit" NAME="Absenden" VALUE="Abschicken">
</FORM>
</BODY>
</HTML>
```

Die zweite, bereits vordefinierte Schaltfläche in HTML sorgt dafür, daß die ausgefüllten Felder eines Formulars wieder gelöscht werden, also ein Reset durchgeführt wird. Leider ist es nicht möglich nur ein bestimmtes Feld zu löschen, sondern es wird immer das gesamte Formular wieder zurückgesetzt. Um eine Reset-Schaltfläche zu erstellen, wird das Attribut type="reset" dem <INPUT>-Element hinzugefügt. Auch hier definiert das Attribut value eine Beschriftung des Schalters.

Listing 6-20:
```
<!DOCTYPE HTML PUBLIC "-//W3C//DTD HTML 4.0 Final//EN">
<HTML>
<HEAD>
<TITLE>Schalter</TITLE>
</HEAD>
<BODY>
<FORM ACTION="mailto:"SLAMPRECHT@AOL.COM"" METHOD="POST"
ENCTYPE="application/x-www-form-urlencoded">
Klicken Sie auf die Schaltfl&auml;che!<BR>
<INPUT TYPE="RESET" VALUE="Lieber nicht">
</FORM>
</BODY>
</HTML>
```

Durch die Skriptsprachen *JavaScript* und *Visual Basic Script* werden die Seiten im World Wide Web dynamisch. Layouts ändern sich und Interaktivität mit dem Leser wird möglich. Aus diesem Grund wurde in HTML eine neue Art von Schaltflächen für Formulare hinzugefügt, die weder eine Sende- noch eine Reset-Funktion haben, sondern dazu dienen, bestimmte Programme und Skripte aufzurufen. Eine solche Schaltfläche wird durch das Attribut type="button" innerhalb des <INPUT>-Elements definiert. Mit Hilfe der Erweiterung name wird der Schaltfläche eine Bezeichnung zugewiesen, die für die Weiterverarbeitung im Skript notwendig ist. Mit value wird die Beschriftung des Buttons festgelegt.

Listing 6-21:
```
<!DOCTYPE HTML PUBLIC "-//W3C//DTD HTML 4.0 Final//EN">
<HTML>
<HEAD>
```

```
<TITLE>Schalter</TITLE>
</HEAD>
<BODY>
<FORM ACTION="mailto:"SLAMPRECHT@AOL.COM"" METHOD="POST"
ENCTYPE="application/x-www-form-urlencoded">
Klicken Sie auf die Schaltfl&auml;che!<BR>
<INPUT TYPE="BUTTON" VALUE="Hallo Welt" NAME="TEST">
</FORM>
</BODY>
</HTML>
```

Mit Hilfe des `<INPUT>`-Elements lassen sich auch grafische Schaltflächen definieren. Dazu wird der Type `image` verwendet. Über `src` bestimmt der Autor den Namen und den Ort der zu verwendenden Grafik. Wird eine grafische Schaltfläche benutzt, ist die Verwendung des Attributs `name` zwingend vorgeschrieben.

Listing 6-22:

```
<!DOCTYPE HTML PUBLIC "-//W3C//DTD HTML 4.0 Final//EN">
<HTML>
<HEAD>
<TITLE>Schalter</TITLE>
</HEAD>
<BODY>
<FORM ACTION="mailto:"SLAMPRECHT@AOL.COM"" METHOD="POST"
ENCTYPE="application/x-www-form-urlencoded">
Klicken Sie auf die Schaltfl&auml;che!<BR>
<INPUT TYPE="image" SRC="new.gif" NAME="absenden"
TITLE="Klicken Sie auf die Abbildung" ALT="Klicken Sie hier
zum Abschicken">
</FORM>
</BODY>
</HTML>
```

Da immer noch genügend User die Grafikfunktion ihres Browsers abschalten, wird die Verwendung des Attributs `alt` dringend empfohlen, damit diesen Usern ein Alternativtext angezeigt wird. Wird mit einer Maus auf das Bild geklickt, werden die Koordinaten des Cursors beim Abschicken des Formulars mit an den Server gesendet. Der X-Wert wird dabei vom linken Rand des Bildes in Pixeln gemessen und in der Form `name.x=X-Wert` versendet. Dabei steht `name` für den dem Attribut `name` zugewiesenen Wert und X-Wert für den Wert in Pixeln gemessen vom linken Rand. Analog wird der Y-Wert, der vom oberen Rand des Bildes gemessen wird, in der Form `name.y=Y-Wert` verschickt.

Eine andere Möglichkeit, Formulare mit Schaltflächen auszustatten, ist das neu in HTML 4.0 aufgenommene <BUTTON>-Element. Die Beschriftung oder die Grafikdatei, die auf dem Schalter angezeigt werden soll, wird zwischen dem einleitenden und abschließenden Tag eingetragen. Um einen Submit-Button auf diese Weise zu erzeugen, wird das <BUTTON>-Element um das Attribut `type="submit"` erweitert.

Listing 6-23:
```
<!DOCTYPE HTML PUBLIC "-//W3C//DTD HTML 4.0 Final//EN">
<HTML>
<HEAD>
<TITLE>Schalter</TITLE>
</HEAD>
<BODY>
<FORM ACTION="mailto:"SLAMPRECHT@AOL.COM"" METHOD="POST"
ENCTYPE="application/x-www-form-urlencoded">
Klicken Sie auf die Schaltfl&auml;che!<BR>
<BUTTON TYPE="SUBMIT">Ab damit!</BUTTON>
</FORM>
</BODY>
</HTML>
```

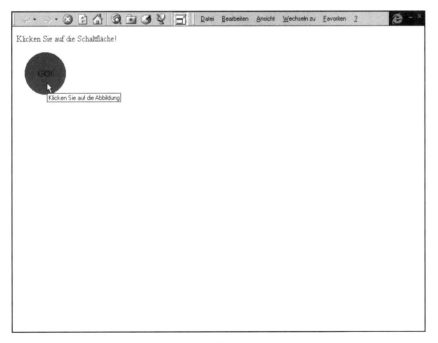

Abbildung 6-9: Mit einer grafischen Schaltfläche wird ein Formular noch einmal so schön

Auch das `<BUTTON>`-Element kennt die Attribute `name` und `value`, mit denen den einzelnen Schaltflächen individuelle Bezeichnungen und Werte zugewiesen werden können, die bei der Weiterverarbeitung von Skripten eine Rolle spielen.

Mit den Typen `Reset` und `Button` lassen sich ein Reset-Schalter, der die Inhalte des Formulars zurücksetzt, sowie eine Schaltfläche erstellen, der bestimmte Skriptfunktionen zugewiesen werden können.

Listing 6-24:
```
<!DOCTYPE HTML PUBLIC "-//W3C//DTD HTML 4.0 Final//EN">
<HTML>
<HEAD>
<TITLE>Schalter</TITLE>
</HEAD>
<BODY>
<FORM ACTION="mailto:"SLAMPRECHT@AOL.COM"" METHOD="POST"
ENCTYPE="application/x-www-form-urlencoded">
Klicken Sie auf die Schaltfl&auml;che!<BR>
<BUTTON TYPE="RESET" NAME="LOESCHEN">Formular
l&ouml;schen</BUTTON>
<P>
<BUTTON TYPE="BUTTON" NAME="DEBUGGER" VALUE="SKRIPT">Klick
mich!</BUTTON>
</FORM>
</BODY>
</HTML>
```

Mit Hilfe des `<BUTTON>`-Elements wird die Erstellung von Schaltflächen, die von Bildern verziert sind, ganz einfach. Dazu wird die entsprechende Grafikdatei einfach zwischen den Elementen referenziert.

Listing 6-25:
```
<!DOCTYPE HTML PUBLIC "-//W3C//DTD HTML 4.0 Final//EN">
<HTML>
<HEAD>
<TITLE>Schalter</TITLE>
</HEAD>
<BODY>
<FORM ACTION="mailto:"SLAMPRECHT@AOL.COM"" METHOD="POST"
ENCTYPE="application/x-www-form-urlencoded">
Klicken Sie auf die Schaltfl&auml;che!<BR>
<BUTTON TYPE="RESET" NAME="LOESCHEN"><IMG SRC="new-1.gif"
ALT="LOESCHEN"></BUTTON>
<P>
```

```
<BUTTON TYPE="BUTTON" NAME="DEBUGGER" VALUE="SKRIPT"><IMG
SRC="new-2.gif" ALT="SKRIPT"></BUTTON>
</FORM>
</BODY>
</HTML>
```

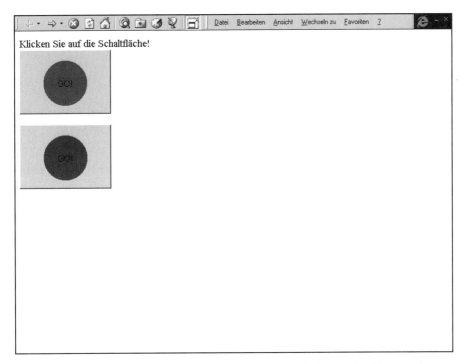

Abbildung 6-10: Mit dem <BUTTON>-Element lassen sich Schalter mit Grafiken versehen.

6.8 Die Elemente <LABEL>, <FIELDSET> und <LEGEND>

Das <LABEL>-Element ist ein neuer Sprachbestandteil in HTML 4.0 und wird derzeit nur vom Internet Explorer ab der Version 4.0 unterstützt.

Damit können einzelnen Controls in Formularen zusätzliche Textinformationen, sogenannte *Labels*, beigegeben werden. Dabei bezieht sich das Label auf das Attribut id eines Kontrollblocks, das ja einen dokumentenwieten eindeutigen Bezeichner darstellt. Der Bezug zum Kontrollblock wird innerhalb des <LABEL>-Elements durch das Attribut for hergestellt.

Listing 6-26:

```
<!DOCTYPE HTML PUBLIC "-//W3C//DTD HTML 4.0 Final//EN">
<HTML>
<HEAD>
<TITLE>Labels</TITLE>
</HEAD>
<BODY>
<FORM ACTION="mailto:SLamprecht@aol.com" METHOD="POST"
ENCTYPE="application/x-www-form-urlencoded">
<LABEL FOR="maennlich">Sind Sie m&auml;nnlich?</LABEL>
<INPUT TYPE="Radio" NAME="Geschlecht" VALUE="maennlich"
ID="maennlich">
<BR>
<LABEL FOR="weiblich">Sind Sie weiblich?</LABEL>
<INPUT TYPE="Radio" NAME="Geschlecht" VALUE="weiblich"
ID="weiblich">
</FORM>
</BODY>
</HTML>
```

Durch die Label wandelt sich auch das Aussehen des Formulars ein wenig. Muß der Benutzer ansonsten direkt Radiobuttons und Checkboxen anklicken, um sie auszufüllen, genügt schon ein Klick in den als Label markierten Text. Ein Label kann nicht nur ausdrücklich über das Attribut for mit einem Kontrollblock verbunden werden, sondern auch implizit. Dabei wird der Kontrollblock innerhalb von <LABEL> und </LABEL> eingetragen.

Listing 6-27:

```
<!DOCTYPE HTML PUBLIC "-//W3C//DTD HTML 4.0 Final//EN">
<HTML>
<HEAD>
<TITLE>Labels</TITLE>
</HEAD>

<BODY>

<FORM ACTION="mailto:SLamprecht@aol.com" METHOD="POST"
ENCTYPE="application/x-www-form-urlencoded">
<LABEL>
Vorname
<INPUT TYPE="TEXT" NAME="VORNAME">
</LABEL>
</FORM>

</BODY>
</HTML>
```

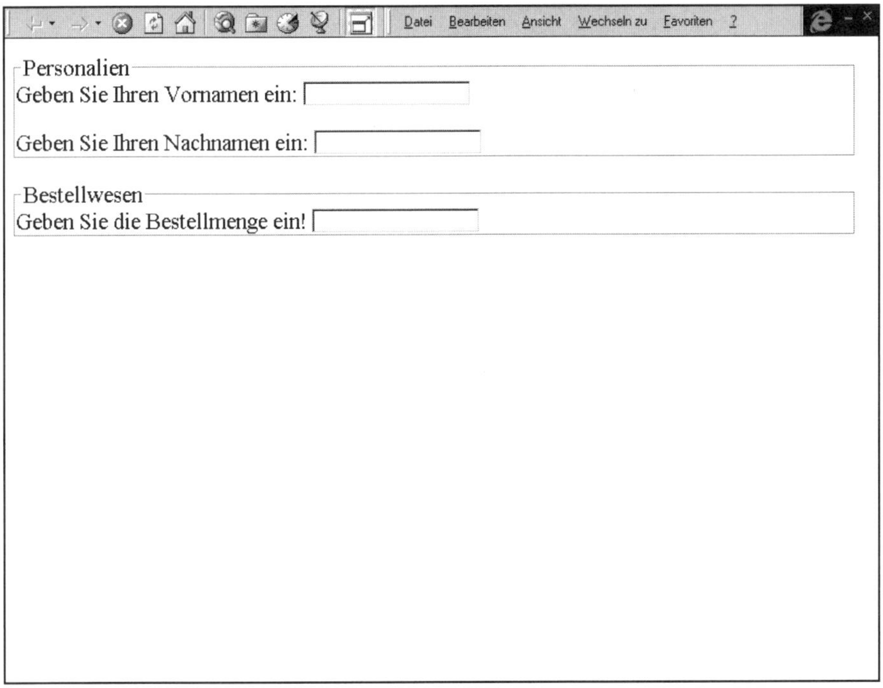

Die Elemente <LABEL>, <FIELDSET> und <LEGEND>

Abbildung 6-11: Mit <FIELDSET> und <LEGEND> lassen sich Felder gruppieren

Mit Hilfe des neuen Elements <FIELDSET> ist es für den Designer erstmals möglich, Felder eines Formulars thematisch zu gruppieren. Eine solche Gruppierung macht es dem Benutzer einfacher, den Sinn eines Formulars und den Zweck der abgefragten Angaben zu erfassen. Zum Element <FIELDSET> gehört <LEGEND>, mit dem einem Satz von Formularfeldern Überschriften hinzugefügt werden, die weitere Informationen zu diesem Satz enthalten. Bisher zeigt nur der Internet Explorer ab Version 4.0 die entsprechenden Elemente korrekt an. Zukünftige Softwaregenerationen werden aber gerade sehbehinderten Menschen den Zugang zum World Wide Web erleichtern und die Inhalte dieser Elemente auswerten können, zum Beispiel in Sprachnavigationssystemen.

Listing 6-28:
```
<!DOCTYPE HTML PUBLIC "-//W3C//DTD HTML 4.0 Final//EN">
<HTML>
<HEAD>
<TITLE>Labels</TITLE>
</HEAD>
```

```
<BODY>
<FORM ACTION="mailto:SLamprecht@aol.com" METHOD="POST"
ENCTYPE="application/x-www-form-urlencoded">
<FIELDSET>
<LEGEND>Personalien</LEGEND>
<LABEL>
Geben Sie Ihren Vornamen ein:
<INPUT TYPE="TEXT" NAME="VORNAME">
</LABEL>
<P>
<LABEL>
Geben Sie Ihren Nachnamen ein:
<INPUT TYPE="TEXT" NAME="NACHNAME">
</LABEL>
</FIELDSET>
<P>
<FIELDSET>
<LEGEND>Bestellwesen</LEGEND>
<LABEL>Geben Sie die Bestellmenge ein!
<INPUT TYPE="TEXT" NAME="Menge1">
</LABEL>
</FIELDSET>
</FORM>
```

6.9 In einem Formular navigieren

Benutzer, die gewohnt sind, unter einer grafischen Benutzeroberfläche wie *Windows 95* zu arbeiten, werden intuitiv versuchen, zwischen den einzelnen Feldern eines Formulars mit Hilfe der Tabulator-Taste zu wechseln, da dies unter Windows ein von vielen Programmen genutzter Standard ist. Datenbanken wie *MS Access* gestatten darüber hinaus den gezielten Zugriff auf ein Feld über ein Tastenkürzel, einen sogenannten Shortcut. HTML 4.0 sieht nun erstmals auch diese Navigationsmöglichkeiten für Formulare vor.

Um zwischen Feldern mit der Tabulatortaste zu wechseln, wird den Elementen das Attribut `tabindex` hinzugefügt. Diesem wird ein beliebiger Zahlwert zugeordnet, wobei eine aufsteigende Reihenfolge gilt: Die Felder mit dem niedrigeren Wert werden zuerst angesprochen. Nicht alle HTML-Elemente unterstützen dieses Attribut, jedoch die folgenden, im Hinblick auf Formulare relevanten Elemente:

- INPUT,
- SELECT,

In einem Formular navigieren

- TEXTAREA,
- BUTTON.

Die Werte für `tabindex` brauchen dabei keine bestimmte Reihen- oder Abfolge einzuhalten.

Listing 6-29:
```
<!DOCTYPE HTML PUBLIC "-//W3C//DTD HTML 4.0 Final//EN">
<HTML>
<HEAD>
<TITLE>Labels</TITLE>
</HEAD>
<BODY>
<FORM ACTION="mailto:SLamprecht@aol.com" METHOD="POST"
ENCTYPE="application/x-www-form-urlencoded">
<LABEL>
Geben Sie Ihren Nachnamen ein:
<INPUT TYPE="TEXT" NAME="Nachname" TABINDEX="10">
</LABEL>
<P>
<LABEL>
Ihr Vorname?
<INPUT TYPE="TEXT" NAME="VORNAME" TABINDEX=15>
</LABEL>
<P>
<LABEL>
Strasse
<INPUT TYPE="TEXT NAME="STRASSE" TABINDEX=5>
</LABEL>
</FORM>
</BODY>
</HTML>
```

In diesem Beispiel wird nach dem Betätigen der Tabulator-Taste zuerst zum Feld `Strasse` gesprungen, bevor die anderen Felder abgefragt werden. Mit Hilfe von `Tabindex` ist es also möglich, dem Benutzer eine bestimmte Reihenfolge im Ausfüllen des Formulars aufzuzwingen – ein ideales Instrument also für jeden, der sich intensive Gedanken über die Benutzerführung seiner Site machen will. Diese Funktion wird bisher vom Internet Explorer ohne Probleme verwendet.

Mit dem Attribut `accesskey` kann der Entwickler den Zugriff auf ein Feld über einen Shortcut erlauben. Das Vorgehen auf der Seite des Benutzers ist dabei unterschiedlich. Anwender von *Microsoft Windows* müssen etwa die entsprechende Taste zusammen mit der ALT-Taste betätigen, während Benutzer eines *Apple Macintosh* die CMD-Taste verwenden.

Nicht allen Elementen kann man einen Shortcut zuweisen, jedoch den für Formulare wichtigen Elementen:

- LABEL und
- LEGEND.

Beim Shortcut muß es sich nicht unbedingt um einen Buchstaben handeln, der in der Beschriftung des Feldes vorhanden ist, sondern kann auch ein beliebiges Zeichen sein. Wie der Shortcut angezeigt wird, ist nicht festgelegt. Es wird zwar empfohlen, daß er vom Browser unterstrichen wird, allerdings wird diese Funktion noch von keinem Programm unterstützt.

Listing 6-30:

```
<!DOCTYPE HTML PUBLIC "-//W3C//DTD HTML 4.0 Final//EN">
<HTML>
<HEAD>
<TITLE>Labels</TITLE>
</HEAD>
<BODY>
<FORM ACTION="mailto:SLamprecht@aol.com" METHOD="POST"
ENCTYPE="application/x-www-form-urlencoded">
<LABEL accesskey="N">
Geben Sie Ihren Nachnamen ein:
<INPUT TYPE="TEXT" NAME="Nachname">
</LABEL>
<P>
<LABEL accesskey="V">
Ihr Vorname?
<INPUT TYPE="TEXT" NAME="VORNAME">
</LABEL>
<P>
<LABEL accesskey="S">
Strasse
<INPUT TYPE="TEXT NAME="STRASSE">
</LABEL>
</FORM>
</BODY>
</HTML>
```

7 Frames

Die *Netscape* Entwicklung *Frames* sorgte bei ihrer Vorstellung für großes Aufsehen unter den Web-Entwicklern. Damit war es nun möglich, den Anzeigebereich des Browsers in voneinander unabhängige Bereiche, die Frames, aufzuteilen. Es schienen mit dieser neuen Entwicklung benutzerfreundliche Zeiten im World Wide Web anzubrechen. Die Designer konnten nun einen Teil des Bildschirmes als Navigationselement nutzen, das auch dann noch eingeblendet blieb, wenn der Anwender einem Link folgte.

Auf der Seite der Nutzer waren Frames nicht immer ganz unproblematisch. Viele Web-Designer teilten großzügig den Bildschirm auf und waren mit dem Ergebnis ihrer Mühe zufrieden. Nur schade, daß der Nutzer nicht an einer Workstation mit einem 20"-Monitor saß, sondern nur den üblichen 14-15"-Bildschirm mit einer Standardauflösung betrieb. Für ihn blieb von der Herrlichkeit so manchen Designs nicht sehr viel mehr übrig als briefmarkengroße "Bildschirmschnipsel". Unsaubere Programmierung sorgte darüber hinaus dafür, daß die gutgemeinte Navigationsleiste auch dann noch sichtbar war, wenn schon lange die URL eines ganz anderen Anbieters angewählt wurde. Aufgrund dieser möglichen Probleme sind Frames Chance und Herausforderung an den Entwickler zugleich.

7.1 Frames definieren

Die zusammengehörenden einzelnen Bildschirmbereiche werden als Frameset bezeichnet. Ein solches Frameset definieren Sie innerhalb einer HTML-Datei mit Hilfe der Elemente `<FRAMESET>...</FRAMESET>`Der schematische Aufbau einer solchen Datei sieht dann etwa so aus:

Listing 7-1:
```
<!DOCTYPE HTML PUBLIC "-//W3C//DTD HTML 4.0 Final//EN">
<HTML>
<HEAD>
<TITLE>Framset definieren</TITLE>
</HEAD>
<FRAMESET>
Definition der Frames hier
</FRAMESET>
```

```
<BODY>
Text wenn Browser Frames nicht anzeigen kann
</BODY>
</HTML>
```

Wie Sie auf den ersten Blick sehen können, hat die Definition eines Framesets einen etwas anderen Aufbau als eine gewöhnliche HTML-Datei. Nachdem der Dateikopf definiert wurde, schließt sich daran das erste `<FRAMESET>` an. Zwischen diesem und seinem abschließenden Element werden die einzelnen Bildschirmbereiche konstruiert.

Sofern Sie dies wünschen, können Sie anschließend einen gewöhnlichen Textkörper erstellen, in dem Sie die Anwender, deren Browser keine Frames unterstützen, auf diese Tatsache hinweisen. Der Textkörper ist allerdings nach der Spezifikation für HTML 4.0 nicht notwendig.

Die Konstruktion eines Frameset verläuft ähnlich wie die Erstellung von Tabellen. Sie müssen Zeilen und Spalten definieren, die dann die einzelnen Zellen bzw. Frames bilden. Um die Zeilen eines Framesets zu definieren wird das Attributs `rows` verwendet. Dieses Attribut kann absolute Werte in Pixeln oder prozentuale Angaben interpretieren.

Listing 7-2:
```
<!DOCTYPE HTML PUBLIC "-//W3C//DTD HTML 4.0 Final//EN">
<HTML>
<HEAD>
<TITLE>Framset definieren</TITLE>
</HEAD>
<FRAMESET ROWS="60%,40%">

</FRAMESET>
<BODY>
Text wenn Browser Frames nicht anzeigen kann
</BODY>
</HTML>
```

In Abbildung 7-1 sehen Sie, wie sich der Bildschirm gemäß des Listing 7-2 aufteilen würde. In diesem Listing wurde mit prozentualen Angaben gearbeitet. Der erste Rahmen nimmt dabei 60% der zur Verfügung stehenden Anzeigefläche ein, während der zweite Rahmen die verbleibenden 40% verwendet. Die einzelnen Werte werden durch Kommata voneinander abgetrennt.

Es kann aber auch auf das Pixel genau bestimmt werden, wie groß die einzelnen Rahmen sein sollen. Dazu weisen Sie einfach die entsprechenden Werte dem Attribut zu. Ich persönlich bevorzuge aber prozentuale Werte, da die pixelgenauen Angaben auf eine bestimmte Auflösung hin optimiert sind.

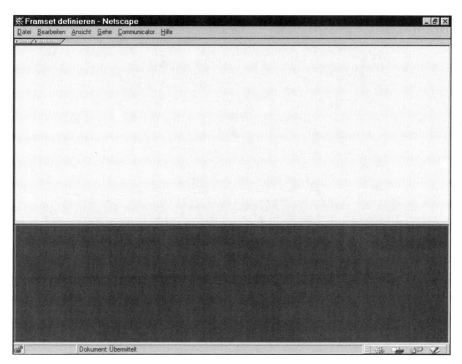

Abbildung 7-1: Die Aufteilung des Bildschirms mit Frames nach Listing 7-2

Listing 7-3:

```
<!DOCTYPE HTML PUBLIC "-//W3C//DTD HTML 4.0 Final//EN">
<HTML>
<HEAD>
<TITLE>Framset definieren</TITLE>
</HEAD>
<FRAMESET ROWS="450,150">
...
</FRAMESET>
<BODY>
Text wenn Browser Frames nicht anzeigen kann
</BODY>
</HTML>
```

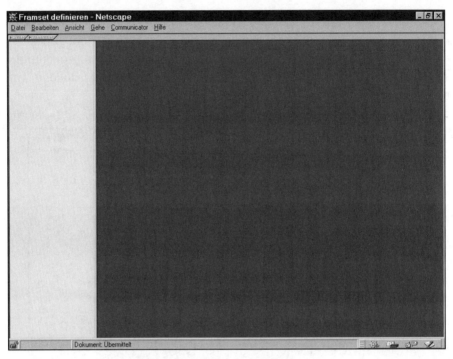

Abbildung 7-2: Eine vertikale Aufteilung der Seite gemäß Listing 7-4

Mit dem Attribut rows teilen Sie den Bildschirm in horizontale Abschnitte auf. Cols hingegen ist für die vertikale Aufteilung zuständig. Auch dieses Attribut erwartet Angaben in Pixeln oder prozentuale Aufteilungen.

Listing 7-4:

```
<!DOCTYPE HTML PUBLIC "-//W3C//DTD HTML 4.0 Final//EN">
<HTML>
<HEAD>
<TITLE>Framset definieren</TITLE>
</HEAD>
<FRAMESET COLS="20%,80%">
...
</FRAMESET>
<BODY>
Text wenn Browser Frames nicht anzeigen kann
</BODY>
</HTML>
```

Frames definieren

Wollen Sie eine Aufteilung in drei Bereiche, egal ob horizontal oder vertikal, verstehen die beiden Attribute `rows` und `cols` auch das Jokerzeichen `*`. Damit wird einer Zeile oder einer Spalte automatisch der verbleibende Platz zugewiesen, der von den beiden anderen übrig gelassen wurde. Es bleibt aber selbstverständlich Ihnen überlassen, auch für den dritten oder vierten Frame eine genaue Angabe zu machen.

Listing 7-5:
```
<!DOCTYPE HTML PUBLIC "-//W3C//DTD HTML 4.0 Final//EN">
<HTML>
<HEAD>
<TITLE>Framset definieren</TITLE>
</HEAD>
<FRAMESET COLS="20%,60%,*">
...
</FRAMESET>
<BODY>
Text wenn Browser Frames nicht anzeigen kann
</BODY>
</HTML>
```

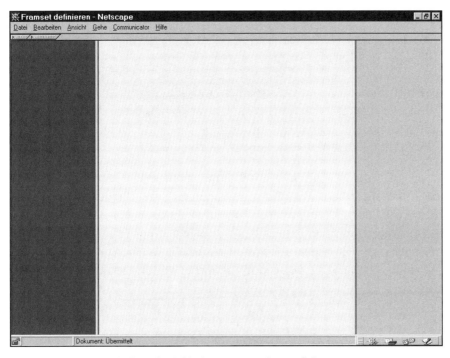

Abbildung 7-3: Die Aufteilung des Bildschirmes wie in Listing 7-5

Interessant wird die Aufteilung des Bildschirmes mit Hilfe von Frames durch eine Kombination von `rows` und `cols`, also Zeilen und Spalten. Um beispielsweise die Aufteilung von Abbildung 7-4 zu erreichen, wird zunächst ein Frameset erstellt, das den Bildschirm in zwei Spalten aufteilt. Es folgt dann die Definition des ersten Frames. Anstelle der weiteren Definition des zweiten Frames, wird ein zweites Frameset konstruiert, das den Bildschirm in zwei horizontale Bereiche teilt.

Listing 7-6:

```
<!DOCTYPE HTML PUBLIC "-//W3C//DTD HTML 4.0 Final//EN">
<HTML>
<HEAD>
<TITLE>Framset definieren</TITLE>
</HEAD>
<!-- frames -->
<FRAMESET COLS="40%,60%">
   Framedefinition 1
       <FRAMESET ROWS="20%,80%">
       Framedefinition 2
       Framedefinition 3
     </FRAMESET>
   </FRAMESET>
<BODY>
Text wenn Browser Frames nicht anzeigen kann
</BODY>
</HTML>
```

Um ein bestimmtes Layout zu erreichen, müssen Sie manchmal ein wenig "um die Ecke denken". Wenn Sie die Tatsache beachten, daß ein Frameset den Bildschirm immer in mindestens zwei Bereiche teilt, werden Ihnen sicherlich schnell ansprechende Layouts gelingen.

Wie werden nun die eigentlichen Frames definiert? Dazu existiert ein eigenes Sprachelement `<FRAME>`, das einen abschließenden Eintrag `</FRAME>` erfordert. Da ein Frame nur einen Bereich des Bildschirms definiert, muß weiterhin der Name bzw. die URL einer HTML-Seite angegeben werden, die in diesem Rahmen angezeigt werden soll. Dazu wird das bekannte Attribut `src` verwendet. Somit erweitert sich das Listing 7-6 wie folgt:

Listing 7-7:

```
<!DOCTYPE HTML PUBLIC "-//W3C//DTD HTML 4.0 Final//EN">
<HTML>
```

```
<HEAD>
<TITLE>Framset definieren</TITLE>
</HEAD>
<FRAMESET COLS="40%,60%">
   <FRAME SRC="inhalt.html"></FRAME>
      <FRAMESET ROWS="20%,80%">
      <FRAME SRC="test.html"></FRAME>
      <FRAME SRC="test2.html"></FRAME>
    </FRAMESET>
  </FRAMESET>
<BODY>
Text wenn Browser Frames nicht anzeigen kann
</BODY>
</HTML>
```

Damit Sie das Ergebnis des Listings auch selbst betrachten können, müssen Sie nur die entsprechenden HTML-Dateien selbst erstellen, da die Browser ansonsten zwar eine Bildschirmaufteilung vornehmen, aber nur einen Fehlercode produzieren, daß die referenzierte Seite nicht gefunden werden konnte.

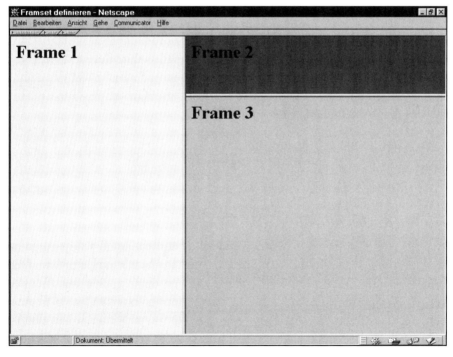

Abbildung 7-4: Die Aufteilung des Bildschirmes nach Listing 7-7

Jedem Frame, den Sie erstellen, sollte ein Name zugewiesen werden. Dazu wird das Attribut `name` verwendet. Die Namen spielen eine Rolle, wenn Sie auf Frames verweisen wollen. Bei der Namenswahl verwenden Sie möglichst kurze Begriffe, die keine Sonderzeichen, sondern nur Buchstaben, Zahlen und Unterstriche enthalten dürfen.

Einige Namen haben in HTML eine spezielle Bedeutung. Ihre Funktion wird in einem späteren Abschnitt dieses Kapitels erläutert werden.

Diese reservierten Namen sollten Sie also nicht für Ihre Frames verwenden. Dabei handelt es sich um:

- _self,
- _new,
- _parent,
- _top.

7.2 Scroll-Leisten einfügen und Größenänderung von Frames verhindern

Jeder Frame ist ein unabhängiger Bereich des Bildschirmfensters und hat alle Eigenschaften eines Bildschirmfensters geerbt. Dazu gehört das automatische Einfügen von Scroll-Leisten, sofern die Größe des Inhalts die Größe der Anzeigefläche übersteigt.

Da grundsätzlich jeder Bildschirmbereich vom Anwender in seiner Größe änderbar ist, kann ein von Ihnen erdachtes Layout schnell kaputt gemacht werden.

7.2.1 Scroll-Leisten einfügen oder ausblenden

Übersteigt die Größe des Frameinhalts die Größe des vorgesehenen Anzeigebereiches, werden automatisch Scrollbalken eingeblendet. Der Designer hat aber auch die Möglichkeit, explizit die Anzeige von Scrollbalken zu verlangen, auch wenn der Inhalt in den vorhandenen Frame passen würde, bzw. die Anzeige von Scrollbalken gänzlich zu unterdrücken. Dazu wird dem `<FRAME>`-Element das Attribut `scrolling` hinzugefügt.

Scroll-Leisten einfügen und Größenänderung von Frames verhindern 185

Dieses Attribut kann drei Werte annehmen:

- `yes`: Damit werden Scrollbalken gefordert.
- `no`: Die Anzeige von Scrollbalken wird unterdrückt. Die Verwendung dieses Wertes kann aber nicht guten Gewissens empfohlen werden, da der Designer ja nichts über die eingestellte Auflösung und Fenstergröße des Browsers wissen kann. Somit optimiert er seine Seiten für eine bestimmte Größe, was nicht ohne Risiko ist.
- `auto`: Damit werden Scrollbalken nur dann eingeblendet, wenn dies wirklich nötig ist.

Das Listing 7-7 soll nun um die entsprechende Option erweitert werden.

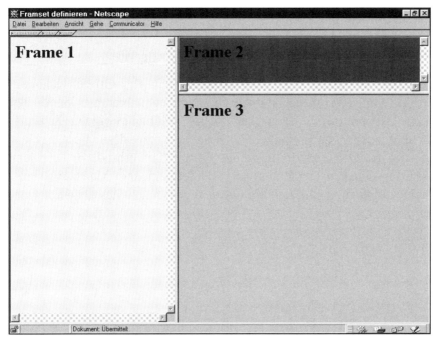

Abbildung 7-5: Das Ergebnis von Listing 7-8

Listing 7-8:

```
<!DOCTYPE HTML PUBLIC "-//W3C//DTD HTML 4.0 Final//EN">
<HTML>
<HEAD>
<TITLE>Framset definieren</TITLE>
```

```
</HEAD>
<!-- frames -->
<FRAMESET COLS="40%,60%">
   <FRAME SRC="inhalt.html" SCROLLING=YES></FRAME>
      <FRAMESET ROWS="20%,80%">
      <FRAME SRC="test.html" SCROLLING=YES></FRAME>
      <FRAME SRC="test2.html" SCROLLING=AUTO></FRAME>
    </FRAMESET>
 </FRAMESET>
<BODY>
Text wenn Browser Frames nicht anzeigen kann
</BODY>
</HTML>
```

Als Ergebnis zeigt sich, daß Scrollbalken eingefügt wurden. Da die Dateien aus dem Beispiel aber außer einer Überschrift nichts weiter enthalten, kann der Anwender die Leisten nicht bedienen, da kein Inhalt vorhanden ist, der gescrollt werden müßte.

7.2.2 Größenänderung von Frames verhindern

Jeder Bildschirmbereich kann vom Anwender in der Größe verändert werden. Allerdings kann sich der Designer dagegen wehren, indem das zusätzliche Attribut `noresize` in das `<FRAME>`-Element eingetragen wird. Das Attribut besitzt selbst keinen eigenen Wert, sondern dient nur als Schalter, um die Größenänderung eines Frames zu verhindern. Zeigt der Anwender auf den Fensterrahmen, so verändert sich sein Mauszeiger nun nicht mehr, um anzuzeigen, daß die Größe dieses Bereiches geändert werden kann.

Listing 7-9:

```
<!DOCTYPE HTML PUBLIC "-//W3C//DTD HTML 4.0 Final//EN">
<HTML>
<HEAD>
<TITLE>Framset definieren</TITLE>
</HEAD>
<!-- frames -->
<FRAMESET COLS="40%,60%">
   <FRAME SRC="inhalt.html" SCROLLING=YES NORESIZE></FRAME>
...
<BODY>
Text wenn Browser Frames nicht anzeigen kann
</BODY>
</HTML>
```

7.3 Eigenschaften der Fensterrahmen ändern

Ob das Scrolling nun ein- oder ausgeschaltet ist. Jeder Frame ist mit einem deutlichen Rahmen versehen. Die Eigenschaften eines solchen Rahmens können vom Programmierer der HTML-Seiten manipuliert werden. Es ist sogar möglich, ganz auf die Rahmen zu verzichten, also quasi "Fenster ohne Rahmen" zu konstruieren.

7.3.1 Den Rahmen des Frames ein- oder ausblenden

Sollen die Rahmen um einen Frame unsichtbar werden, so kann dem <FRAME>-Element das Attribut frameborder hinzugefügt werden. Es kann zwei Werte annehmen:

- 1: (Voreinstellung) Die Rahmen um die Frames werden angezeigt.
- 0: Damit werden die Rahmen zwischen den Bildschirmbereichen unterdrückt.

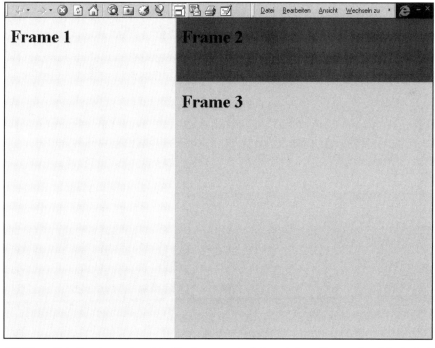

Abbildung 7-6: Der Anwender sieht hier kaum noch, daß es sich um Frames handelt, dank des Attributs "frameborder"

Listing 7-10:

```
<!DOCTYPE HTML PUBLIC "-//W3C//DTD HTML 4.0 Final//EN">
<HTML>
<HEAD>
<TITLE>Framset definieren</TITLE>
</HEAD>
<!-- frames -->
<FRAMESET COLS="40%,60%">
   <FRAME SRC="inhalt.html" FRAMEBORDER=0 ></FRAME>
...
</FRAMESET>
<BODY>
Text wenn Browser Frames nicht anzeigen kann
</BODY>
</HTML>
```

7.3.2 Abstand zwischen Fensterrahmen und Fensterinhalt definieren

Seit HTML 4.0 ist es möglich, den Abstand zwischen dem Fensterrahmen und dem Fensterinhalt eines Frames zu bestimmen. Dabei ist allerdings zu beachten, daß der Netscape Communicator damit seine Probleme hat, und einen nicht erwünschten Abstand selbständig einfügt.

Die Ränder werden dabei von den Attributen marginwidth und marginheight bestimmt, wobei Eingaben, gemessen in Pixeln erwartet werden.

Marginwidth ist dabei für den Abstand zwischen rechtem und linkem Fensterrahmen und Text zuständig, während marginheight für den Abstand zwischen oberem und unterem Rand verantwortlich zeichnet.

Listing 7-11:

```
<!DOCTYPE HTML PUBLIC "-//W3C//DTD HTML 4.0 Final//EN">
<HTML>
<HEAD>
<TITLE>Framset definieren</TITLE>
</HEAD>
<!-- frames -->
<FRAMESET COLS="40%,60%">
<FRAME SRC="inhalt.html" MARGINWIDTH=30 MARGINHEIGHT=30
SCROLLING=NO FRAMEBORDER="0"></FRAME>
     <FRAMESET ROWS="20%,80%">
<FRAME SRC="test.html" MARGINWIDTH=50 MARGINHEIGHT=45
SCROLLING=NO FRAMEBORDER="0"></FRAME>
<FRAME SRC="test2.html" MARGINWIDTH=80 SCROLLING=NO
FRAMEBORDER="0" ></FRAME>
```

```
    </FRAMESET>
  </FRAMESET>
<BODY>
Text wenn Browser Frames nicht anzeigen kann
</BODY>
</HTML>
```

Damit eröffnen sich interessante Layoutperspektiven ganz ohne die Verwendung von *Style Sheets*.

7.4 Auf Frames verweisen und Frames wieder beenden

Eines der Hauptprobleme in der ersten Zeit der Verwendung von Frames wurde bereits angesprochen. Die Programmierer vergaßen einfach ein Frameset wieder zu beenden, wenn ein Anwender einem Link außerhalb des Angebots folgen wollte. Dadurch verkleinerte sich allerdings auch die Anzeigefläche innerhalb des Browsers, wobei die Probleme noch größer wurden, wenn unter der neuen Adresse ebenfalls mit Frames gearbeitet wurde.

Durch die Möglichkeit, jedem Frame einen spezifischen Namen zuzuweisen, kann ein Verweis auf eine andere Datei in einem bestimmten Frame angezeigt werden. Um das nächste Beispiel nachvollziehen zu können, erstellen Sie bitte zunächst zwei HTML-Dateien mit den Namen `seite1.html` und `seite2.html`. Diese brauchen keinen weiteren Inhalt zu haben, außer vielleicht einer Überschrift, die über den Titel der Seiten informiert.

Zunächst wird ein Frameset erstellt. Der Bildschirm wird dabei in der Senkrechten zweigeteilt.

Listing 7-12: Definition des Framesets
```
<!DOCTYPE HTML PUBLIC "-//W3C//DTD HTML 4.0 Final//EN">
<HTML>
<HEAD>
<TITLE>Framelayout</TITLE>
</HEAD>
<FRAMESET COLS="15%,*">
     <FRAME SRC="inhalt.html" NAME="verweise"></FRAME>
     <FRAME SRC="" NAME="anzeige"></FRAME>
</FRAMESET>
```

```
<BODY>
Text wenn Browser Frames nicht anzeigen kann
</BODY>
</HTML>
```

In Listing 7-12 wurden zwei Frames gebildet. Der erste davon verweist auf die Datei `inhalt.html`, die gleich erstellt werden soll, und erhält den Namen `verweise` durch das Attribut `name`, wobei er 15% der Bildschirmfläche einnehmen soll. Der zweite Frame nimmt die restliche Anzeigefläche des Browserfensters ein und erhält den Namen `anzeige`. Er verweist zu Anfang auf kein bestimmtes Dokument, sondern bleibt leer, was dadurch erreicht wurde, daß dem Attribut `src` kein Wert zugeteilt wird.

Nun wird die Datei `inhalt.html`, auf die der erste Frame verweist erstellt.

Listing 7-13: Die Datei inhalt.html

```
<!DOCTYPE HTML PUBLIC "-//W3C//DTD HTML 4.0 Final//EN">
<HTML>
<HEAD>
<TITLE>Inhalt</TITLE>
</HEAD>
<BODY BGCOLOR="yellow">
<A HREF="seite1.html" TARGET="anzeige">Hier geht es zur
Seite 1</A><P>
<A HREF="seite2.html" TARGET="anzeige"">Hier geht es zur
Seite 2</A>
</BODY>
</HTML>
```

Wie Sie sehen, enthält die Datei nur zwei Verweise auf die bereits von Ihnen geschriebenen Seiten `seite1.html` und `seite2.html`. Neu innerhalb des Anchor-Tags ist das Attribut `target`.

Diesem wird als Wert der Name des Frames zugewiesen, in dem die Datei angezeigt werden soll, auf die verwiesen wird. In dem Beispiel aus Listing 7-13 werden die Verweise im Frame mit dem Namen `anzeige` dargestellt.

Bei einem Verweis auf einen bestimmten Frame werden Groß- und Kleinschreibung unterschieden. Der Name des Fensters, auf das Sie verweisen, muß in der Schreibweise exakt mit dem Namen übereinstimmen, den Sie einem Frame bei der Definition des Framesets gegeben haben!

Wurden bei der Eingabe keine Fehler gemacht, sollte sich das Framelayout wie in Abbildung 7-7 darstellen. Selbstverständlich können Sie nicht nur auf Dateien innerhalb Ihrer Seiten verweisen, sondern auch auf die Seiten anderer Anbieter, also jede beliebige URL benutzen. Dadurch sind Frames eine gute Möglichkeit, die Benutzerführung im World Wide Web zu verbessern. In unserem Beispiel könnte der Frame `verweise` als Navigationsleiste benutzt werden, die interessante andere Angebote im rechten Frame darstellt.

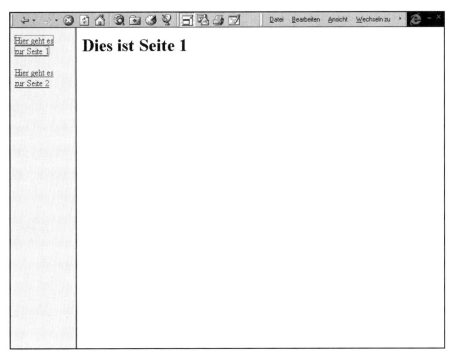

Abbildung 7-7: Ein Layout mit Frames

Wie Sie sich erinnern, wurde bereits gesagt, daß eine Reihe von Namen für Frames in HTML bereits reserviert wurde. Diese Namen dienen der Beendigung eines Framesets. In Verbindung mit dem Attribut `target` lösen Sie eine bestimmte Funktion aus, die das Frameset beendet. Diese reservierten Namen (bitte achten Sie auf die Unterstriche) lauten:

- `_new`: Das Ziel des Verweises wird in einem neuen Fenster angezeigt. Üblicherweise geschieht dies bei den modernen Browsern durch den

Aufruf einer weiteren Instanz des Programms. Ihr Frameset bleibt dabei im Hintergrund erhalten.

- `_parent`: Das Ziel des Verweises wird in dem Zustand des Anzeigefensters angezeigt, das vor der Aktivierung Ihres Framesets aktiv war.
- `_top`: Dadurch wird das Ziel des Verweises im gesamten Fenster angezeigt.

Das Listing 7-13 wird nun entsprechend erweitert werden. Dabei ist ein neuer Link eingefügt worden, der auf eine bereits vorliegende Datei verweist, und mit dem Attribut `target="_top"` versehen wird.

Listing 7-14:
```
<!DOCTYPE HTML PUBLIC "-//W3C//DTD HTML 4.0 Final//EN">
<HTML>
<HEAD>
<TITLE>Inhalt</TITLE>
</HEAD>
<BODY BGCOLOR="yellow">
<A HREF="seite1.html" TARGET="anzeige">Hier geht es zur
Seite 1</A><P>
<A HREF="seite2.html" TARGET="anzeige"">Hier geht es zur
Seite 2</A><P>
<A HREF="test.html" TARGET="_top">Hier geht es raus!</A>
</BODY>
</HTML>
```

Dadurch hat der Anwender nun die Möglichkeit, daß Framekonstrukt sauber zu verlassen. Fügen Sie Links auf andere Seiten ein, so sollten Sie unbedingt an das Schließen des Framesets denken!

7.5 Inline-Frames

Der HTML-Standard 4.0 wartet nicht nur mit der Neuigkeit auf, daß Frames nunmehr offiziell anerkannt sind, sondern bietet in diesem Zusammenhang gleich ein neues Gestaltungsmittel an, die sogenannten *Inline-Frames*. Damit wird dem Autor einer Seite gestattet, einen Frame innerhalb eines Textblockes zu plazieren, ohne ein ganzes Frameset konstruieren zu müssen.

Ein Inline-Frame wird durch das Element `<IFRAME>` und seinen Gegenspieler `</IFRAME>` gebildet. Wie die nicht eingebetteten Frames kann einem solchen Bildschirmfenster mit `name` ein spezifischer Name gegeben werden, der dazu verwendet werden kann, einen Verweis in dem Inline-Frame anzuzeigen. Der Inhalt des Inline-Frames wird mit dem bekannten Attribut `src` definiert.

Die Größe der Anzeigefläche des Frames wird durch `width` und `height` definiert. Dabei gibt `width` die Breite des Rahmens an, während `height` die genaue Höhe definiert. Diese beiden Attribute erwarten Eingaben, die in Pixeln gemessen werden.

Listing 7-15:
```
<!DOCTYPE HTML PUBLIC "-//W3C//DTD HTML 4.0 Final//EN">
<HTML>
<HEAD>
       <TITLE>Inline-Frames</TITLE>
</HEAD>
<BODY>
<H1>Ein Inline-Frame!</H1>
<IFRAME WIDTH=200 HEIGHT=150 SRC="test.html"
NAME="fenster">Ihr Browser versteht keine Inline-
Frames</IFRAME>
</BODY>
</HTML>
```

In Listing 7-15 wurde ein Inline-Frame definiert, der eine Breite von 200 Pixeln und eine Höhe von 150 Pixeln hat. In diesem Rahmen, der den Namen `fenster` erhalten hat, soll die Datei `test.html` angezeigt werden.

Das Besondere an Inline-Frames ist, daß sie von Text umflossen werden können. Aus diesem Grunde versteht das `<IFRAME>`-Element das Attribut `align` mit allen seinen Werten.

- `Left`: Dabei wird der Frame am äußersten freien linken Platz der Seite plaziert. Umgebender Text umfließt den Frame auf der rechten Seite.
- `Right`: Der Frame wird am rechten Rand der Seite angezeigt. Umgebender Text umfließt den Frame auf der linken Seite.
- `Texttop`: Der Frame orientiert sich an der obersten Position des Textes. Dies ist in aller Regel, aber nicht immer, auch bei `align=top` der Fall.
- `Absmiddle`: Die Schrift wird absolut mittig zum Frame ausgerichtet.

- `Baseline`: Die Unterkante des Frame orientiert sich am unteren Rand der Zeile, in der sie steht.
- `Absbottom`: Die Schrift wird am äußersten unteren Rand des Frame ausgerichtet.

Durch ihre enge Verwandtschaft mit den Frames eines Framesets können zahlreiche Optionen, die auch beim Frames ihre Gültigkeit haben, auf Inline-Frames angewendet werden. Dazu gehören:

- `frameborder`,
- `marginwidth`,
- `marginheight`,
- `scrolling`.

Da Inline-Frames ein Name zugewiesen kann, ist es möglich einen Verweis einzurichten, dessen Inhalt innerhalb des Inline-Frames angezeigt wird. Dies funktioniert auch innerhalb des Inline-Frames selbst: Eine dort angezeigte Datei kann also einen Verweis in sich tragen, der über das Attribut `target`, den Inhalt des Rahmens ändert.

Listing 7-16:

```
<!DOCTYPE HTML PUBLIC "-//W3C//DTD HTML 4.0 Final//EN">
<HTML>
<HEAD>
     <TITLE>Inline-Frames</TITLE>
</HEAD>
<BODY>
<H1>Ein Inline-Frame!</H1>
<IFRAME WIDTH=200 HEIGHT=150 SRC="test.html" NAME="fenster"
FRAMEBORDER="1" SCROLLING="auto">Ihr Browser versteht keine
Inline-Frames</IFRAME><P>
Hier geht es weiter im Text...
</BODY>
</HTML>
```

In Listing 7-16 wurde ein Inline-Frame mit den Namen `fenster` erstellt, der eine Breite von 200 und eine Höhe von 150 Pixeln hat. Ein Rahmen soll angezeigt werden, während Scrollbalken nur dann verwendet werden, wenn es nötig ist. Innerhalb des Rahmens wird die Datei `test.html` angezeigt. Im folgenden sehen Sie den Inhalt der Datei `test.html`:

Listing 7-17: Die Datei test.html

```
<!DOCTYPE HTML PUBLIC "-//W3C//DTD HTML 4.0 Final//EN">
<HTML>
<HEAD>
<TITLE>Untitled</TITLE>
</HEAD>
<BODY BGCOLOR="RED">
<H1>Frame 1</H1>
<A href="test2.html" target="fenster">Wechseln Sie den
Inhalt des Frames!</A>
</BODY>
</HTML>
```

Wie Sie sehen, enthält diese Datei nur wenig mehr als einen Verweis auf die Datei `test2.html`, die über das Attribut `target` im Frame mit dem Namen `fenster`, also dem Inline-Frame aus Listing 7-16 angezeigt werden soll.

Im nachfolgenden Listing sehen Sie den Inhalt der Datei `test2.html`.

Listing 7-18: Die Datei test2.html

```
<!DOCTYPE HTML PUBLIC "-//W3C//DTD HTML 4.0 Final//EN">
<HTML>
<HEAD>
<TITLE>Untitled</TITLE>
</HEAD>
<BODY BGCOLOR="SILVER">
<H1>Frame 2</H1>
<A HREF="test.html" TARGET="fenster">Zur&uuml;ck zu Frame
1</A>
</BODY>
</HTML>
```

Auch diese Datei hat nur wenig Inhalt. Sie enthält aber einen Verweis auf die Datei `test.html`, die im Frame mit dem Namen `fenster` angezeigt werden soll. Nun ist es also möglich, die Inhalte des Inline-Frames aus dem Frame heraus zu ändern. Natürlich wäre dies auch innerhalb der Datei möglich gewesen, die den Inline-Frame enthält.

Browser, die Inline-Frames nicht richtig interpretieren können, zeigen die komplette Seite an, sowie den Text, der zwischen den Elementen `<IFRAME>` und `</IFRAME>` definiert wurde. Hier können Sie also eine Nachricht an den Benutzer schreiben, der ihn darüber informiert, was auf der Seite zu sehen gewesen wäre.

Zum Zeitpunkt der Drucklegung war der Netscape Communicator nicht in der Lage, Inline-Frames anzuzeigen. Seien Sie bei der Verwendung dieses Attributs also vorsichtig!

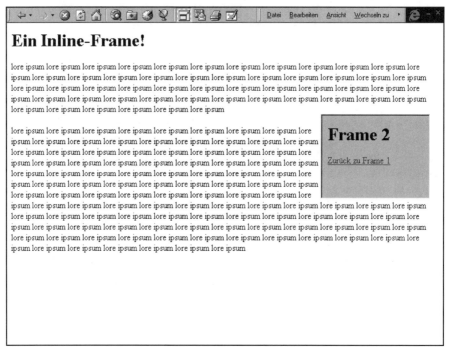

Abbildung 7-8: Der Inline-Frame aus dem Beispiel

7.6 Das Element <NOFRAME>

Im Zusammenhang mit den Frames hat das World Wide Web-Konsortium noch ein zusätzliches Element verabschiedet, daß im Grunde genommen überflüssig ist. Das Paar <NOFRAME> ... </NOFRAME> soll einen alternativen Inhalt für alle Browser bereithalten, die keine Frames darstellen können, bzw. deren Anzeige für Frames abgeschaltet wurde. Wenn Sie allerdings, wie in den Beispielen in diesem Buch, das <BODY>-Element nach der Definition eines Framesets einfügen, können Sie hier einen entsprechenden Inhalt bereitstellen, so daß auf die Verwendung von <NOFRAME> verzichtet werden kann.

8 Farben in HTML ändern

In HTML können Dokumente in vielen Bereichen in der Farbzusammenstellung geändert werden. Sie können einzelne Schriftpassagen, Tabellenränder oder die Hintergrundfarbe eines Dokuments nach Ihren Wünschen gestalten. Allerdings muß in diesem Zusammenhang gleich darauf hingewiesen werden, daß die angegebenen HTML-Sprachelemente vom World Wide Web-Konsortium nicht mehr empfohlen werden, da mit Hilfe der *Style Sheets* die gleichen Effekte zu erzielen sind.

8.1 Farbbezeichnungen

Um die Farben in einem Dokument zu ändern, müssen Sie zunächst wissen, wie die "offiziellen" Bezeichnungen für die Farben lauten. HTML unterscheidet einmal zwischen Farbbezeichnungen im (englischen) Klartext und in hexadezimalen Zahlencodes. Diese Zahlencodes orientieren sich dabei am sogenannten RGB-Farbmodell.

Bei diesem Modell werden Farben aus den drei "Grundfarben" Rot, Grün und Blau (aus diesem Grunde RGB) zusammengesetzt. Um eine Farbe zu charakterisieren, wird die Intensität jeder einzelnen Grundfarbe angegeben, wobei Werte zwischen 0 und 255 möglich sind. Ist der Wert 0, bedeutet dies, der entsprechende Farbton ist in der Farbe nicht vorhanden, während 255 einen maximalen Anteil der Grundfarbe am Farbton bedeutet. Ein dunkles Blau hat nach diesem Modell den Farbwert 0, 0, 255 (0 rote Anteile, 0 grüne Anteile, 255 blaue Anteile). Mit Hilfe dieses Modells lassen sich 16,7 Millionen verschiedene Farben darstellen.

Diese Farbwerte werden in HTML nun durch das Hexadezimalsystem beschrieben. Für jede Farbe stehen sechs Stellen zur Verfügung, wobei jeweils zwei Stellen für den Rot-, den Grün- und den Blauanteil zur Verfügung stehen. Innerhalb des Hexadezimalsystems kann jede dieser Stellen einen von 16 unterschiedlichen Zuständen annehmen, womit also die zwei Stellen 256 (0-255) verschiedene Werte eines Farbanteils darstellen können.

Dezimale Ziffer	Hexadezimale Ziffer
0	0
1	1
2	2
3	3
4	4
5	5
6	6
7	7
8	8
9	9
10	A
11	B
12	C
13	D
14	E
15	F

Notiert werden Farbwerte durch ein vorangestelltes Kreuz '#" und den anschließenden sechs Stellen.

Beispiel: #FF0033

Bei dieser Farbe handelt es sich um einen Rot-Ton. Es scheint auf den ersten Blick sehr schwierig zu sein, aus der Fülle von 16,7 Millionen Möglichkeiten, die richtigen Bezeichnungen herauszufinden. Zum Glück stellen die meisten HTML-Editoren aber inzwischen eine Hilfe zur Verfügung, mit der der Autor einfach eine Farbe aus einer Palette auswählt und das Programm die entsprechenden Zahlencodes einträgt.

Die zweite Möglichkeit, einen Farbnamen zu bestimmen, besteht in der Angabe seines englischen Klartextes. Diese Möglichkeit wird sowohl von den *Style Sheets* als auch von den bisherigen HTML-Attributen unterstützt. Rot kann also auch als `red` referenziert werden.

8.2 Farben für Vorder- und Hintergrund festlegen

Es kann eine Farbe für den gesamten Seitenhintergrund einer HTML-Datei definiert werden. Dies geschieht durch das Attribut `bgcolor` innerhalb eines einleitenden `<BODY>`-Elements.

Listing 8-1:
```
<!DOCTYPE HTML PUBLIC "-//W3C//DTD HTML 3.2 Final//EN">
<HTML>
<HEAD>
<TITLE>Farbwahl</TITLE>
</HEAD>
<BODY BGCOLOR="#000000">
...
</BODY>
</HTML>
```

Auch die Farben für den Text können global geändert werden. Dem Designer ist es möglich die Farben für

- den Fließtext,
- einen noch nicht besuchten Link,
- einen bereits besuchten Link,
- und einen gerade aktivierten Link

zu ändern.

Dazu werden die folgenden Attribute verwendet, die ebenfalls in das `<BODY>`-Element eingetragen werden.:

- `text`: ändert die Farbe für den Fließtext,
- `Link`: wählt die Farbe für noch nicht besuchte Links,
- `Vlink`: bestimmt die Farbe für einen bereits besuchten Link,
- `Alink`: wechselt die Farbe für einen gerade aktiven Link.

Listing 8-2:
```
<!DOCTYPE HTML PUBLIC "-//W3C//DTD HTML 4.0 Final//EN">
<HTML>
<HEAD>
<TITLE>Farbwahl</TITLE>
</HEAD>
<BODY LINK="Blue" VLINK="Silver" ALINK="Maroon"
TEXT="Fuchsia">
...
</BODY>
</HTML>
```

8.3 Farben für einzelne Abschnitte ändern

Einzelnen Textpassagen kann eine individuelle Farbe verliehen werden, indem das Attribut `color` innerhalb des `<FONT>`-Elements eingetragen wird. Auch hier können Farbnamen oder hexadezimale Werte notiert werden.

Listing 8-3:
```
<!DOCTYPE HTML PUBLIC "-//W3C//DTD HTML 4.0 Final//EN">
<HTML>
<HEAD>
<TITLE>Farbwahl</TITLE>
</HEAD>
<BODY>
Hier normaler Text, der <FONT COLOR="BLUE">eine andere
Farbe bekommt.</FONT>Hier geht es weiter in der normalen
Textfarbe.
</BODY>
</HTML>
```

8.4 Tabellenfarben ändern

Innerhalb einer Tabelle sind die Farbwerte für die folgenden Elemente zu verändern:

- Tabellenrand,
- Zellenhintergrund,
- Tabellenhintergrund.

Um die Farbe des Tabellenrandes zu verändern, wird das Attribut `bordercolor` dem einleitenden `<TABLE>`-Element beigefügt. Es versteht hexadezimale Farbwerte und Klartextangaben.

Listing 8-4:

```
<!DOCTYPE HTML PUBLIC "-//W3C//DTD HTML 4.0 Final//EN">
<HTML>
<HEAD>
<TITLE>Farbwahl</TITLE>
</HEAD>
<BODY>
<TABLE CELLSPACING="2" CELLPADDING="2" BORDER=2
BORDERCOLOR="BLUE">
<TR>
    <TD>Zelle 1</TD>
    <TD>Zelle 2</TD>
</TR>
<TR>
    <TD>Zelle 3</TD>
    <TD>Zelle 4</TD>
</TR>
</TABLE>
 </BODY>
</HTML>
```

Die Farbe des Zellenhintergrundes wird durch das Attribut `bgcolor` innerhalb des eine Zelle einleitenden Elements `<TD>` oder `<TH>` erreicht. Jede Zelle kann mit einer individuellen Farbe versehen werden.

Listing 8-5:

```
<!DOCTYPE HTML PUBLIC "-//W3C//DTD HTML 4.0 Final//EN">
<HTML>
<HEAD>
<TITLE>Farbwahl</TITLE>
</HEAD>
<BODY>
<TABLE CELLSPACING="2" CELLPADDING="2" BORDER=2
BORDERCOLOR="BLUE">
<TR>
    <TD BGCOLOR="AQUA">Zelle 1</TD>
    <TD BGCOLOR="BLUE">Zelle 2</TD>
</TR>
<TR>
    <TD BGCOLOR="GREEN">Zelle 3</TD>
    <TD BGCOLOR="NAVY">Zelle 4</TD>
</TR>
</TABLE>
 </BODY>
</HTML>
```

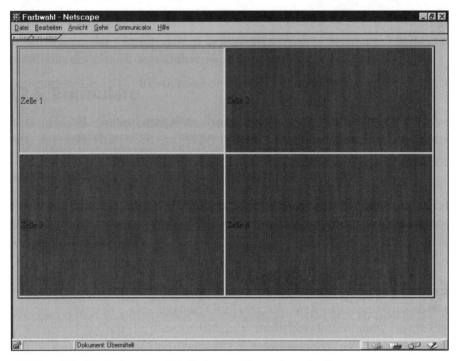

Abbildung 8-1: Die Farben einer Tabelle lassen sich gezielt manipulieren

Auch der Tabellenhintergrund wird mit dem gleichen Attribut, also bgcolor, in seiner Farbe geändert. Weisen Sie sowohl dem Tabellenhintergrund als auch einer einzelnen Zelle eine Hintergrundfarbe zu, so hat die Farbe der Zelle Vorrang vor der Farbe des Tabellenhintergrundes. Die Farbe des Tabellenhintergrundes wird innerhalb des einleitenden Elements <TABLE> notiert.

Listing 8-6:

```
<!DOCTYPE HTML PUBLIC "-//W3C//DTD HTML 4.0 Final//EN">
<HTML>
<HEAD>
<TITLE>Farbwahl</TITLE>
</HEAD>
<BODY>
<TABLE BORDERCOLOR="BLUE" BGCOLOR="RED">
<TR>
    <TD BGCOLOR="AQUA">Zelle 1</TD>
    <TD>Zelle 2</TD>
</TR>
<TR>
```

```
        <TD>Zelle 3</TD>
        <TD>Zelle 4</TD>
</TR>
</TABLE>
 </BODY>
</HTML>
```

9 Style Sheets

Eine neue Entwicklung von HTML 4.0 sind die bereits häufig erwähnten *Style Sheets*. Was hat man darunter nun konkret zu verstehen?

Sicherlich haben auch Sie sich bereits einmal Briefpapier mit Ihrer Textverarbeitung erstellt. Um nicht immer wieder die gleichen Informationen eingeben zu müssen, zum Beispiel Ihren Namen und Vornamen, sowie die Anschrift, bieten alle Textverarbeitungen am Markt die Möglichkeit, sich Formatvorlagen abzuspeichern. Damit können Sie festlegen, daß Ihre Adresse zum Beispiel in der Schriftart Times New Roman in 12 Punkt und Halbfett gedruckt wird.

Style Sheets portieren die Idee der Druckformatvorlagen nach HTML. Ein häufiger Kritikpunkt an den bisherigen Versionen von HTML war, daß sich zwar die Einstellungen für Schriftarten und -größen sowie die Farbzusammenstellungen ändern ließen, dies aber eine recht mühselige Angelegenheit war, da man dies für Überschriften und Fließtext immer wieder neu machen mußte. Das mühselige Notieren der immer gleichen Tags gehört mit den Style Sheets der Vergangenheit an.

9.1 Wie werden Style Sheets definiert?

Die Schöpfer der Style Sheets sehen ihren Beitrag zu HTML als einen Vorschlag. Die Struktur der Vorlagen soll offen sein, d.h. es wäre denkbar, daß es eines Tages unterschiedliche „Sprachen" für Style Sheets gibt, wie es ja bereits heute *JavaScript* aus dem Hause Netscape und *Visual Basic Script* von Microsoft gibt, die zwar weitestgehend miteinander kompatibel sind, aber dennoch Unterschiede aufweisen.

Sie sollten allerdings mit dem Einsatz von Style Sheets noch vorsichtig umgehen, da diese Spezifikationen bei der Niederschrift des Manuskripts erst vom Internet Explorer 4.0 und dem Netscape Communicator, dem Nachfolger des Navigators, ab Version 4.0 verstanden wurden.

HTML 4.0 sieht vor, daß die Anweisung für Style Sheets sowohl im Dateikopf wie auch an einer beliebigen Stelle des Dokuments erfolgen kann. Um die für ein Dokument gültige Sprache für Style Sheets zu definieren, wird ein *Meta-Tag* im Header der Datei verwendet.

Listing 9-1:

```
<!DOCTYPE HTML PUBLIC "-//W3C//DTD HTML 4.0 Final//EN">
<HTML>
<HEAD>
<TITLE>Style Sheets</TITLE>
<META http-equiv="Content-Style-Type" content="text/css">
</HEAD>
<BODY>
</BODY>
</HTML>
```

In diesem Fall wurden die sogenannten *Cascading Style Sheets (CSS)* verwendet, derzeit noch die einzige „Sprache" mit der sich Formatvorlagen für HTML erstellen lassen.

Wollen Sie eine Vorlage innerhalb des HTML-Dokuments definieren, verwenden Sie bei dem Seitenelement, das Sie ändern wollen, die neuen Attribute STYLE und TYPE. Im folgenden Beispiel wird einem Absatz ein neues Aussehen verliehen:

Listing 9-2:

```
<!DOCTYPE HTML PUBLIC "-//W3C//DTD HTML 4.0 Final//EN">
<HTML>
<HEAD>
<TITLE>Style Sheets innerhalb des Textes</TITLE>
</HEAD>
<BODY>
Dies ist der zweite Text mit StyleSheets
<P TYPE="text/css" STYLE="font-size: 22pt; color:
green;">Sind Style Sheets nicht eine tolle Sache?</P>
Hier geht es dann weiter im normalen Text.
</BODY>
</HTML>
```

Die Spezifikation für das Element Style sieht vor, daß Browser, die Style Sheets nicht unterstützen, oder eine bestimmte Vorlagensprache nicht anzeigen können, das Element <STYLE>...</STYLE> verstecken. Am einfachsten ist es aus diesem Grunde, die Style Informationen im Header der Datei zu hinterlegen.

Wie werden Style Sheets definiert?

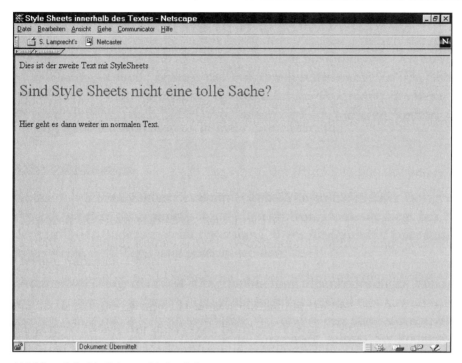

Abbildung 9-1: Die Seite aus Listing 9-2

Mit Style Sheets lassen sich entweder alle Elemente einer Seite global mit neuen Attributen versehen, oder nur ausgewählte. So könnten Sie alle Überschriften der Ebene 1 in einer Seite grün erscheinen lassen, oder nur einige wenige Überschriften der ersten Ebene. Den ersten Fall sehen Sie im folgenden Listing.

Listing 9-3:
```
<!DOCTYPE HTML PUBLIC "-//W3C//DTD HTML 4.0 Final//EN">
<HTML>
<HEAD>
     <TITLE>StyleSheets 3</TITLE>
</HEAD>
<BODY>
<STYLE type="text/css">
H1 {border: solid; text-align: center; font-size: 26pt;
color: green; font-family: Arial}
H2 {text-align: left; color: red; font-size: 18pt}
</STYLE>
<H1>Willkommen auf meiner Home Page </H1>
Dies ist Blindtext!
<H2>Hier die zweite &Uuml;berschrift</H2>
```

```
Hier folgt weiterer Blindtext.
</BODY>
</HTML>
```

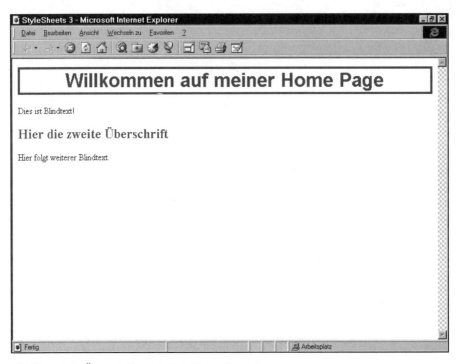

Abbildung 9-2: Überschriften mit Style Sheets formatiert

In diesem Beispiel wurden die beiden Überschriftenebenen H1 und H2 mit neuen Attributen versehen. Wie Sie sehen, befinden sich die Anweisungen für neue Schriftattribute in geschweiften Klammern direkt hinter dem Namen des gewünschten HTML-Elements. Die Formatierungsanweisungen selbst stehen zwischen den Tags `<STYLE>` und `</STYLE>`.

Es können jedem HTML-Element beliebig viele neue Attribute zugewiesen werden. Die Syntax ist dabei immer die gleiche. Zuerst nennen Sie das Attribut und geben dann, getrennt durch einen Doppelpunkt und ein Leerzeichen, den Wert des Attributs an. Im Beispiel wurde dem HTML-Element H1 als Attribut `Text-Align` beigefügt, also die Textausrichtung bestimmt. Überschriften der Ebene 1 sollen zentriert sein, deshalb erhielt das Attribut den Wert `centered` zugewiesen. Sofern Sie einem Element mehrere Attribute zuweisen, werden diese durch ein Semikolon von den übrigen abgetrennt. Die weiteren Attribute sollen an dieser Stelle noch nicht so sehr interessieren. Sie werden in einem späteren Abschnitt näher vorgestellt.

Wenn Sie nur gelegentlich die Überschrift einer Ebene mit anderen Formatierungen belegen wollen, oder sogar zwischen mehreren Formatierungen wählen, ist auch das möglich. Dazu weisen Sie einer bestimmten Formatierung eine Klasse zu, d.h. die Style Information erhält einen Namen, mit dem sie immer wieder aufgerufen werden kann.

Listing 9-4:
```
<!DOCTYPE HTML PUBLIC "-//W3C//DTD HTML 4.0 Final//EN">
<HTML>
<HEAD>
     <TITLE>Style Klasse</TITLE>
     <STYLE type="text/css">
     H1.meineklasse {border: solid; text-align: center;
font-family: comic sans ms}
     </STYLE>
</HEAD>

<BODY>
<H1>Dies ist eine normale &Uuml;berschrift</H1>
<H1 class="meineklasse">Diese mit Style Sheet</H1>
</BODY>
</HTML>
```

Wie das Beispiel zeigt, definieren Sie eine eigene Klasse, indem Sie das HTML-Element mit einem Namen erweitern, der von der Elementbezeichnung durch einen Punkt abgetrennt ist. Die Klasse wird durch die Erweiterung eines HTML-Element mit dem Attribut `class` wieder aufgerufen. Der Name der Klasse, die anzuwenden ist, folgt dann unmittelbar in Anführungszeichen.

Bisher wurden immer die voreingestellten Formate einzelner HTML-Elemente geändert. Sie können mit den Style Sheets aber auch von den Elementen unabhängig arbeiten, indem Sie zum Beispiel Textpassagen eine andere Ausrichtung geben. Bisher hatten Sie nur die Wahl einen Absatz zentriert oder bündig auszugeben. Mit den Style Sheets wird es möglich, nur Teile eines Absatzes zu zentrieren, oder mit anderen Fonts zu versehen.

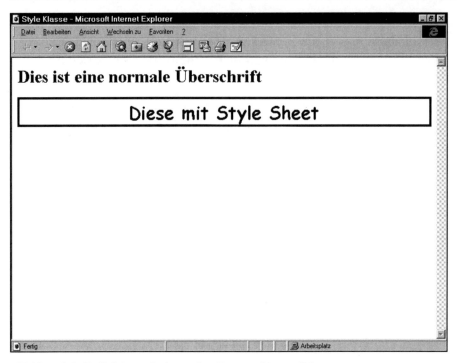

Abbildung 9-3: Endlich ist auch eine andere Typographie möglich

Listing 9-5:
```
<!DOCTYPE HTML PUBLIC "-//W3C//DTD HTML 4.0 Final//EN">
<HTML>
<HEAD>
      <TITLE>Style Klasse</TITLE>
      <STYLE type="text/css">
      SPAN.Spezi {font-family: Arial}
      </STYLE>

</HEAD>
<BODY>
<H1>Dies ist eine normale &Uuml;berschrift</H1>
<P>In diesem Absatz wechselt <SPAN class="Spezi">
pl&ouml;tzlich die Schriftart.</SPAN> Aber gleich geht es
dann wieder wie gewohnt weiter </P>
</BODY>
</HTML>
```

In diesem Beispiel wurde innerhalb der Style-Deklaration das neue HTML-Element `<SPAN>...</SPAN>` mit der Klasse „Spezi" versehen.

Wie werden Style Sheets definiert?

`<SPAN>` eignet sich hervorragend dazu, bestimmte Textpassagen innerhalb von Absätzen oder Listen zu verändern.

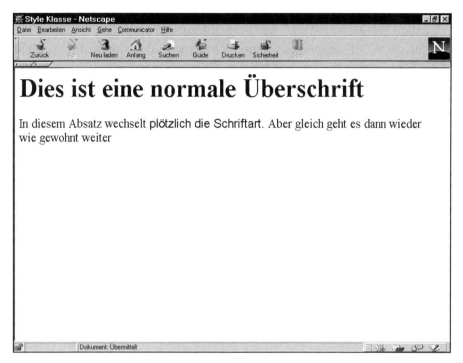

Abbildung 9-4: Mit <SPAN> lassen sich Schriftwechsel ohne große Mühe bewerkstelligen!

Im Gegensatz dazu steht das neue Element `<DIV>...</DIV>`. Grundsätzlich kann es die gleichen Funktionen wie `<SPAN>` übernehmen. Es ist aber ein Block-Element, das nicht innerhalb von anderen Blöcken wie Listen oder Absätzen verwendet werden kann. Fügen Sie ein `<DIV>` in einen Absatz ein, wird dieser üblicherweise an dieser Stelle beendet. Auch mit `<DIV>` können Sie innerhalb der Style Sheets Texten andere Formatierungen zuweisen:

Listing 9-6:
```
<!DOCTYPE HTML PUBLIC "-//W3C//DTD HTML 4.0 Final//EN">
<HTML>
<HEAD>
    <TITLE>Style Klasse</TITLE>
    <STYLE type="text/css">
    DIV.Zitate {font-family: Arial; text-align: center}
```

```
            </STYLE>
</HEAD>

<BODY>
<H1>Zitate</H1>
<P>In diesem Absatz wird ein Zitat eingeleitet</p>
<DIV class="Zitate"><P>Hier folgt nun ein l&auml;ngeres
Zitat eines bedeutenden Werkes.</P> Da der Verfasser dieser
Zeilen aber zu faul war, um alles zu tippen, wird es nun
doch nicht verwendet</DIV><P>Hier geht es dann wieder
weiter im normalen Text.</P>
</BODY>
</HTML>
```

Das Beispiel illustriert ganz anschaulich, wofür sich Style Sheets in Verbindung mit dem <DIV>-Tag einsetzen lassen. In diesem Fall wurde eine eigene Klasse „Zitate" erstellt, die den Text zentrierte und mit der Schriftart *Arial* formatierte. Wie Sie sehen, ist es kein Problem innerhalb eines von <DIV></DIV> formatieren Textes weitere Absatzschaltungen vorzunehmen.

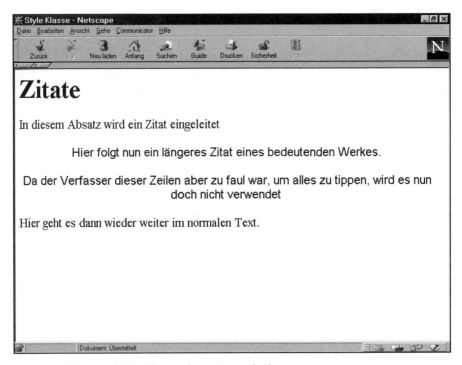

Abbildung 9-5: Das <DIV>-Element formatiert auch Absätze

9.2 Fontmanipulationen mit Style Sheets

Im vorigen Abschnitt haben Sie gesehen, wie Sie Ihre eigenen Style Sheets und Klassen deklarieren. Auf den folgenden Seiten erfahren Sie, welche Manipulationen an den Schriftarten die Style Sheets vorsehen.

9.2.1 Die Schriftfamilie ändern

Unter `font-family` werden die Schriftfamilien verstanden, d.h. die Fontnamen, die Sie sicherlich kennen, zum Beispiel Arial, Courier, Times. Diese Familien beinhalten dann einzelne Schriftarten, beispielsweise Arial Bold, Courier New oder Times New Roman.

Listing 9-7:
```
<!DOCTYPE HTML PUBLIC "-//W3C//DTD HTML 4.0 Final//EN">
<HTML>
<HEAD>
      <TITLE>Style Klasse</TITLE>
      <STYLE type="text/css">
      H1.besonders {font-family: arial}
      H1.normal {font-family: times new roman}
      </STYLE>
</HEAD>
<BODY>
<H1 class="normal">Dies ist eine normale
&Uuml;berschrift</H1>
<H1 class="besonders">Diese eine besondere</H1>
</BODY>
</HTML>
```

9.2.2 Schriftgattungen verändern

Wie die Schriftarten zu Schriftfamilien, gehören die Schriftfamilien zu Schriftgattungen, die in Style Sheets `generic-family` genannt werden: Dazu gehören zum Beispiel:

- Serifen-Schriften (englisch `serif`, z.B. Times),
- Serifenlose Schriften (englisch `sans-serif`, z.B. Arial),
- dicktengleiche Schriften (englisch `monospace`, z.B. Courier) und
- kursive Schriften (englisch `cursive`).

Sie können bei der Entwicklung eines Style Sheets sowohl eine einzelne Schriftart, eine Schriftfamilie oder eine Schriftengattung angeben. Bei Schriften, deren Namen sich aus mehreren Worten zusammensetzen, umschließen Sie den Namen mit Anführungszeichen.

Listing 9-8:

```
<!DOCTYPE HTML PUBLIC "-//W3C//DTD HTML 4.0 Final//EN">
<HTML>
<HEAD>
    <TITLE>Style Klasse</TITLE>
    <STYLE type="text/css">
    DIV.Zitate {generic-family: sans serif }
    DIV.Texte {generic-family: serif}
    DIV.Besonders {generic-family: monospace}
        </STYLE>
</HEAD>
<BODY>
<H1>Zitate</H1>
<P>In diesem Absatz wird ein Zitat eingeleitet</p>
<DIV class="Zitate"><P>Hier folgt nun ein l&auml;ngeres
Zitat eines bedeutenden Werkes.</P> </DIV><DIV
class="Besonders">Da der Verfasser dieser Zeilen aber zu
faul war, um alles zu tippen, wird es nun doch nicht
verwendet</DIV><DIV class="Texte">Hier geht es dann wieder
weiter im normalen Text.</DIV>
</BODY>
</HTML>
```

9.2.3 Stil eines Fonts ändern

Ein anderes Attribut, mit dem Sie Schriftarten belegen können, ist `font-style`. Derzeit sind folgende Optionen vorgesehen:

- `normal`: Dabei wird ein Basisfont verwendet, der vom Anzeigeclient als normale Schrift geführt wird, also etwa Times New Roman.
- `italic`: Hier wird eine kursive Schriftart verwendet.
- `bold`: Damit wird die Verwendung einer fetten Schriftart erzwungen.

Listing 9-9:

```
<!DOCTYPE HTML PUBLIC "-//W3C//DTD HTML 4.0 Final//EN">
<HTML>
<HEAD>
    <TITLE>Style Klasse</TITLE>
    <STYLE type="text/css">
    DIV.Zitate {font-style: italic}
```

```
            DIV.Texte {font-style: normal}
            DIV.Besonders {font-style: bold}
                </STYLE>
</HEAD>
<BODY>
<H1>Zitate</H1>
<P>In diesem Absatz wird ein Zitat eingeleitet</p>
<DIV class="Zitate"><P>Ein kursiver Text.</P> </DIV><DIV
class="Besonders">Ein fetter Text.</DIV><P>
<DIV class="Texte">Hier geht es dann wieder weiter im
normalen Text.</DIV>
</BODY>
</HTML>
```

9.2.4 Fontvarianten

Über dieses Attribut läßt sich das Aussehen der verwendeten Schrift innerhalb einer Schriftfamilie aus vordefinierten Varianten zu ändern. Hier stehen bisher nur die beiden folgenden Optionen zur Verfügung:

- `small-caps`: In einem small-caps Font sind die Klcinbuchstaben ähnlich groß wie die Großbuchstaben, allerdings mit einem winzigen Größenunterschied.
- `normal`: Damit wird ein Font gewählt, der kein "small-caps" Font ist.

Wie für alle Einstellungen gilt auch hier, daß beim Fehlen einer passenden Schriftart auf dem Rechner des Lesers einfach die voreingestellte Standardschriftart verwendet wird.

Listing 9-10:
```
<!DOCTYPE HTML PUBLIC "-//W3C//DTD HTML 4.0 Final//EN">
<HTML>
<HEAD>
        <TITLE>StyleSheets 3</TITLE>
</HEAD>
<BODY>
<STYLE type="text/css">
H1 {font-variant: small-caps}
</STYLE>
<H1>Willkommen auf meiner Home Page </H1>
Dies ist Blindtext!
</BODY>
</HTML>
```

9.2.5 Fontgröße ändern

Aus typographischer Sicht ist es von Interesse, die Größe eines verwendeten Fonts verändern zu können. Dazu dient das Attribut `font-size`. Der absolute Wert der Schrift wird dabei in pt angegeben. Negative Werte sind nicht erlaubt.

Listing 9-11:

```
<!DOCTYPE HTML PUBLIC "-//W3C//DTD HTML 4.0 Final//EN">
<HTML>
<HEAD>
    <TITLE>StyleSheets 3</TITLE>
</HEAD>
<BODY>
<STYLE type="text/css">
H1 {font-size: 34pt}
H2 {font-size: 8pt}
</STYLE>
<H1>Willkommen auf meiner Home Page </H1>
Dies ist Blindtext!
<H2>Eine &Uuml;berschrift der zweiten Ebene</H2>
</BODY>
</HTML>
```

9.2.6 Globale Änderungen

Das Attribut `font`, stellt so etwas wie einen Joker oder eine Abkürzung dar: Damit können Sie mit nur einem Attribut die Werte für die bisher genannten Manipulationsmöglichkeiten zusammenfassen, also für

- font-style,
- font-variant,
- font-family,
- font-size.

Damit läßt sich einiges an Tipparbeit sparen und die HTML-Datei klein halten. Die einzelnen Eigenschaften folgen dabei ohne Aufzählungszeichen hintereinander weg.

Listing 9-12:

```
<!DOCTYPE HTML PUBLIC "-//W3C//DTD HTML 4.0 Final//EN">
<HTML>
<HEAD>
```

```
        <TITLE>StyleSheets 3</TITLE>
</HEAD>
<BODY>
<STYLE type="text/css">
H1 {font: 18pt sans-serif}
H2 {font: 22pt monospace}
</STYLE>

<H1>Willkommen auf meiner Home Page </H1>
Dies ist Blindtext!

<H2>Eine &Uuml;berschrift der zweiten Ebene</H2>
</BODY>
</HTML>
```

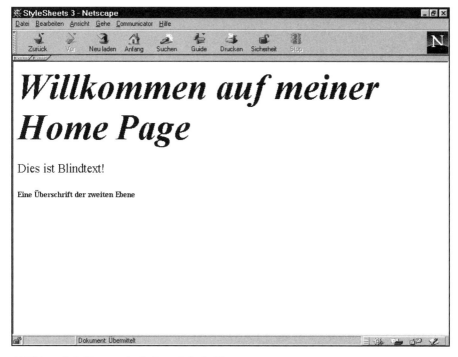

Abbildung 9-6: Fontmanipulation mit Style Sheets

9.3 Farb- und Hintergrundmanipulation in Style Sheets

Farben sind ein äußerst wichtiges grafisches Gestaltungsmittel. Sie könen eine beruhigende oder aufschreckende Wirkung auf den Leser haben,

Fakten verdeutlichen und Sachverhalte gliedern. Selbstverständlich sind mit Style Sheets auch Änderungen an den Farben eines Dokuments möglich. Die Spezifikation für Style Sheets unterscheidet zwei Farbbereiche:

- Vordergrundfarbe und
- Hintergrundfarbe.

9.3.1 Änderungen an der Textfarbe

Das Attribut `color` bestimmt die Textfarbe eines Elements. Da die Style Sheets auch die Änderung der Hintergrundfarbe eines Elements erlauben, wird die Textfarbe oft auch als Vordergrundfarbe bezeichnet. Angaben können in Klartext oder in hexadezimaler Schreibweise gemacht werden.

Listing 9-13:
```
<!DOCTYPE HTML PUBLIC "-//W3C//DTD HTML 4.0 Final//EN">
<HTML>
<HEAD>
    <TITLE>StyleSheets 3</TITLE>
</HEAD>
<BODY>
<STYLE type="text/css">
H1 {color: red}
H2 {color: yellow}
</STYLE>
<H1>Willkommen auf meiner Home Page </H1>
Dies ist Blindtext!
<H2>Eine &Uuml;berschrift der zweiten Ebene</H2>
</BODY>
</HTML>
```

9.3.2 Änderung der Hintergrundfarbe

Nach der Definition der Style Sheets kann jedes Element eine Hintergrundfarbe besitzen. Diese Eigenschaft wird durch das Attribut `background-color` geändert. Auch hier sind Farbangaben in Klartext oder hexadezimaler Schreibweise möglich.

Listing 9-14:
```
<!DOCTYPE HTML PUBLIC "-//W3C//DTD HTML 4.0 Final//EN">
<HTML>
<HEAD>
    <TITLE>StyleSheets 3</TITLE>
</HEAD>
```

```
<BODY>
<STYLE type="text/css">
H1 {background-color: red}
H2 {background-color: yellow}
</STYLE>
<H1>Willkommen auf meiner Home Page </H1>
Dies ist Blindtext!
<H2>Eine &Uuml;berschrift der zweiten Ebene</H2>
</BODY>
</HTML>
```

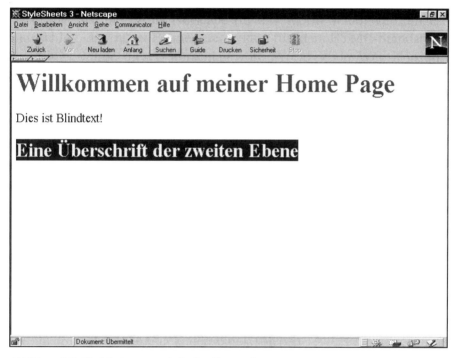

Abbildung 9-7: Farbänderungen sind schnell gemacht

9.3.3 Elemente mit einem Hintergrundbild ausstatten

Eine neue Eigenschaft in den Style Sheets ist die Möglichkeit, beliebige Elemente einer Seite mit einem Hintergrundbild zu versehen. Damit eröffnen sich, wenn die Browser dieses Feature allgemein unterstützen, überaus interessante Gestaltungsmöglichkeiten. Sollte die Datei des Hintergrundbildes nicht übertragbar oder darstellbar sein, empfiehlt sich als Ersatz die Verwendung einer Hintergrundfarbe. Sofern die Datei übertragen wurde, wird sie die eingestellte Hintergrundfarbe überdecken.

Listing 9-15:
```
<!DOCTYPE HTML PUBLIC "-//W3C//DTD HTML 4.0 Final//EN">
<HTML>
<HEAD>
<TITLE>Hintergrundbilder</TITLE>
</HEAD>
<STYLE type="text/css">
H1 {background-image: image1.gif}
H2 {background-image: http://www.foobar.com/yellow.gif}
</STYLE>
<BODY>
<H1>Dies ist eine Überschrift mit Bild</H1>
<H2>Dies auch</H2>
</BODY>
</HTML>
```

Das Hintergrundbild kann nicht nur einmal auf der Seite dargestellt werden, sondern wird auf Wunsch des Designers auch wiederholt angezeigt. Zur Verfügung stehen Wiederholungen sowohl in horizontaler wie vertikaler Richtung. Um eine Wiederholung eines Hintergrundbildes zu erzwingen, wird das Attribut `background-repeat` benutzt. Dieses erhält die Werte `repeat-x` und `repeat-y` zugewiesen, wodurch eine horizontale Wiederholung über die Länge des so klassifizierten Elements, bzw. über die Vertikale des Elements erreicht wird.

Listing 9-16:
```
<!DOCTYPE HTML PUBLIC "-//W3C//DTD HTML 4.0 Final//EN">
<HTML>
<HEAD>
<TITLE>Hintergrundbilder</TITLE>
</HEAD>
<STYLE type="text/css">
H1 {background-image: image1.gif; background-repeat:
repeat-y}
H2 {background-image: http://www.foobar.com/yellow.gif;
background-repeat: repeat-x}
</STYLE>
<BODY>
<H1>Dies ist eine Überschrift mit Bild</H1>
<H2>Dies auch</H2>
</BODY>
</HTML>
```

Die Position des Hintergrundbildes kann exakt positioniert werden. Dabei werden die Werte für die Position relativ zu einem gedachten Rahmen um das Element zugewiesen, beziehen sich also nicht auf den exakten Rand

Farb- und Hintergrundmanipulation in Style Sheets

der Seite. Als Werte sind sowohl prozentuale als auch absolute Werte möglich, die dem Attribut `background-position` zugewiesen werden.

Listing 9-17:
```
<!DOCTYPE HTML PUBLIC "-//W3C//DTD HTML 4.0 Final//EN">
<HTML>
<HEAD>
<TITLE>Hintergrundbilder</TITLE>
</HEAD>
<STYLE type="text/css">
H1 {background-image: image1.gif; background-position: 0%
50%}
H2 {background-image: http://www.foobar.com/yellow.gif;
background-position: 2cm 5cm}
</STYLE>
<BODY>
<H1>Dies ist eine Überschrift mit Bild</H1>
<H2>Dies auch</H2>
</BODY>
</HTML>
```

In diesem Beispiel wird die Grafik `image1.gif` in der linken oberen Ecke und auf halber Höhe einer Überschrift positioniert, während die zweite Abbildung `image2.gif` mit einem Abstand von 2 cm von links und 5 cm von oben dargestellt wird. Ist nur ein Wert angegeben, so gilt dieser nur für den horizontalen Abstand, die Abbildung wird dann auf halber Höhe begonnen.

Die bisher vorgestellten Attribute für die Gestaltung eines Hintergrundes können auch innerhalb eines Elements vorgenommen werden, das in diesem Falls als Container oder Jokerzeichen dient: `background`.

Listing 9-18:
```
<!DOCTYPE HTML PUBLIC "-//W3C//DTD HTML 4.0 Final//EN">
<HTML>
<HEAD>
<TITLE>Hintergrundbilder</TITLE>
</HEAD>
<STYLE type="text/css">
H1 {background-image: image1.gif; background-position: 0%
50%}
H2 {bachground-image: http://www.foobar.com/yellow.gif;
background-position: 2cm 5cm}
</STYLE>
<BODY>
<H1>Dies ist eine Überschrift mit Bild</H1>
```

```
<H2>Dies auch</H2>
</BODY>
</HTML>
```

9.4 Texteigenschaften definieren

Die Style Sheets bieten ein weites Spektrum an Möglichkeiten, um das Erscheinungsbild eines Textes zu manipulieren: Dies reicht vom Abstand einzelner Worte bis zu der Ausrichtung eines Textes.

9.4.1 Wortabstand

Wollen Sie den Abstand zwischen den Wörtern eines Satzes ändern, verwenden Sie dazu `word-spacing`. Üblicherweise wird der Wortabstand im Druckgewerbe mit *em* angegeben, sie können allerdings auch *cm* verwenden.

Zur besseren Verdeutlichung wurden im nachfolgenden Beispiel stark übertriebene Größen verwendet.

Listing 9-19:

```
<!DOCTYPE HTML PUBLIC "-//W3C//DTD HTML 4.0 Final//EN">
<HTML>
<HEAD>
    <TITLE>StyleSheets 3</TITLE>
</HEAD>
<BODY>
<STYLE type="text/css">
H1.klein {word-spacing: 0.41 em}
H1.gross {word-spacing: 0.89 em}
</STYLE>
<H1 class="klein">Willkommen auf meiner Home Page </H1>
Dies ist Blindtext!
<H1 class="gross">Willkommen auf meiner Home Page</H1>
</BODY>
</HTML>
```

9.4.2 Buchstabenabstand

Auch der Abstand zwischen den einzelnen Buchstaben läßt sich ganz gezielt manipulieren. Dazu dient `letter-spacing`. Hier geben Sie einen Wert ein, um den der ansonsten normale Buchstabenabstand erhöht wird. Gültige Maßeinheiten sind auch hier wieder *em* und *cm*.

Listing 9-20:

```
<!DOCTYPE HTML PUBLIC "-//W3C//DTD HTML 4.0 Final//EN">
<HTML>
<HEAD>
     <TITLE>StyleSheets 3</TITLE>
</HEAD>
<BODY>
<STYLE type="text/css">
Blockquote.klein {letter-spacing: 0.9 em}
Blockquote.gross {letter-spacing: 1.1 cm}
</STYLE>
<blockquote class="klein">Willkommen auf meiner Home Page
</blockquote>
Dies ist Blindtext!
<blockquote class="gross">Willkommen auf meiner Home
Page</blockquote>
</BODY>
</HTML>
```

9.4.3 Textdekoration

Überaus interessant für jeden Designer sind die Möglichkeiten, die mit dem neuen Attribut text-decoration geschaffen werden. text-decoration können die folgenden Werte zugewiesen werden:

- underline (unterstrichener Text),
- overline (Linie über dem Text),
- line-through (durchgestrichen),
- blink (blinkender Text).

Listing 9-21

```
<!DOCTYPE HTML PUBLIC "-//W3C//DTD HTML 4.0 Final//EN">
<HTML>
<HEAD>
     <TITLE>StyleSheets 3</TITLE>
</HEAD>
<BODY>
<STYLE type="text/css">
H1.unter {text-decoration: underline}
H1.oben {text-decoration: overline}
H1.durch {text-decoration: line-through}
H1.blink {text-decoration: blink}
</STYLE>
<H1 class="unter">Willkommen auf meiner Home Page </H1>
<H1 class="durch">Willkommen auf meiner Home Page</H1>
<H1 class="blink">Willkommen auf meiner Home Page</H1>
```

```
</BODY>
</HTML>
```

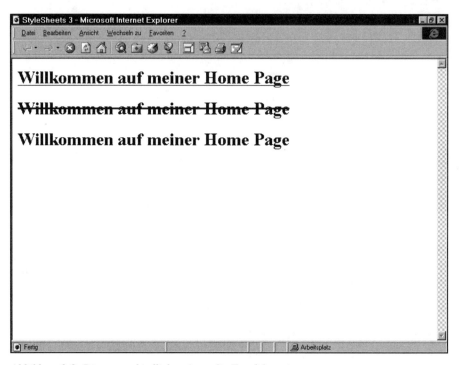

Abbildung 9-8: Die unterschiedlichen Arten für Textdekoration

9.4.4 Textumwandlungen

Unter Textumwandlungen wird in den Style Sheets die Möglichkeit verstanden, beispielsweise den ersten Buchstaben eines Wortes automatisch großzuschreiben, oder auch alle Buchstaben eines Wortes großzuschreiben, ohne Rücksicht darauf, wie der Text bei der Eingabe erfaßt wurde. Für solche Manipulationen dient das Element text-transform, das die folgenden Werte annehmen kann:

- capitalize: Der erste Buchstabe eines Wortes wird großgeschrieben.
- uppercase: Alle Buchstaben werden in großen Lettern angezeigt, unabhängig von der Eingabe.
- lowercase: Alle Zeichen erscheinen in kleinen Buchstaben, unabhängig von der eigentlichen Eingabe.

Listing 9-22:

```
<!DOCTYPE HTML PUBLIC "-//W3C//DTD HTML 4.0 Final//EN">
<HTML>
<HEAD>
<TITLE>Transformationen</TITLE>
</HEAD>
<STYLE type="text/css">
H1 {text-transform: uppercase}
H2 {text-transform: capitalize}
</STYLE>
<BODY>
<H1>Dies ist eine &Uuml;berschrift</H1>
<H2>Dies auch</H2>
</BODY>
</HTML>
```

Abbildung 9-9: Die Überschriften aus Listing 9-22:

9.4.5 Textausrichtungen

Bisher war es in HTML recht schwierig den Text auszurichten. Zwar konnten einzelne Passagen bündig und zentriert angeordnet werden, es war aber nicht möglich mit bestimmten Einzügen zu arbeiten, und die Arbeit mußte für jeden Absatz mit einer bestimmten Ausrichtung wiederholt werden. Dank der Style Sheets ist das nun anders.

Um einen Text auszurichten, sieht die Spezifikation das neue Element `text-align` vor. Dieses kann die folgenden Werte annehmen:

- left (linksbündig),
- right (rechtsbündig),
- center (zentriert).

Listing 9-23:

```
<!DOCTYPE HTML PUBLIC "-//W3C//DTD HTML 4.0 Final//EN">
<HTML>
<HEAD>
<TITLE>Ausrichtung</TITLE>
</HEAD>
<STYLE type="text/css">
H1 {text-align: center}
H2 {text-align: right}
</STYLE>
<BODY>
<H1>Dies ist eine &Uuml;berschrift</H1>
<H2>Dies auch</H2>
</BODY>
</HTML>
```

9.4.6 Texteinzug definieren

Ein ebenfalls neues Element ist `text-indent`, das für den Einzug eines Absatzes zuständig ist. Das Element kann die verschiedensten Maßeinheiten enthalten, zum Beispiel *em*, *pt*, *in* oder *cm*. Beachten Sie bitte, daß sich der Einzug auf die jeweils erste Zeile eines Absatzes bezieht.

Listing 9-24:

```
<!DOCTYPE HTML PUBLIC "-//W3C//DTD HTML 4.0 Final//EN">
<HTML>
<HEAD>
    <TITLE>Textausrichtung</TITLE>
    <STYLE type="text/css">
```

```
            DIV.Zitat {text-indent: 1cm; text-align: center}
            DIV.Normal {text-indent: 12pt; text-align: left}
              </STYLE>
</HEAD>
<BODY>
<H1>Dies ist eine &Uuml;berschrift</H1>
<DIV class="Normal">Hier handelt es sich um normalen
Flie&szlig;text. Hier handelt es sich um normalen
Flie&szlig;text. Hier handelt es sich um normalen
Flie&szlig;text.</DIV><P>
<DIV class="Zitat">Dies ist nun also ein Zitat. Es wird
zentriert dargestellt. Dies ist ein Zitat, es wird
zentriert dargestellt</DIV>
</BODY>
</HTML>
```

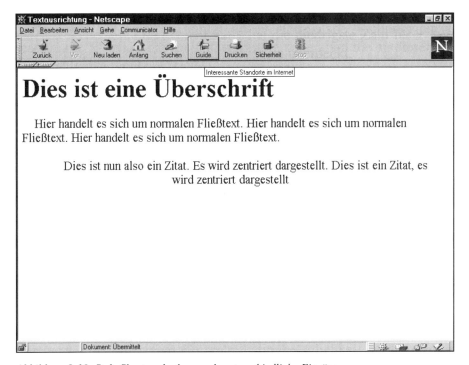

Abbildung 9-10: Style Sheets erlauben auch unterschiedliche Einzüge.

9.4.7 Zeilenhöhe

Eine reizvolle neue Gestaltungsmöglichkeit ist die Option, die Höhe einer Linie bestimmen zu können. Für diesen Zweck wurde das Attribut `line-height` geschaffen, das sowohl mit prozentualen als auch numerischen

Werten ausgestattet werden kann. Werden numerischen Werte vergeben, so errechnet sich die Höhe der Zeile aus dem Produkt des angegebenen Wertes multipliziert mit der derzeitigen Fonthöhe. Der prozentuale Wert definiert die Zeilenhöhe als den Teil von Hundert der aktuellen Fonthöhe.

Listing 9-25:

```
<!DOCTYPE HTML PUBLIC "-//W3C//DTD HTML 4.0 Final//EN">
<HTML>
<HEAD>
<TITLE>Zeilenhöhe</TITLE>
</HEAD>
<STYLE type="text/css">
P {line-height: 1}
</STYLE>
<BODY>
<P>lore ipsum lore ipsum lore ipsum
lore ipsum lore ipsum lore ipsum
...</P>
</BODY>
</HTML>
```

9.4.8 Vertikale Ausrichtung definieren

Die Möglichkeit, Grafiken auch vertikal auszurichten, ist schon seit längerem Bestandteil von HTML. Neu in der Version 4.0 ist allerdings, daß mit Hilfe der Style Sheets jeglichen Elementen eine vertikale Ausrichtung zugewiesen werden kann.

Dazu wird das Element vertical-align verwendet. Dieses akzeptiert folgende Werte:

- middle: richtet das Element mittig zu einem anderen Element (typischerweise einer Grafik) aus.
- sub: stellt das Element tiefergesetzt dar.
- super: stellt das Element hochgestellt dar.
- top: richtet das Element zur höchsten Stelle eines anderen Elements in der gleichen Zeile hin aus.
- bottom: damit wird das Element an der Unterkante eines anderen Elements der Zeile angeordnet.

Listing 9-26:

```
<!DOCTYPE HTML PUBLIC "-//W3C//DTD HTML 4.0 Final//EN">
<HTML>
<HEAD>
<TITLE>Vertikale Ausrichtung</TITLE>
</HEAD>
<STYLE type="text/css">
P {vertical-align: top}
</STYLE>
<BODY>
<P>lore ipsum lore ipsum lore ipsum
lore ipsum lore ipsum lore ipsum
...</P>
</BODY>
</HTML>
```

9.5 Rahmeneigenschaften

Rahmen sind eine neue Eigenschaft, die Absätze und andere Elemente in HTML nun besitzen dürfen. Dabei kann es sich sprichwörtlich um einen sichtbaren Rahmen handeln, aber auch um einen unsichtbaren Rahmen, der einen Absatz umgibt, um ihn so vom übrigen Text abzugrenzen. In diesem Abschnitt erfahren Sie, wie Sie Rahmen definieren.

Ein Rahmen wird durch mehrere Werte, die alle manipulierbar sind, definiert. Er besitzt eine eigene Breite, einen ihn umfassenden Rand, und schließlich einen Rand in seinem Inneren.

9.5.1 Äußeren Abstand definieren

Der äußere Rand eines Rahmens setzt sich aus oberem, unterem, linkem und rechtem Abstand zusammen. Dementsprechend gibt es vier neue Elemente, um diese Ränder zu definieren:

- `margin-top`: Definiert den Abstand zum oberen Rand der Seite.
- `margin-right`: Bestimmt den Abstand zum rechten Seitenrand.
- `margin-bottom`: Definiert den Abstand zum unteren Seitenrand.
- `margin-left`: Bestimmt den Abstand zum linken Seitenrand.

Ein Rahmen kann jedem beliebigen anderen HTML-Element zugewiesen werden. Sie können wie bei anderen Elementen auch mit verschiedenen Maßeinheiten operieren, zum Beispiel *cm*, *in*, *em*, *pt* usw. einsetzen.

Listing 9-27:
```
<!DOCTYPE HTML PUBLIC "-//W3C//DTD HTML 4.0 Final//EN">
<HTML>
<HEAD>
      <TITLE>Rahmen</TITLE>
      <STYLE type="text/css">
      H1 {margin-left: 1cm; font-size: 28pt}
      H2 {margin-left: 2cm; font-size: 28pt}
            </STYLE>
</HEAD>
<BODY>
<H1>Dies ist eine &Uuml;berschrift der Ebene 1</H1>
<H2>Dies ist eine &Uuml;berschrift der Ebene 2</H2>
</BODY>
</HTML>
```

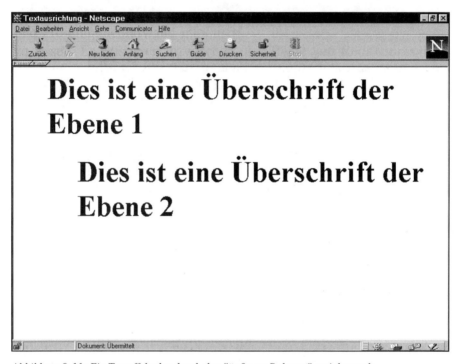

Abbildung 9-11: Ein Texteffekt der durch den "äußeren Rahmen" erzielt wurde

Es kann auch allein das Element `margin` verwendet werden, das in einem solchen Fall eine Art von Joker darstellt. Dabei wird aber eine eigene interne Syntax verwendet:

- Wird nur ein Wert angegeben, so gilt dieser gleichermaßen für alle vier Seiten des Rahmens.
- Geben Sie zwei Werte ein, so gelten diese für oberen und unteren Rahmen sowie für den linken und rechten gemeinsam.
- Werden drei Angaben gemacht, so gelten diese in folgender Reihenfolge: top, right und left, bottom.

Listing 9-28
```
<!DOCTYPE HTML PUBLIC "-//W3C//DTD HTML 4.0 Final//EN">
<HTML>
<HEAD>
     <TITLE>Rahmen</TITLE>
     <STYLE type="text/css">
     H1 {margin: 0,5 cm; font-size: 28pt}
     H2 {margin: 1,0 cm; font-size: 28pt}
        </STYLE>
</HEAD>
<BODY>
<H1>Dies ist eine &Uuml;berschrift der Ebene 1</H1>
<H2>Dies ist eine &Uuml;berschrift der Ebene 2</H2>
</BODY>
</HTML>
```

9.5.2 Innere Abstände bestimmen

Die inneren Abstände eines Rahmens, also die Abstände zwischen Text und eigentlich Rahmen, werden durch das neue Element padding bestimmt. Da der Rahmen vier unterschiedliche innere Abstände haben kann, links, rechts, oben und unten, wurden vier neue HTML-Elemente geschaffen:

- padding-top: Bestimmt den Abstand zwischen oberen Rahmenrand und Rahmeninneren.
- padding-right: Bestimmt den Abstand zwischen rechtem Rahmenrand und Rahmeninneren.
- padding-bottom: Legt den Abstand zwischen Rahmeninhalt und Rahmeninneren fest.
- padding-left: Definiert den Abstand zwischen linkem Rahmenrand und Rahmeninneren.

Sie können die gleichen Maßangaben für die inneren Abstände verwenden wie für die äußeren Abstände.

Listing 9-29:

```
<HTML>
<HEAD>
    <TITLE>Rahmen</TITLE>
    <STYLE type="text/css">
    P.stil1 {font-size: 16pt; padding-top: 0,71 em}
    P.stil2 {font-size: 16pt; padding-top: 7,25 em; }
        </STYLE>
</HEAD>
<BODY>
<P class="stil1">lore ipsum lore ipsum lore ipsum lore
ipsum lore ipsum lore ipsum lore ipsum lore ipsum lore
ipsum lore ipsum lore ipsum</P>
<P class="stil2">lore ipsum lore ipsum lore ipsum lore
ipsum lore ipsum lore ipsum lore ipsum lore ipsum lore
ipsum lore ipsum lore ipsum</P>
</BODY>
</HTML>
```

9.5.3 Rahmenstärke festlegen

Eine weitere wichtige Eigenschaft eines Rahmens ist selbstverständlich die Stärke (Dicke) der eigentlichen Begrenzungslinien. Auch zur Angabe dieser Maße wurde ein neues HTML-Element geschaffen.

- `border-top-width`: Definiert die Stärke der oberen Rahmenbegrenzung.
- `border-right-width`: Bestimmt die Dicke des rechten Rahmenrands.
- `border-bottom-width`: Hiermit wird die Stärke der unteren Kante bestimmt.
- `border-left-width`: Legt die Dicke der linken Rahmenbegrenzung fest.

Die Angaben zur Dicke des Rahmens können zum einen in absoluten Zahlen erfolgen (cm, em) oder durch relative Angaben (`thin`, `medium` und `thick`, also dünn, mittel und dick). Als Voreinstellung gilt `medium`. Um sich Tipparbeit zu sparen, können Sie auch einfach `border-width` verwenden, um die Dicke aller vier Rahmenseiten gemeinsam zu definieren.

Listing 9-30:

```
<!DOCTYPE HTML PUBLIC "-//W3C//DTD HTML 4.0 Final//EN">
<HTML>
<HEAD>
      <TITLE>Rahmen</TITLE>
      <STYLE type="text/css">
      P.stil1 {font-size: 16pt; border-width: thin}
      P.stil2 {font-size: 16pt; border-width: thick}
      P.stil3 {font-size: 16pt; border-top-width: 5,7em;
border-bottom-width: thin}
            </STYLE>
</HEAD>
<BODY>
<P class="stil1">lore ipsum lore ipsum lore ipsum lore
ipsum lore ipsum lore ipsum lore ipsum lore ipsum lore
ipsum lore ipsum lore ipsum</P>
<P class="stil2">lore ipsum lore ipsum lore ipsum lore
ipsum lore ipsum lore ipsum lore ipsum lore ipsum lore
ipsum lore ipsum lore ipsum</P>
<P class="stil3">lore ipsum lore ipsum lore ipsum lore
ipsum lore ipsum lore ipsum lore ipsum lore ipsum lore
ipsum lore ipsum lore ipsum</P>
</BODY>
</HTML>
```

9.5.4 Rahmenfarbe und Rahmenstil definieren

HTML 4.0 sieht im Rahmen der Style Sheets die Möglichkeit vor, die Rahmen einzufärben. Dabei kann sogar jede Seite eines Rahmens eine andere Farbe erhalten.

Die Farbe des Rahmens wird mit `border-color` bestimmt. Bei der Angabe der Farbe können Sie mit hexadezimalen Farbwerten oder auch Farbbezeichnungen arbeiten.

Bei der Eingabe der Farbwerte gilt die gleiche Reihenfolge wie bei der Definition des äußeren Abstandes.

Listing 9-31:

```
<!DOCTYPE HTML PUBLIC "-//W3C//DTD HTML 4.0 Final//EN">
<HTML>
<HEAD>
      <TITLE>Textausrichtung</TITLE>
      <STYLE type="text/css">
      P.stil1 {font-size: 16pt; border-width: thin; font-
family: sans-serif; border-color: red}
```

```
      P.stil2 {font-size: 16pt; border-width: thick;
border-color: blue}
      P.stil3 {font-size: 16pt; border-top-width: 5,7em;
border-bottom-width: thin; border-color: yellow}
          </STYLE>
</HEAD>
<BODY>
<P class="stil1">lore ipsum lore ipsum lore ipsum lore
ipsum lore ipsum lore ipsum lore ipsum lore ipsum lore
ipsum lore ipsum lore ipsum</P>
<P class="stil2">lore ipsum lore ipsum lore ipsum lore
ipsum lore ipsum lore ipsum lore ipsum lore ipsum lore
ipsum lore ipsum lore ipsum</P>
<P class="stil3">lore ipsum lore ipsum lore ipsum lore
ipsum lore ipsum lore ipsum lore ipsum lore ipsum lore
ipsum lore ipsum lore ipsum</P>
</BODY>
</HTML>
```

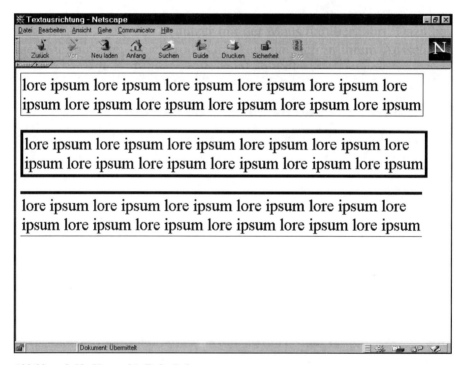

Abbildung 9-12: Unterschiedliche Rahmenarten

Die Style Sheets kennen verschiedene Linienarten, mit denen ein Rahmen gebildet werden kann. Um einem Rahmen eine bestimme Linienart zuzuweisen, wird das Element `border-style` verwendet. Es kann folgende Werte annehmen:

- `none`: Keine Rahmenlinie ist sichtbar.
- `dotted`: Es handelt sich um eine gepunktete Linie
- `dashed`: Es wird eine gestrichelte Linie verwendet.
- `solid`: Eine durchgängige Linie wird zur Rahmenbegrenzung eingesetzt.
- `double`: Der Rahmen wird von einer doppelten Linie begrenzt.
- `inset`: eine dreidimensionale Vertiefe wird zur Anzeige des Rahmens gebildet.
- `outset`: Hierbei wird eine dreidimensionale Erhöhung gegenüber der Umgebung für die Bildung der Rahmenlinien verwendet.

Listing 9-32:
```
<!DOCTYPE HTML PUBLIC "-//W3C//DTD HTML 4.0 Final//EN">
<HTML>
<HEAD>
<TITLE>Rahmen</TITLE>
</HEAD>
<STYLE TYPE="text/css">
H1 {border-style: solid}
H4 {border-style: double}
</STYLE>
<BODY>
<H1>Test</H1>
<H4>Test</H4>
</BODY>
</HTML>
```

9.5.5 Breite des Rahmens erzwingen

Die Breite eines Rahmens läßt sich durch Prozentzahlen oder absolute Werte in Pixel definieren. Dies ist nützlich, wenn man eine absolute Kontrolle über das Layout seiner Seite haben möchte und wird vorzugsweise bei Grafiken eingesetzt. Um die Breite eines Rahmens (und letztlich des Objektes) zu bestimmen, wird das Attribut `width` eingesetzt.

Im nachfolgenden Listing wird die Breite einer Grafikreferenz mit dem Namen *icon* auf 50% der Bildgröße festgelegt.

Listing 9-33:

```
<!DOCTYPE HTML PUBLIC "-//W3C//DTD HTML 4.0 Final//EN">
<HTML>
<HEAD>
<TITLE>Rahmen</TITLE>
<STYLE TYPE="text/css">
img.icon {width: 50%}
</STYLE>
</HEAD>
<BODY>
<IMG class="icon" src="image1.gif">
<P>
</BODY>
</HTML>
```

9.5.6 Rahmenhöhe erzwingen

Wie die Breite, so läßt sich auch die Höhe eines Rahmens definieren. Dazu wird das Attribut `height` verwendet. Damit sind beliebige HTML-Elemente zu versehen. Gültige Werte sind absolute Zahlwerte, gemessen in Pixeln.

> Sollen die Proportionen einer Grafik erhalten bleiben, kann nach Angabe der Rahmenbreite bzw. -höhe, das jeweils andere Element mit dem Wert `auto` versehen werden!

Listing 9-34:

```
<!DOCTYPE HTML PUBLIC "-//W3C//DTD HTML 4.0 Final//EN">
<HTML>
<HEAD>
<TITLE>Rahmen</TITLE>
<STYLE TYPE="text/css">
img.icon {height: 480px}
</STYLE>
</HEAD>

<BODY>
<IMG class="icon" src="image1.gif">
<P>
</BODY>
</HTML>
```

Selbstverständlich ist auch eine Kombination der beiden Elemente `height` und `width` möglich.

Rahmeneigenschaften 237

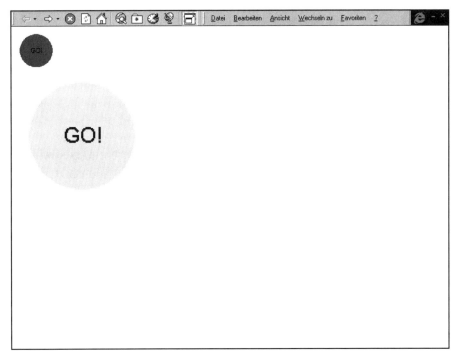

Abbildung 9-13: Zwei Grafiken, die mit Hilfe der Rahmenattribute "height" und "width" manipuliert wurden.

Listing 9-35:

```
<!DOCTYPE HTML PUBLIC "-//W3C//DTD HTML 4.0 Final//EN">
<HTML>
<HEAD>
<TITLE>Rahmen</TITLE>
</HEAD>
<STYLE TYPE="text/css">
img.icon {width: 10%; height: auto;}
img.bild {width: auto; height: 200px}</STYLE>
<BODY>
<IMG class="icon" src="image1.gif">
<P>
<IMG class="bild" src="image2.gif">
</BODY>
</HTML>
```

9.6 Andere Style Sheet Elemente

In diesem Abschnitt werden einige weitere Elemente der Style Sheets vorgestellt, die sich keinem der anderen Themenbereiche zuordnen ließen.

9.6.1 Farben für Anker definieren

Verweise auf andere Angebote werden von den Browsern unterschiedlich farbig markiert. In der Regel erscheint ein noch nicht besuchter Link in einem hellen Blauton, während ein bereits besuchter Link lilafarben dargestellt wird. Die Style Sheets erlauben dem Autoren, diese Farben zu ändern.

Dazu werden die drei *Pseudoklassen*

- `A:link:` definiert einen noch nicht besuchten Link,
- `A:visited:` definiert einen bereits besuchten Verweis,
- `A:active:` bestimmt einen gerade angeklickten Verweis,

verwendet. Pseudoklassen werden Sie deshalb genannt, weil es sich bei den Beifügungen visited, active usw. nicht um vom Autoren definierte Klassen handelt, sondern um bereits vorgegebene.

Listing 9-36:
```
<!DOCTYPE HTML PUBLIC "-//W3C//DTD HTML 4.0 Final//EN">
<HTML>
<HEAD>
<TITLE>Linkfarben</TITLE>
</HEAD>
<STYLE TYPE="text/css">
A:link {color:red}
A:visited {color:green}
</STYLE>
<BODY>
<A HREF="http://www.foobar.com">Testlink</A><BR>
<A HREF="http://www.download.com">Testlink 2</A>
</BODY>
</HTML>
```

9.6.2 Listenelemente definieren

Wie Sie im Kapitel zum Thema Listen bereits erfahren haben, kann der Blickfangpunkt oder die Ordnungsnummer einer Liste durch den Autoren bestimmt werden. Dabei wurde bereits gesagt, daß die bisherigen Möglichkeiten vom World Wide Web-Konsortium nicht mehr empfohlen werden und durch die Verwendung durch Style Sheets abgelöst werden sollen.

Ein neues Element, das das Aussehen der Blickfangpunkte und Ordnungszahlen beeinflußt, ist list-style-type. Es kann die folgenden Werte annehmen:

- disc: Verwendet einen kleinen ausgefüllten Kreis als Ordnungszeichen.
- circle: Es wird ein kleiner Kreis vor jedem Eintrag eingeblendet
- square: Vor jedem Eintrag wird ein Quadrat präsentiert.
- lower-roman: Die Einträge werden durch kleine römische Ziffern gekennzeichnet.
- upper-roman: Hier mit großen römischen Ziffern.
- lower-alpha: Es werden kleine arabische Buchstaben benutzt.
- upper-alpha: Es werden große arabische Buchstaben benutzt.
- none: Die Einträge werden nicht hervorgehoben.
- decimal: Es werden die üblichen arabischen Zahlen verwendet.

Listing 9-37:
```
<!DOCTYPE HTML PUBLIC "-//W3C//DTD HTML 4.0 Final//EN">
<HTML>
<HEAD>
<TITLE>Listen</TITLE>
</HEAD>
<STYLE TYPE="text/css">
OL.first {list-style-type: lower-alpha}
OL.second {list-style-type: upper-roman}
UL.third {list-style-type: square}
</STYLE>
<BODY>
<OL CLASS="second">
<LI> Erster Eintrag
<LI> Zweiter Eintrag
```

```
</OL>
<UL CLASS="third">
<LI>Dritter Eintrag
<LI>Vierter Eintrag
</UL>
<OL CLASS="first">
<LI>F&uuml;nfter Eintrag
<LI>Sechster Eintrag
</OL>
</BODY>
</HTML>
```

Es kann nun auch eine eigene Grafik als Blickfangpunkt definiert werden. Dazu wird das Element `list-style-image` benutzt. Dieses wird um die URL der zu verwendenden Datei erweitert.

Listing 9-38:

```
<!DOCTYPE HTML PUBLIC "-//W3C//DTD HTML 4.0 Final//EN">
<HTML>
<HEAD>
<TITLE>Listen</TITLE>
</HEAD>
<STYLE TYPE="text/css">
OL.first {list-style-image: www.foobar.com/list.gif}
</STYLE>
<BODY>
<OL CLASS="first">
<LI>Erster Eintrag
<LI>Zweiter Eintrag
</OL>
</BODY>
</HTML>
```

Zuguterletzt kann auch noch die Ausrichtung des Inhalts eines Aufzählungselements bestimmt werden. Üblicherweise wird dabei nur die erste Zeile hinter dem Aufzählungszeichen eingerückt. In den Style Sheets ist vorgesehen, daß alle folgenden Zeilen ebenfalls eingerückt werden. Dazu wird das Element `list-style-position` benutzt.

Es kann zwei Werte annehmen:

- `inside`: Es werden alle Zeilen hinter dem Aufzählungszeichen eingerückt.
- `outside`: Es wird nur die erste Zeile eingerückt.

Listing 9-39:

```
<!DOCTYPE HTML PUBLIC "-//W3C//DTD HTML 4.0 Final//EN">
<HTML>
<HEAD>
<TITLE>Listen</TITLE>
</HEAD>
<STYLE TYPE="text/css">
OL.first {list-style-position: outside}
</STYLE>
<BODY>
<OL CLASS="first">
<LI>Erster Eintrag
<LI>Zweiter Eintrag
</OL>
</BODY>
</HTML>
```

10 Meta-Informationen

In diesem Abschnitt soll es um Sprachbestandteile von HTML 4.0 gehen, die keinerlei sichtbare Auswirkungen auf das Seitenlayout haben, aber wichtige Informationen über das Dokument bereitstellen. Da es sich dabei nicht um Informationen innerhalb des Dokuments, sondern um Informationen über das Dokument handelt, werden sie häufig auch als *Meta-Informationen* bezeichnet.

Mit Hilfe der Meta-Informationen können zum Beispiel Stichworte innerhalb des HTML-Dokuments versteckt werden, mit deren Hilfe die Suchmaschinen des Internet eine Datei klassifizieren. Es werden Informationen darüber bereitgehalten, welches Thema eine Seite hat und wer ihr Autor ist. Meta-Informationen sorgen dafür, daß die Daten der Seiten direkt von dem Server abgefragt werden, auf dem die Seite gespeichert ist, und nicht aus einem Zwischenspeicher (Proxy) bei einem Provider abgerufen werden darf. Oder mit Hilfe der Meta-Informationen werden nach einer genau definierten Zeitspanne die Seiten automatisch aktualisiert. Diese Informationen sind für den Anwender unsichtbar gespeichert. Nur wenn er sich in seinem Browser den Quellcode der Datei ansieht, werden die Meta-Informationen sichtbar.

10.1 Automatisch auf eine andere Web-Site umleiten

Mit Hilfe einer Meta-Information ist es möglich, die angezeigte Seite im Browser nach einem bestimmten Zeitintervall bzw. sofort automatisch zu wechseln. Das ist zum Beispiel praktisch, wenn Sic Ihrem eigentlichen Angebot eine Begrüßungsseite voranstellen möchten. Denkbar ist damit sogar eine kurze Führung durch mehrere Seiten oder die automatische Weiterleitung auf eine andere Adresse.

Eine Meta-Information wird durch das Element <META> innerhalb des Dateikopfes einer HTML-Datei definiert. Dieses Element besitzt keinen abschließenden Tag. Eine mögliche Option für <META> ist `http-equiv`.

Es ist hier nicht der Platz, Einzelheiten über das *Hypertext Transmission Protocol* zu schildern, deswegen soll an dieser Stelle der Hinweis genügen, daß, vereinfacht gesagt, über dieses Attribut innerhalb des HTTP-Protokolls Informationen zwischen Client und Server ausgetauscht werden können, um bestimmte Reaktionen hervorzurufen. Diesem Attribut des <META>-Elements kann ein Wert zugewiesen werden, der den Namen refresh trägt. Damit wird der Client angewiesen, die Seite zu aktualisieren. Wie diese Aktualisierung erfolgen soll, wird durch ein weiteres Attribut namens content definiert.

Listing 10-1:
```
<!DOCTYPE HTML PUBLIC "-//W3C//DTD HTML 4.0 Final//EN">
<HTML>
<HEAD>
<TITLE>Willkommen</TITLE>
<META HTTP-EQUIV="refresh" CONTENT="10; URL=seite2.html">
</HEAD>
<BODY>
...
</BODY>
</HTML>
```

In dem Beispiel aus Listing 10-1 soll die Seite nach zehn Sekunden aktualisiert werden. Anschließend lädt der Browser, die unter URL angegebene Datei. Selbstverständlich könnte es sich dabei auch um eine Adresse im Internet oder eine Seite in einem Intranet handeln. Bitte beachten Sie die auf den ersten Blick ungewöhnliche Notierung!

10.2 Zeichensatz definieren

Eine der wichtigsten Funktionen, die die Meta-Informationen liefern können, ist die nach dem Zeichensatz, mit dem die Seiten optimal dargestellt werden können. Wie an dieser Stelle wohl nicht weiter ausgeführt zu werden braucht, können innerhalb des Browsers verschiedene Zeichensätze eingestellt werden. Dies ist notwendig, weil Japaner andere Schriftzeichen auf ihren Rechnern verwenden als Europäer. Sie können selbst die Probe aufs Exempel machen, indem Sie eine japanische Web-Site besuchen. In aller Regel werden Sie nicht viel mehr als wirre Zeichen auf dem Bildschirm sehen, jedenfalls nicht die zu erwartenden japanischen Schriftzeichen. Damit es umgekehrt einem Japaner nicht genauso ergeht, können Sie seinem Browser Informationen darüber liefern, daß der Zeichensatz *ISO 8859-1* (Western Latin) verwendet werden soll. Das ist der Zeichensatz der in Europa und in den USA benutzt wird und insgesamt 256 Zeichen enthält, wobei die ersten 128 mit dem klassischen ASCII-Code identisch sind. Die anderen 128 Zeichen halten zahlreiche Sonderzeichen bereit, die für die Darstellung etlicher westeuropäischer Sprachen benötigt werden. Denken Sie dabei beispielsweise an die unterschiedlichen Akzente, die im Französischen gesetzt werden können. Um einem Browser Angaben zum verwendeten Zeichensatz zu machen, verwenden Sie die in Listing 10-2 beschriebene Zeichenfolge.

Listing 10-2:
```
<!DOCTYPE HTML PUBLIC "-//W3C//DTD HTML 4.0 Final//EN">
<HTML>
<HEAD>
<META HTTP-EQUIV="content-type"
CONTENT="text/html;CHARSET=iso8859-1">
<TITLE>Meta-Informationen</TITLE>
</HEAD>
<BODY>
...
</BODY>
</HTML>
```

10.3 Laden einer Seite direkt vom Server

Viele Provider bemühen sich, die Ladezeiten für ihre Kunden möglichst niedrig zu halten, und betreiben deshalb einen sogenannten *Proxy-Server*. Dies ist ein Rechner mit einer enorm großen Speicherkapazität, der Seiten aus dem Internet zwischenspeichert. Bei den gespeicherten Seiten handelt es sich meist um populäre Angebote, die häufig von den Benutzern abgerufen werden. Durch die Einrichtung eines Proxies werden wichtige Ressourcen im Netz gespart und außerdem die Übertragungsgeschwindigkeit optimiert, da sich der Browser die erforderlichen Daten nicht mehr direkt vom Server des Anbieters holt, sondern aus dem Proxy des Providers.

Allerdings haben Proxy-Server auch zwei wichtige Nachteile: Nimmt man an Zählverfahren teil, um die Pageimpressions und Visits auf seinen Seiten zu ermitteln, stellen Proxy-Server ein Problem dar, da sie ja, wenn die Seiten einmal in ihnen gespeichert sind, keine weiteren Einträge in der Protokolldatei des Anbieters hinterlassen. Zum anderen kann es den Anwendern passieren, daß die Seiten aus dem Proxy nicht mehr aktuell sind, beim Anbieter aber bereits aktualisierte Seiten stehen. Mit Hilfe des

Elements <META> kann der Browser angewiesen werden, einen eventuell eingestellten Proxy-Server zu umgehen, um die Seiten direkt auf dem Server des Anbieters abzurufen.

Dazu werden die HTML-Dokumente mit einem "Verfallsdatum" versehen, das den Browser anweist, eine neuere Version nach Ablauf des entsprechenden Datums abzuholen. Setzt man dieses Datum auf 0, so werden alle Seiten direkt vom Server geholt. Allerdings sollten Sie diese Option nur auf einigen wenigen Seiten, die ständig aktualisiert oder gezählt werden sollen, einsetzen, da sie die Anwender sonst verärgern könnten. Denn schließlich ist die Übertragungsgeschwindigkeit, mit der die Dokumente dann auf den Rechner des Lesern wandern, stark abhängig von der Auslastung des Netzes insgesamt.

Um das Ablaufdatum zu definieren, wird wieder das Attribut http-equiv verwendet, diesmal mit der Option expires, (dem englischen Wort für ablaufen). Eigentlicher Inhalt, der wieder mit content erzeugt wird, ist der Wert 0. Die Anweisung sieht also folgendermaßen aus:

Listing 10-3:
```
<!DOCTYPE HTML PUBLIC "-//W3C//DTD HTML 4.0 Final//EN">
<HTML>
<HEAD>
<META HTTP-EQUIV="expires" CONTENT="0">
<TITLE>Aktualisieren</TITLE>
</HEAD>
<BODY>
...
</BODY>
</HTML>
```

Selbstverständlich können Sie auch eine andere Zahl eingeben, die dann die Zeitspanne in Sekunden angibt, nach der die Seite aktualisiert werden muß. Geben Sie beispielsweise einen Wert von 86400 ein, so soll die Seite nach 24 Stunden aktualisiert werden. Es sind auch Datumsangaben möglich, die im internationalen Format angegeben werden müssen. Läuft die Aktualität der Seite etwa am 24. Februar 1998 um 12 Uhr ab, so müßte das Listing 10-3 so abgeändert werden:

Listing 10-4:
```
<!DOCTYPE HTML PUBLIC "-//W3C//DTD HTML 4.0 Final//EN">
<HTML>
<HEAD>
<META HTTP-EQUIV="expires" CONTENT="24 Feb 1998 12:00:00 GMT">
<TITLE>Aktualisieren</TITLE>
</HEAD>
<BODY>
...
</BODY>
</HTML>
```

Die Angaben muß nicht nach der Greenwich Meantime gemacht werden, sondern könnte sich auch nach einer anderen Zeitzone richten.

10.4 Angaben über den Autor und das Dokument speichern

Suchmaschinen sind eine sehr nützliche Einrichtung im World Wide Web. Der Anwender kann mit ihnen in dem schier unglaublich großen Datenbestand des Netzes gezielt nach Informationen suchen. Macht man sich die Arbeitsweise der Suchdienste einmal klar, ist es sehr viel einfacher, das eigene Angebot so aufzubereiten, daß möglichst viele Anwender es auch in den Weiten des Netzes wiederfinden.

Suchmaschinen kommen auf mindestens eine der folgenden drei Arten an ihren Datenbestand:

- Der Anbieter beschäftigt professionelle "Surfer", die durch das Netz streifen, um sich neue Angebote anzusehen und zu klassifizieren. Dabei können die Adressen aus Anmeldungen von Informationsanbietern auf der Web-Site des Suchdienstes stammen, aus Presseerklärungen usw. Nach diesem Prinzip arbeiten vor allem sogenannte Themenkataloge, wie beispielsweise *Yahoo!*.
- Sogenannte Robots durchstreifen das Netz selbständig. Dabei handelt es sich um spezielle Programme, die den ganzen Tag nichts anders machen, als neue Web-Sites aufzusuchen und die dort enthaltenen Links zu verfolgen. Trifft das Programm dabei auf eine URL, die noch nicht in seinem Datenbestand enthalten ist, versucht das Programm

- selbständig den Datenbestand zu klassifizieren. Bei diesem Verfahren können die <META>-Elemente eingesetzt werden, wie gleich gezeigt wird. Nach diesem Prinzip arbeiten die klassischen Suchmaschinen wie *WebCrawler* oder auch *Alta Vista*.
- Schließlich ist auf jeder Site eines Suchdienstes die Möglichkeit vorhanden, seine eigenen Seiten anzumelden, um den Robot oder die Scouts eines Katalogs zum Besuch des eigenen Angebots einzuladen.

Innerhalb des Dateikopfes einer HTML-Datei können Informationen versteckt werden, die Angaben über den Autor, die zur Erstellung der Seiten verwendete Software und Stichworte enthalten, die den Text charakterisieren. Dazu wird das <META>-Element verwendet, dem das Attribut name beigeordnet wird. Das Attribut kann dabei verschiedene Werte annehmen:

- generator: Damit wird die Software, die zur Erstellung benutzt wird, genannt. Viele Softwareprodukte fügen dieses Element selbständig ein.
- author: Hier können Angaben zum Autor gemacht werden.
- description: Diese Variable erlaubt es, eine kurze Zusammenfassung des Inhalts einzufügen.
- keywords: Dies ist aus Sicht der Suchmaschinen die interessanteste Variable, da nach diesen Stichworten die Seiten klassifiziert werden.

Die eigentliche Inhalte der Variablen werden dabei wieder vom Attribut content aufgenommen, wie das nachfolgende Listing zeigt.

Listing 10-5:
```
<!DOCTYPE HTML PUBLIC "-//W3C//DTD HTML 4.0 Final//EN">
<HTML>
<HEAD>
<META NAME="author" CONTENT="stephan lamprecht">
<META NAME="generator" CONTENT="Homesite 3.0">
<META NAME="description" CONTENT="Eine Homepage zur
Veranschaulichung von Meta-Elementen in HTML">
<META NAME="keywords" CONTENT="HTML, TUTORIAL, Beispiel">
<TITLE>Meta-Informationen</TITLE>
</HEAD>
<BODY>
...
</BODY>
</HTML>
```

Angaben über den Autor und das Dokument speichern

Darüber hinaus kann innerhalb der <META>-Elemente auch das Attribut lang verwendet werden, womit die verwendete Sprache der Stichworte bestimmt wird. Bei der Angabe der Sprache werden die üblichen internationalen Buchstabenfolgen verwendet. Um den Autor als Franzosen auszuweisen, wäre die folgende Zeichenfolge richtig:

```
<meta name="author" content="Blaise Pascal" lang="fr">
```

Der Autor einer HTML-Seite kann der Suchmaschine sogar vorschreiben, wie sie sich beim Besuch der Seite zu verhalten hat. Dazu wird dem Attribut name im <META>-Element der Wert robots zugewiesen. Content kann dann folgende Inhalte haben:

- index: Erlaubt dem Suchprogramm die Seiten in seinen Index aufzunehmen.
- noindex: Damit signalisiert der Autor, daß er keine Aufnahme seiner Seiten in die Datenbank der Suchmaschine wünscht. Anstelle von noindex kann auch none verwendet werden.
- follow: Die Suchmaschine darf auch folgende Seiten, die von der Startseite aus referenziert wurden, besuchen und ihre Inhalte ebenfalls indizieren.
- nofollow: Verhindert die Aufnahme untergeordneter Seiten in die Datenbank.

Das nachfolgende Listing zeigt den Gebrauch der Variablen.

Listing 10-6:
```
<!DOCTYPE HTML PUBLIC "-//W3C//DTD HTML 4.0 Final//EN">
<HTML>
<HEAD>
<META NAME="robots" CONTENT="index">
<META NAME="robots" CONTENT="nofollow">
<TITLE>Meta-Informationen</TITLE>
</HEAD>
<BODY>
...
</BODY>
</HTML>
```

Es muß allerdings an dieser Stelle gesagt werden, daß viele Möglichkeiten der Meta-Informationen noch graue Theorie sind. Gerade was die

Steuerung der Suchmaschinen betrifft, bedingt dies ja, daß der Suchroboter diese Meta-Informationen auch kennt und die Anweisungen befolgt. Bei einem System mit offenen Standards wie dem World Wide Web ist das nicht unbedingt eine Selbstverständlichkeit. So hinterlassen manche *Offline Reader* (Programme mit denen sich der Anwender eine vollständige Kopie einer Web-Site auf seinem Rechner laden kann, um sie später ohne Verbindung mit dem Netz zu betrachten) im Log-File des Servers eine Eintragung, die deutlich erkennbar macht, welches Programm dort Daten abgerufen hat. Andere Software-Lösungen tun dies nicht.

Ein anderes Problem der Meta-Informationen besteht darin, daß sich bei weitem nicht alle Anwender auch an die korrekte Verschlagwortung ihrer Seiten halten. Im Gegenteil: im Netz sind zuhauf Informationen von Marketing-Agenturen abrufbar, wie sich mit Hilfe der Meta-Informationen Dokumente in den Ranglisten der Suchmaschinen ganz oben positionieren lassen oder sich mehr Besuche (Traffic) auf die Seiten holen. Letztlich führt dies aber nur zu einer Verärgerung des Anwenders, der auf der Suche nach Informationen zu einem konkreten Problem war, schließlich aber auf einer Seite aus dem Rotlicht-Milieu landete.

11 Layer

Der Begriff *Layer* dürfte jedem Anwender eines DTP-Programmes geläufig sein. Darunter versteht man verschiedene Ebenen einer Grafik, die quasi wie Folien übereinandergelegt sind. Jede Schicht kann für sich bearbeitet und geändert werden und erst alle Schichten ergeben das Gesamtbild.

Diese Idee hat die Firma Netscape für das World Wide Web umgesetzt und schlug das neue Element `<LAYER>` für den HTML-Standard vor. Allerdings wurde dieser Vorschlag vom World Wide Web-Konsortium zurückgewiesen und so handelt es sich bei den Layern um ein proprietäres Element, das auch nur vom Netscape Communicator verstanden wird. Ziel bei der Entwicklung war es, genaues Positionieren von Elementen auf dem Bildschirm zu erlauben. Da dies aber auch die Style Sheets vermögen, haben Layer wohl wenig Chancen, eine große Verbreitung zu erzielen. Der Vollständigkeit halber seien sie aber an dieser Stelle vorgestellt.

11.1 Layer definieren

Ein Layer kann an jeder beliebigen Stelle innerhalb einer HTML-Datei definiert werden. Dazu wird das Element `<LAYER>` verwendet, das mit `</LAYER>` abgeschlossen wird. Alles was innerhalb dieser beiden Elemente angezeigt wird, bildet den Inhalt der entsprechenden Schicht.

Die theoretischen Möglichkeiten eines solchen Layers sind enorm, denn jede Schicht kann beispielsweise ein eigenes Hintergrundbild oder eine eigene Hintergrundfarbe verwenden, so daß ganz neue Layouteffekte möglich sind. Dazu wird einfach das bereits bekannte Attribut `bgcolor` bzw. `background` verwendet.

Nach Möglichkeit sollten Sie jeder dieser Schichten einen Namen geben, der dann wichtig ist, wenn mit JavaScript auf die Schicht zugegriffen werden soll, oder sie mehrere Schichten übereinander anordnen möchten. Sie weisen dem Layer einen Namen durch das Attribut `name` zu.

Listing 11-1:

```
<!DOCTYPE HTML PUBLIC "-//W3C//DTD HTML 4.0 Final//EN">
<HTML>
<HEAD>
<TITLE>Layer</TITLE>
</HEAD>
<BODY>
<H1>Willkommen zu Layern</H1>
<LAYER NAME="schicht1">
Alles was Sie hier lesen, ist eine gemeinsame
Schicht</LAYER>
</BODY>
</HTML>
```

Damit ein solcher Layer auch exakt auf dem Bildschirm positioniert werden kann, werden noch einige zusätzliche Angaben benötigt. Diese werden über Attribute in dem einleitenden Element `<LAYER>` definiert:

- `left`: Es wird die Anzahl von Pixeln bestimmt, die zwischen linkem Rand des Fensters und dem Beginn der Schicht frei bleiben sollen.
- `top`: Damit bestimmen Sie den Abstand zwischen Layer und oberem Rand des Bildschirmfensters.
- `width`: Damit wird die Breite des Layers, gemessen in Pixeln bestimmt.

Da jeder Layer durchsichtig ist, lassen sich damit interessante Überlagerungseffekte erzielen.

Listing 11-2:

```
<!DOCTYPE HTML PUBLIC "-//W3C//DTD HTML 4.0 Final//EN">
<HTML>
<HEAD>
<TITLE>Layer</TITLE>
</HEAD>
<BODY>
<H1>Willkommen zu Layern</H1>
<BR>
Dies ist der Text der eigentlichen HTML-Datei, &uuml;ber
den ein Layer gelegt werden soll.
<LAYER TOP=43 LEFT=45 WIDTH=450>
<H1>Die &Uuml;berschrift des Layers</H1>
Dies ist der Text des Layers.<BR>
</LAYER>
</BODY>
</HTML>
```

Mit etwas Experimentieren können auf diese Weise Überlappungseffekte und Einzüge realisiert werden, die so mit dem bisher zur Verfügung stehenden HTML-Instrumentarium nicht möglich waren.

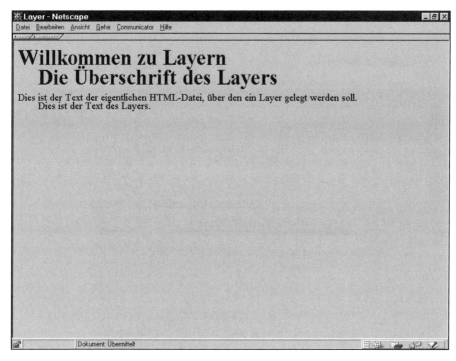

Abbildung 11-1:Das Ergebnis aus Listing 11-2

11.2 Die Größe eines Layers beschränken

Die Programmierer von Netscape haben vorgesehen, daß Sie dem Layer nicht nur eine Breite zuweisen können, sondern auch dafür sorgen, daß der Inhalt des Layers ab einer bestimmten Position beschnitten wird. Dadurch entsteht eine Art von "Schlüssellocheffekt". Der Layer sieht aus wie durch ein Schlüsselloch betrachtet, durch das auch ein Ausschnitt aus einem Gesamtbild sichtbar ist.

Das für die Beschneidung zuständige Attribut des `<LAYER>`-Elements ist `clip`. Dieses erwartet Angaben gemessen in Pixeln. Dabei können die Angaben auf zwei unterschiedliche Arten gemacht werden:

- Werden zwei Werte angegeben, definieren diese die Breite und die Höhe des Ausschnitts. Dabei wird relativ zum bereits vorhandenen Layer gemessen, also von der linken oberen Ecke des Layers an.
- Werden vier Werte angegeben, so legen diese die Eckpunkte, gemessen in Pixeln, des neuen Ausschnitts fest, und zwar in dieser Reihenfolge: links, oben, rechts, unten. Dabei wird relativ vom vorhandenen Layer aus gemessen.

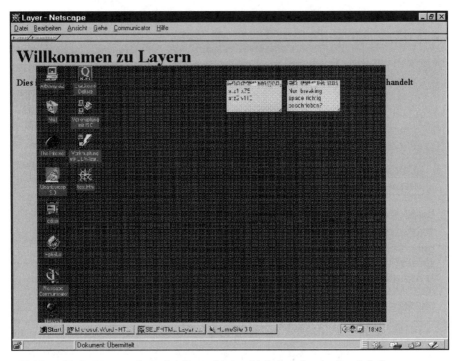

Abbildung 11-2: Die eingefügte Grafik aus Listing 11-3 ohne das Attribut "clip"

Listing 11-3:

```
<!DOCTYPE HTML PUBLIC "-//W3C//DTD HTML 4.0 Final//EN">
<HTML>
<HEAD>
<TITLE>Layer</TITLE>
</HEAD>
<BODY>
<H1>Willkommen zu Layern</H1>
<BR>
<LAYER TOP=43 LEFT=45 WIDTH=450 clip="10,10,250,300">
```

```
<IMG src="test.gif">
</LAYER>
</BODY>
</HTML>
```

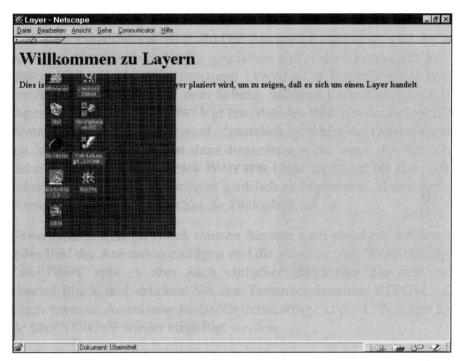

Abbildung 11-3: Die gleiche Konstruktion wie in Abbildung 11-2 nur unter Verwendung des Attributs „clip".

Im Listing 11-3 wird der eingefügte Layer, der eine Grafik enthält, 10 Pixel von linken Rand, 10 Pixel vom oberen Rand, 250 Pixel vom rechten und 300 Pixel vom unteren Rand beschnitten. Da diese Angaben sich relativ auf den Layer beziehen, können Sie für den linken Rand des Ausschnitts eine absolute Position von 55 Pixeln vom linken Bildschirmrand ermitteln (Der Layer begann 45 Pixel vom linken Rand und wird 10 Pixel von seinem eigenen Rand beschnitten: 45+10=55).

11.3 Layer miteinander verschachteln

Es ist kein Problem, innerhalb eines Layers einen anderen zu definieren. Dabei ist bloß zu beachten, daß sich die Positionsangaben innerhalb eines

Layers immer auf die Position des übergeordneten Layers beziehen, nicht mehr auf den Seitenrand.

Listing 11-4:
```
<!DOCTYPE HTML PUBLIC "-//W3C//DTD HTML 4.0 Final//EN">
<HTML>
<HEAD>
<TITLE>Layer</TITLE>
</HEAD>
<BODY>
<H1>Willkommen zu Layern</H1>
<B>Dies ist ein Beispielssatz der unter dem Layer plaziert
wird, um zu zeigen, da&szlig; es sich um einen Layer
handelt</B>
<BR>
<LAYER TOP=45 LEFT=45 WIDTH=600>
<H1>Dies ist Layer 1</H1>
     <LAYER TOP=43 LEFT=45 WIDTH=400>
<H2>Dies ist Layer 2</H2>
     </LAYER>
</LAYER>
</BODY>
</HTML>
```

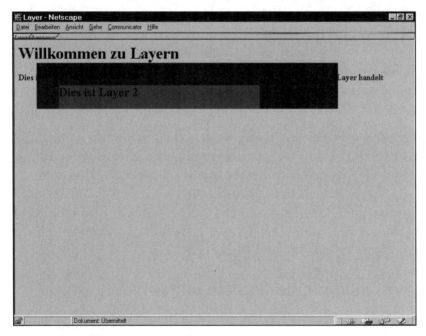

Abbildung 11-4: Die verschachtelten Layer aus Listing 11-4.

Durch die Verschachtelung von Layern können überaus interessante Effekte erzielt werden, wie die Abbildung 11-4 zeigt. Bei der Verschachtelung von Layern werden diese, sofern sie sich überlappen, in der Reihenfolge angezeigt, in der sie definiert wurden. Wie im folgenden Abschnitt gezeigt wird, kann dies vom Autor auch anders festgelegt werden.

11.4 Die Überlappung von Layern kontrollieren

Bereits zu Anfang des Kapitels wurde empfohlen, jedem Layer einen eindeutigen Namen über das Attribut name zuzuweisen. Über dieses Attribut ist es durch die Verwendung einer weiteren Beifügung möglich, die Anordnung der einzelnen Schichten auf dem Bildschirm von der Reihenfolge der Definition innerhalb des Quelltextes unabhängig zu machen und zu kontrollieren. Das nachfolgende Listing zeigt Ihnen die Vorgehensweise.

Listing 11-5:
```
<!DOCTYPE HTML PUBLIC "-//W3C//DTD HTML 4.0 Final//EN">
<HEAD>
<TITLE>Layer</TITLE>
</HEAD>
<BODY>
<H1>Willkommen zu Layern</H1>
<B>Dies ist ein Beispielssatz.</B>
<BR>
<LAYER TOP=45 LEFT=45 WIDTH=200 name="eins" bgcolor="red"
above="zwei">
<H1>Dies ist Layer 1</H1>
</LAYER>
     <LAYER TOP=43 LEFT=235 WIDTH=100 name="zwei"
bgcolor="yellow" above="drei">
<H2>Dies ist Layer 2</H2>
</LAYER>
          <LAYER TOP=100 LEFT=185 name="drei"
bgcolor="blue" above="eins">
<H1>Dies ist der dritte Layer</H1>
          </LAYER>
</BODY>
</HTML>
```

In diesem Beispiel wurden drei Schichten konstruiert, die die Namen "eins", "zwei" und "drei" tragen. Dabei wurde bestimmt, daß Layer eins über Layer zwei zu liegen hat, was durch das Attribut above erreicht wurde. Die Schicht mit dem Namen zwei soll mittels des gleichen Attributs über Schicht drei liegen, während diese über Layer eins liegen soll. Daraus ergibt sich eine Figur, wie in Abbildung 11-5 dargestellt.

Die Reihenfolge von Layern in einem Gefüge läßt sich aber nicht allein mit Hilfe von Namen definieren, sondern auch mit Hilfe von Zahlen. Dazu wird anstatt des Attributs `above` die neue Beifügung `z-index` verwendet. Dieser kann ein beliebiger Zahlwert zugeordnet werden. Dabei überdeckt ein Layer mit einer höheren Nummer einen anderen mit einer niedrigeren Nummer.

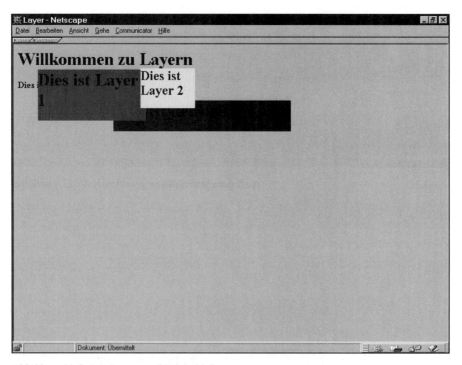

*Abbildung 11-5: Die Layer aus **Listing 11-5***

Listing 11-6:

```
<!DOCTYPE HTML PUBLIC "-//W3C//DTD HTML 4.0 Final//EN">
<HEAD>
<TITLE>Layer</TITLE>
</HEAD>
<BODY>
<H1>Willkommen zu Layern</H1>
<B>Dies ist ein Beispielssatz.</B>
<BR>
```

Die Überlappung von Layern kontrollieren

```
<LAYER TOP=45 LEFT=45 WIDTH=200 name="eins" bgcolor="red"
z-index=3>
<H1>Dies ist Layer 1</H1>
</LAYER>
     <LAYER TOP=43 LEFT=235 WIDTH=100 name="zwei"
bgcolor="yellow" z-index=1>
<H2>Dies ist Layer 2</H2>
</LAYER>
          <LAYER TOP=100 LEFT=75 name="drei"
bgcolor="blue" z-index=2>
<H1>Dies ist der dritte Layer</H1>
          </LAYER>
</BODY>
</HTML>
```

In diesem Beispiel erhält die Schicht mit dem Namen `eins` den höchsten Wert für `z-index`. Im Falle einer Überlappung liegt er also über allen anderen Schichten. Die Schicht `zwei` hat die niedrigste Zahl für `z-index` und wird damit von allen anderen Schichten überdeckt.

Die Möglichkciten der Layer sind sehr interessant, es bleibt abzuwarten, ob Netscape in einer verbesserten Form diese Idee nochmals als Vorschlag für die nächste HTML-Version einreicht.

12 Design für Menschen mit Beeinträchtigungen

In nahezu jedem Buch über das World Wide Web findet sich irgendwo der Hinweis, daß im Internet das Wissen der Welt gespeichert sei, auf das von nun an jedermann kostengünstig Zugriff erhalten könne. Um so erstaunlicher ist es, daß bei allem Fortschrittsglauben überhaupt nicht an Menschen mit körperlichen Beeinträchtigungen gedacht wird. Seh- oder hörbehinderte Menschen scheinen in den Planungen der Designer der schönen neuen Multimedia-Welt keine Rolle zu spielen. Dabei können selbst ausgefeilte Designs mit ein wenig Mehrarbeit auch für Menschen mit Behinderungen nutzbar gemacht werden, vorausgesetzt, der Entwickler berücksichtigt einige wenige Hinweise.

Grundsätzlich ist der Grad der Anpassung der Seiten davon abhängig, welche Informationen im Netz angeboten werden. Sicherlich ist dem Betreiber einer privaten Homepage, auf der Hobbys oder andere Inhalte persönlicher Natur vorgestellt werden, kaum zuzumuten, mehrere Versionen seiner Seiten bereitzuhalten und zu pflegen. Doch auch solche Seiten können Rücksicht auf die Seh- und Lesegewohnheiten körperbehinderter Menschen nehmen.

12.1 Bilder

Blinde und sehbehinderte Menschen nutzen das WWW häufig mit Hilfe eines rein textbasierten Browsers wie Lynx, da sie sich oft die Inhalte der Seiten mit Hilfe von Spezialsoftware vorlesen lassen. Problematisch sind für diese Nutzer natürlich Grafiken, die Texte illustrieren sollen. In der letzten Zeit sind viele Anbieter von Internet-Seiten dazu übergegangen, Grafiken nicht allein zur Illustration von Sachverhalten zu nutzen, sondern darüber hinaus zur Navigation innerhalb der Site. Der Nachteil für jeden Besucher, der die Grafikfunktion seines Browser abgeschaltet hat, besteht darin, daß bei unbedachter Programmierung die Seiten nicht mehr navigierbar sind. Aus diesem Grunde ist es empfehlenswert, sämtliche Grafiken mit einer Alternativbeschriftung über das Attribut alt innerhalb des <IMG>-Elements zu versehen. Verwenden Sie dabei möglichst kurze und funktionelle Beschreibungen. Eine gute Möglichkeit, die eigene

Arbeit zu überprüfen, besteht darin, die Alternativtexte hintereinander zu lesen. Sofern der Inhalt und die Struktur der Site erhalten bleiben, wurde gut gearbeitet.

Ein zweiter Ansatz, das Problem mit den Grafiken zu umgehen, besteht darin, eine komplette zweite Version der Seiten zu erstellen, die völlig auf Grafiken verzichtet. Eine Navigationshilfe am Fuße der Seite hilft den Besuchern, zwischen der reinen Textversion und dem grafischen Layout zu wechseln. Mit Hilfe eines JavaScripts oder einer CGI-Programmierung ist der Wechsel schnell erledigt.

Werden Grafiken als Links auf andere Seiten verwendet, können Sie neben der alternativen Beschriftung auch einen Text bereitstellen, der ganz regulär als Link dient. Ein sehr professioneller Ansatz, der den Pflege- und Programmieraufwand minimiert, ist die Seiten "on-the-fly" erstellen zu lassen. Es existieren inzwischen eine Reihe von Redaktionssystemen, die die Inhalte aus einer Datenbank auslesen, und die HTML-Seiten ganz nach den Wünschen der Benutzer aufbauen. Allerdings ist aufgrund der hohen Lizenzgebühren ein solches System nur für kommerzielle Anwender praktikabel.

Alternativbeschriftungen sind meist nur recht kurz und vermitteln nicht sehr viel mehr als die Betitelung des Bildes. Die in der Grafik enthaltenen Informationen fallen mangels Platz meist unter den Tisch. Amerikanische Blindenorganisationen haben aus diesem Grund vorgeschlagen, neben jeder Grafik ein großgeschriebenes "D" für Description zu plazieren, das als Link auf eine weitere Seite dienen soll, auf der sich Informationen zu den im Bild dargestellten Sachverhalten finden.

Problematisch sind Blickfangpunkte (Bullets), die Aufzählungen untergliedern sollen und aus Gründen des Layouts nicht mit den vorgesehenen HTML-Elementen erzeugt, sondern mit Grafiken realisiert wurden. Blinden entgehen diese Strukturhilfen. Verwenden Sie hier ein kleingeschriebenes "o" als alternative Beschriftung oder ein Sternchen.

Ein anderes täglich auftretendes Phänomen sind Grafiken, die als Links auf besser aufgelöste Abbildungen dienen, die dann meist nicht innerhalb des Browsers, sondern mit Hilfe eines Grafikbetrachters oder einer anderen "Helper Application" angezeigt werden. Sehbehinderte Menschen werden hier gleich zweifach ausgeschlossen. In naher Zukunft hoffen Interessensverbände behinderter Menschen sich bei den Herstellern durchzusetzen, damit Dateien jeglichen Formats (TIFF; GIF, AVI etc.) kleine Texte als Beschreibungen beigefügt werden können. Solange dies aber noch nicht der Fall ist, besteht die einzige Möglichkeit (die etwas Mehrarbeit verursacht), darin, eine alternative Datei zum Download anzubieten, in der sich die Informationen der Ursprungsdatei wiederfinden. Im Falle einer Excel-Grafik beispielsweise eine Textdatei, die die wesentlichen Fakten der Grafik hervorhebt und zusammenfaßt. Dieser Alternative ist gegenüber einer reinen Textversion der Vorzug zu geben, da auch sehbehinderte und blinde Internet-Nutzer gelegentlich Grafiken herunterladen wollen, um sie anderen Menschen zu zeigen.

12.2 Audio-Dateien

Viele interessante Sites aus dem Medienbereich stellen Audio-Clips zur Verfügung, die Nachrichten und andere Berichte zum Download oder im Streaming-Verfahren anbieten. Doch auch bei anderen Anbietern finden sich immer öfter Audiodateien, die über Produkte oder anderes informieren. Audio-Dateien können eine gute Unterstützung für sehbehinderte Internet-Nutzer sein, die mit grafischen Informationen Schwierigkeiten haben. Sie könnten sich Zusammenfassungen von Tabellen und Diagrammen vorlesen lassen. Allerdings sind Audio-Dateien nicht nur für hörbehinderte Nutzer nicht ganz unproblematisch:

- Nutzer ohne entsprechendes Equipment in ihrem Rechner (Soundkarten, Lautsprecherboxen etc.) können mit Audio-Dateien nichts anfangen.
- Nutzer in einer lauten Umgebung können Schwierigkeiten haben, die Informationen akustisch zu verstehen.
- Nutzer ohne die entsprechende Software (Helper Application), wie RealPlayer usw., haben keinen Zugriff auf die entsprechende Sound-Datei.

Zukünftige Lösungsmöglichkeiten für diese Probleme orientieren sich an den Vorschlägen aus dem Bereich Grafik. Audioformate gestatten eines Tages vielleicht die Unterbringung von zusätzlichen Textinformationen in der Datei, damit diese bei Bedarf abgerufen werden können. Wiedergabesoftware ist vielleicht in der Lage, sowohl die Audioinformationen und, sofern gewünscht, Textübersetzungen oder die Partitur eines Musikstückes anzuzeigen. Bis es allerdings soweit ist, bieten sich nur die folgenden Wege aus dem Dilemma an:

Plazieren Sie einen Link auf Ihren Seiten, der zu Textzusammenfassungen und Beschreibungen der Sound-Dateien führt. Hat der Benutzer von vornherein eine reine Textversion Ihrer Seiten angefordert, linken Sie allein auf die Textdateien und lassen Sie die Audio-Informationen außen vor.

12.3 Videofilme

Die einzige Möglichkeit, seh- und hörbehinderten Menschen Zugriff auf die Informationen aus Videofilmen zu bieten, besteht darin, eine zeitgleiche Textübersetzung des Geschehens zu übermitteln, oder zumindest Zwischentitel anzubieten, die eine kurze Zusammenfassung bieten. Für Nutzer mit einer zu geringen Bildschirmauflösung oder einer langsamen Netzwerkverbindung könnte ein Erzähler die Handlung zusammenfassen. Hier existieren bereits Dateiformate, die die Aufnahme einer separaten Audiodatei gestatten, die alternativ abgespielt werden kann. Auch der Vortrag des Erzählers müßte in Hinblick auf seh- oder hörbehinderte Menschen in einer Textform zugänglich sein.

Bereits heute erlaubt das *Quicktime Format* von Apple dem Betreiber kleinere Beschreibungen in die Filme zu integrieren. Allerdings reichen die so angebotenen Informationen natürlich nicht aus, die gesamte Handlung und alle Fakten aufzunehmen. Aus diesem Grunde sollte wieder mit einem Link auf eine Textzusammenfassung verwiesen werden, um Menschen mit Handicaps, Zugriff auf die Informationen zu geben.

Eine geradezu ideales Format für eine möglichst umfassende Bereitstellung von Informationen ist *Quicktime* der Firma Apple. Ein Quicktime-Track kann folgende Inhalte haben:

- den eigentlichen Videofilm,
- eine reguläre Audio-Datei,
- einen Texttrack,

- zusätzliche Text-, Audio oder Video-Tracks um Informationen in anderen Sprachen zu präsentieren.

Neben diesen Vorteilen bietet das Quicktime Format noch einige weitere Vorzüge. So können Zwischentitel indiziert werden, so daß der Anwender über diese Textinformationen an bestimmte Stellen eines Videos springen kann, außerdem ist die Suche nach Worten innerhalb der Zwischentitel möglich.

12.4 Image Maps

Ein wenig bei den Designern aus der Mode gekommen, scheinen Image Maps zur Navigation innerhalb eines Angebots zu sein. Auf der anderen Seite sind es gerade Imape Maps, die den Besuch von Internet-Seiten speziell für unerfahrene Besucher recht einfach machen. Auf der anderen Seite versperren Image Maps blinden Menschen den Zugang zu Ihren Seiten, da sie selbst dann nicht wissen, wo sie mit der Maus klicken sollen, wenn sie Zugriff auf eine alternative Beschriftung haben.

Zukünftige Spezifikationen von HTML werden es vielleicht einmal möglich machen, daß bei Client Side Image Maps neben den Koordinaten und der URL der kontextsensitiven Bereiche auch zu jedem Link eine alternative Beschriftung mit an den Client des Benutzers geschickt wird, die dann von zukünftigen Browser-Generationen ausgewertet werden kann. Allerdings ist dies bisher noch Zukunftsmusik. Aus diesem Grunde muß sich der Designer dem Problem anders nähern.

Plazieren Sie einen Link in der unmittelbaren Nähe oder unterhalb der Imape Map auf eine Scite, die die URLs der Image Map gesondert enthält. Vorteil dieser Technik ist, daß die Liste der Links aus dem übrigen Kontext der Seiten verbannt wird.

Haben Sie sowieso bereits eine rein textbasierte Version Ihrer Seiten erstellt, fügen Sie die Links Ihrer Image Map als nicht numerierte Liste hinzu.

Eine andere Möglichkeit, die aber gelegentlich zu Konfusion auf seiten der Benutzer führt, besteht darin, eine Auflistung aller URLs, die innerhalb der Image Map verwendet werden, unterhalb der Grafik vorzunehmen. In diesem Fall scheint es empfehlenswert, wenn die Alternativbeschriftung der Grafik darauf hinweist, daß die einzelnen Links direkt unterhalb der Grafik anwählbar sind.

12.5 Formulare

Viele HTML-Seiten enthalten heute Formulare der unterschiedlichsten Art: Interaktivität wird im World Wide Web großgeschrieben und die Einsatzgebiete von Formularen sind sehr vielfältig. Nutzerbefragungen oder Online-Bestellformulare sind die Haupteinsatzgebiete.

Derzeit sind Formulare noch kaum zugänglich für Softwarelösungen zum Verlesen von Texten. Sehbehinderte Menschen haben also vielfach keine Möglichkeit, die vorgefertigten Seiten zur Bestellung von Waren oder Dienstleistungen zu nutzen. Insofern sollte immer auch eine Alternative angeboten werden, damit dieser Nutzerkreis an den Angeboten teilhaben kann. Geben Sie also beispielsweise eine postalische Adresse an, über die Sie erreichbar sind, oder eine Telefonnummer, über die Bestellungen eingereicht werden können.

Zukünftige Generationen von Reader-Software werden wohl in der Lage sein, auch Zugriff auf Formulare zu bieten, allerdings sind hier noch einige weitere Entwicklungen nötig.

12.6 Spezielle Seitenlayouts

In dem Maße, wie sich HTML weiterentwickelt, nimmt auch die Flexibilität und die Ausdrucksstärke der Seitenbeschreibungssprache zu. Tabellen und andere Konstrukte wie Style Sheets erlauben weitreichende Gestaltungsmöglichkeiten wie mehrspaltigen Satz. Doch gerade damit haben Reader-Produkte immer noch ihre Schwierigkeiten. Spezielle Serversoftware erlaubt Erweiterungen von HTML und die Erstellung von Seiten "on the fly".

So beeindruckend solche Entwicklungen auch sind, so problematisch sind sie für alle Menschen, die Schwierigkeiten haben, das Medium Internet auf konventionelle Art und Weise zu nutzen. Beachten Sie aus diesem Grunde zumindest die folgenden Gestaltungsprinzipien, um wirklich alle Menschen an dieser neuen Welt teilnehmen zu lassen:

- Halten Sie Layouts möglichst einfach.
- Vermeiden Sie Grafiken, die die Struktur der Site abbilden.
- Vermeiden Sie proprietäre Datenformate, die sich nur mit Hilfe von PlugIns und Helper Applications darstellen lassen. Verwenden Sie HTML!

13 Softwareunterstützung für Web-Designer

Sie haben nach der Lektüre dieses Manuskripts nun alle Grundlagen dafür erhalten, selbst erfolgreich Seiten im Intranet oder Internet publizieren zu können. Alles was Sie dafür brauchen, ist ein Browser und ein einfacher Texteditor. Doch damit ist das Programmieren alles andere als komfortabel. Jedes Element muß von Hand eingefügt werden und das Ergebnis der Arbeit muß immer erst abgespeichert und anschließend in den Browser geladen werden, damit der Designer eine Kontrollmöglichkeit hat. Wollen Sie nur eine einfache Homepage für sich oder Freunde erstellen, dann reicht dieses Handwerkszeug durchaus. Zeichnet sich aber ab, daß HTML mehr oder weniger zu Ihrem Alltag gehören wird, dann lohnt sich die Anschaffung von spezieller Software. Einige nützliche Programme sollen an dieser Stelle vorgestellt werden.

13.1 Genügen Office-Anwendungen?

Glaubt man den Werbebotschaften von Microsoft, IBM oder Corel, genügt die Anschaffung eines Office-Paketes, um erfolgreiche Internet-Seiten erstellen zu können. Auf den ersten Blick spricht auch einiges für diese Software-Lösungen. So braucht sich der Anwender nicht auf ein neues Programm einzustellen, sondern kann bei seiner gewohnten Textverarbeitung bleiben. Außerdem fallen keine zusätzlichen Kosten an. Auf der anderen Seite spricht aber auch etwas gegen diese Lösung.

Um schnell eine Tabelle mit den letzten Umsatzzahlen im Intranet zu publizieren, mag ein Druck auf eine entsprechende Schaltfläche durchaus reichen, wahre Profis überkommt aber ein Schaudern, wenn der erzeugte Quellcode der entsprechenden Datei angesehen wird. In HTML führen verschiedene Wege zum Ziel. Oberstes Gebot sollte dabei immer eine schnelle Übertragungszeit der Seiten sein, und da haben alle Office-Pakete Probleme. Sie können ihre Layouts nur mit den Mitteln in HTML umsetzen, die ihre Programmierer ihnen mitgegeben haben. Eine Optimierung des Quellcodes ist nur sehr selten möglich. In diesem Zusammenhang fällt auch oft das Wort "Spaghetti-Code", was die Ergebnisse auch treffend charakterisiert. Häufig werden viel zu viele unnötige Elemente den Seiten hinzugefügt, die die Datei nur unnötig vergrößern.

Zum anderen entwickeln sich Internet und World Wide Web viel zu schnell, als daß die Update-Zyklen der Standardprodukte da mithalten könnten. Wer Seiten auf dem neuesten Stand der Technik in das Netz stellen will, wird mit einem Office-Paket kaum glücklich werden. Vielleicht erwächst in dieser Softwaregattung den speziellen HTML-Editoren einmal eine ernstzunehmende Konkurrenz. Noch ist es allerdings nicht soweit.

13.2 HTML-Editoren

In diesem Abschnitt sollen einige verbreitete HTML-Editoren vorgestellt werden. Grundsätzlich kann man bei diesen Programmen drei unterschiedliche Arbeitsweisen unterscheiden.

1. WYSIWYG-Editoren: Diese Programme bemühen sich, gleich bei der Erstellung die Seiten so darzustellen, wie sie letztlich beim Anwender aussehen werden. *What You See Is What You Get* stößt aber spätestens dann an seine Grenzen, wenn ein proprietäres HTML-Element verwendet werden soll, das der Software nicht bekannt ist. Für Einsteiger sind diese Programme aber eine hervorragende Wahl, da sie eine sofortige Kontrolle der Ergebnisse erlauben. Zu den WYSIWIG-Editoren gehören zum Beispiel das bekannte *Frontpage* von Microsoft, oder der *Composer*, der kostenlos dem Netscape Communicator beiliegt. Das Problem dieser Softwaregattung: Manche Editoren weigern sich, eine Datei neu einzulesen, wenn der Anwender mit einem anderen Programm Hand angelegt hat.

2. Texteditoren: Diese Programme verzichten auf den Versuch HTML darzustellen, sondern sind erweiterte Texteditoren, die dem Anwender die absolute Kontrolle über den Quellcode seiner Dateien lassen. Dafür unterstützen sie den Programmierer in vielfacher Weise. So werden die Sprachelemente farbig codiert und abschließende Elemente automatisch eingefügt. Häufig gebrauchte Funktionen lassen sich meist mit einem Mausklick oder einem Tastaturkürzel schnell einfügen. Ein bekannter Vertreter dieser Softwaregattung ist *Homesite*, das im weiteren Verlauf dieses Kapitels vorgestellt werden soll.

3. Eine Mischform zwischen den beiden Extremen: Es existiert eine Reihe von Produkten, die quasi eine Mischform zwischen den beiden

Polen Puristisch und WYSIWYG darstellen. Hier werden etwa die HTML-Sprachelemente durch besondere Zeichen grafisch dargestellt oder lassen sich genau auf dem Bildschirm positionieren. Den entsprechenden Quellcode erzeugt das Programm selbständig. Zu den herausragendsten Vertretern dieses Genres muß das Programm *HotMetal* gezählt werden. Auch dieses Programm wird im weiteren Verlauf vorgestellt.

13.2.1 HomeSite

Dieses Programm gehört zu einem beliebten Instrument unter Designern, die am liebsten ganz puristisch arbeiten wollen. Homesite liegt bei Niederschrift des Buches in seiner Version 3.0 vor, und kann in einer kostenlosen Version 30 Tage lang getestet werden.

Unter einer aufgeräumten Oberfläche findet der Anwender zunächst nichts weiter als ein leeres Editorenfenster vor. Allerdings kann das Programm den Anwender auf vielfältige Art und Weise unterstützen, überläßt aber den Grad der Hilfe dem Anwender selbst. So können die HTML-Sprachelemente farblich hervorgehoben werden. Homesite setzt abschließende Elemente selbständig, falls sich der Benutzer daran stört, kann dieses Feature auch abgeschaltet werden. Während der Eingabe eines Elements macht das Programm Vorschläge, welche Attribute möglich sind. Diese können dann aus einer automatisch herunterklappenden Liste ausgesucht und mit einem Mausklick eingefügt werden.

Nützlich ist weiterhin die sehr schnelle und flexible Suchfunktion, mit der sich Ersetzungen in Windeseile durchführen lassen. Dabei haben die Programmierer auch daran gedacht, der Software eine Funktion zu spendieren, mit der sich Sonderzeichen und Umlaute automatisch in die entsprechenden Entities konvertieren lassen.

Wer öfter Dokumente aus dem World Wide Web lädt, wird es zu schätzen wissen, daß sich sämtliche Sprachelemente mit nur einem Mausklick entfernen lassen. Es bleibt der reine ASCII-Text zurück, der sich mit einem anderen Programm weiterverarbeiten läßt.

Über zahlreiche zuschaltbare Schaltflächenleisten stehen die am häufigsten gebrauchten HTML-Befehle mit einem Mausklick zur Verfügung.

Nützlich ist auch der sogenannte "Tag-Chooser", der ein Fenster in den Vordergrund einblendet, aus dem die benötigten Elemente mit einem Doppelklick gewählt werden.

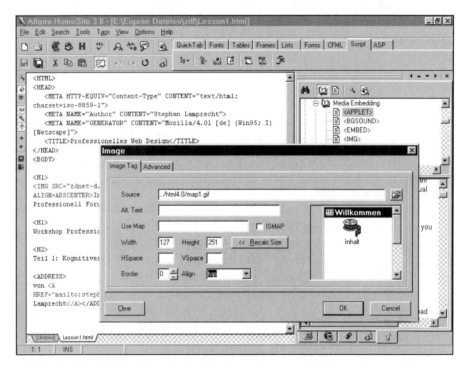

Abbildung 13-1: Mit Hilfe komfortabler Eingabemasken werden Bilder und andere Elemente schnell eingefügt

Die Investition in das Programm ist zukunftssicher. So lassen sich eigene Sprachelemente definieren, die ebenfalls über Schaltflächen zugänglich sind. Überaus praxistauglich ist ein kleiner Rechner, der einem die Übertragungszeit aller zu einer Seite gehörenden Dateien bei unterschiedlichen Übertragungsraten anzeigt. Da niemand ohne Fehler ist, gehört seit der Version 3.0 ein HTML-Syntaxchecker zum Lieferumfang. Dieser korrigiert zwar die Fehler nicht automatisch, generiert aber ausführliche Fehlermeldungen, die Schwachstellen im Dokument schnell aufzeigen. Ebenfalls der Überprüfung der Seiten dient ein Link-Checker, mit dem sich die in einem Dokument referenzierten Verweise eingehende untersuchen lassen.

Gut gelungen ist die Verwaltung ganzer Projekte, also zusammengehörender HTML-Dateien. Der Designer behält hier leichter den Überblick und kann Änderungen, wenn gewünscht, über alle Dateien eines Projekts vornehmen.

Homesite kann den *Internet Explorer* ab der Version 3.01 als internen Browser verwenden. Dann ist es möglich, mit nur einem Klick den Quellcode so anzusehen, wie er später beim Anwender erscheint. Benutzer des *Netscape Communicator* können selbstverständlich das Programm auch verwenden. Dieser Browser ist auch als Kontrollinstanz verwendbar, wird allerdings als externer Browser angesteuert. Der einzige Unterschied zur internen Lösung besteht in einer minimal größeren Antwortszeit.

Wer ein ausgereiftes Werkzeuge für die HTML-Programmierung sucht, das größte Freiheit mit Arbeitserleichterung kombiniert, sollte sich Homesite einmal ansehen. Eine kostenlose Version ist unter `http://www.allaire.com` erhältlich.

13.2.2 HotDog Pro

Als dieser Editor zum ersten Mal vorgestellt wurde, sorgte er für Aufsehen, denn die Programmierer zeigten sofort, daß sie ein etwas "anderes" Programm schaffen wollten. Zeigte schon der Programmname eine gewisse Affinität zu Hunden, setzte sich dies im Namen der Softwarefirma *Sausage-Software* fort. In späteren Programmversionen wurde die Erstellung von HTML-Seiten dann zum multimedialen Erlebnis, denn es konnte passieren, daß bei Änderungen am Quelltext einer Seite plötzlich ein Bellen über die Lautsprecherboxen aus dem PC zu hören war. Inzwischen hat Sausage das Programm bis zur Versionsnummer 4.5 getrieben, die Sie auf der beigelegten CD-ROM finden können, oder sich über die Adresse `http://www.sausage.com` auf Ihren Rechner laden können.

Die Software stellt eine Kombination aus WYSIWIG- und Texteditor dar. Während im oberen Teil des Bildschirmfensters in einem Bereich der Quellcode der Seite direkt geändert werden kann, wird im unteren Teil in einem internen Browser die Seite angezeigt. Diese Funktion läßt sich allerdings auch ausschalten. Anstelle des eingebauten Browsers kann auch der *Netscape Communicator* als interner Browser eingebunden werden.

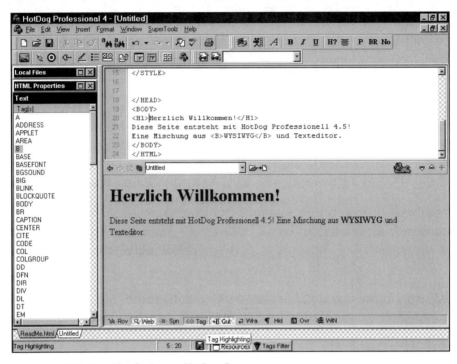

Abbildung 13-2: Die Oberfläche von HotDog Pro

Auch die Programmierer von HotDog haben es sich zum Ziel gesetzt, den Anwender möglichst gut zu unterstützen, aber nur soweit, wie er es wünscht. Beherrschen Sie alle Funktionen von HTML, so können Sie die Elemente selbst eingeben, aber auch die Schaltflächen und Menüelemente verwenden. Falls gewünscht wird im linken Teil des Fensters eine Übersicht aller HTML-Sprachelemente angezeigt, die mit einem Doppelklick in den Quellcode der Seite eingefügt werden können.

Bei der Erstellung von Style Sheets oder dem Einfügen von Grafiken sind Assistenten behilflich, die eine Menge Tipparbeit sparen können, da die wichtigsten Optionen einfach aus Listen gewählt werden. Auch Formulare sind mit HotDog kein Problem. Die Elemente werden ganz einfach mit der Maus ausgewählt, HotDog erkundigt sich nach den gewünschten Optionen und erledigt den Rest.

Sausage Software hat auch eine Reihe weiterer Tools programmiert, die sich fast alle in HotDog integrieren lassen. Dazu gehört etwa ein

Programm, das die Kompression von GIF-Grafiken verbessert oder eine Software, mit der ganz leicht Animationen auf die Seite integriert werden, die in Java erstellt wurden. Der Anwender muß nur den gewünschten Text eingeben – den Rest erledigt das Programm und integriert den entsprechenden Quelltext auf die Seite.

13.2.3 Hot Metal

Ebenfalls schon länger auf dem Markt ist der Editor Hot Metal, den es inzwischen in einer Pro-Version gibt. Auch Hersteller *Softquad* bietet auf seiner Web-Site eine kostenlose Testversion des Programms an.

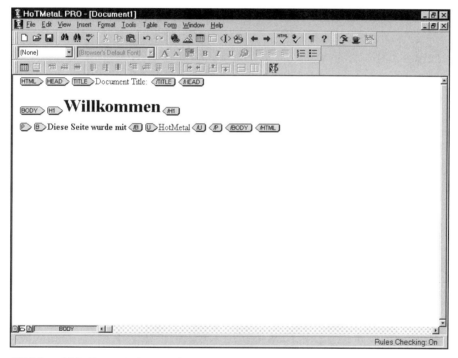

Abbildung 13-3: Das typische Aussehen des HotMetal-Desktops

Hot Metal bietet in seiner neuen Version verschiedene Ansichten auf das Dokument. Zunächst ist das Programm ein reiner WYSIWYG-Editor, in dem der Designer jegliche Änderung sofort betrachten kann. Daneben existiert die "typische" Hot Metal-Ansicht, mit der das Programm bekannt geworden ist. Dabei werden die HTML-Elemente durch kleine Fähnchen im Text symbolisiert. Und schließlich kann in der neuesten Version auch mit einer reinen Ansicht des Quellcodes gearbeitet werden, was bisher mit dem Programm nicht möglich war.

Das Ergebnis der Arbeit kann mit den beiden gängigen Browsern direkt betrachtet werden: Sie lassen sich problemlos in das Programm einbinden und zeigen die gewünschte Seiten dann per Knopfdruck an.

Das Programm bietet jeglichen erdenklichen Bedienungskomfort. Alle wichtigen Elemente werden über Schaltflächen beziehungsweise über Menüeinträge zur Verfügung gestellt. Anwender, die möglichst schnell an ihr Ziel kommen wollen, werden von der großen Zahl bereits fertiger Formatvorlagen begeistert sein. Sie reichen von Vorlagen für persönliche Homepages bis hin zu Firmenseiten in einem Intranet.

Für häufig wiederkehrende Aufgaben können in dem Programm Makros aufgezeichnet werden oder es stehen eigene Befehle zur Verfügung, so etwa für das Einbinden von ActiveX-Controls oder Java-Applets. Zum Programmumfang gehört weiterhin ein Editor mit dem sich leichter Style Sheets erstellen und bearbeiten lassen, sowie ein kleineres Bildbearbeitungsprogramm mit dem sich Image Maps generieren lassen. Nützlich ist auch der Hot Metal Information Manager, mit dem sich nicht mehr gültige Links und die Verbindungen zwischen den Dokumenten visualisieren lassen. Eine kostenlose Testversion finden Sie im Internet unter der Adresse http://www.softquad.com.

13.2.4 Frontpage Express

In der neuen Version 4.0 seines Browsers hat Microsoft eine abgespeckte Version seiner HTML-Entwicklungsumgebung Frontpage mit dem Namen *Frontpage Express* beigelegt. Dabei handelt es sich um einen HTML-Editor, der nach dem WYSIWG-Prinzip arbeitet und seine enge Verwandtschaft mit anderen Microsoft-Produkten rein äußerlich nicht verleugnen kann. Der Anwender hat das Gefühl sich in seiner vertrauten Textverarbeitung zu befinden.

Die wichtigsten Funktionen zum Formatieren von Texten werden über Schaltleisten zur Verfügung gestellt, die an Word erinnern. Auch das Einfügen von Hyperlinks oder Grafiken kann mit wenigen Mausklicks erledigt werden. Beim Einfügen von Tabellen und anderer etwas komplizierteren HTML-Elementen sind übersichtliche Eingabemasken behilflich.

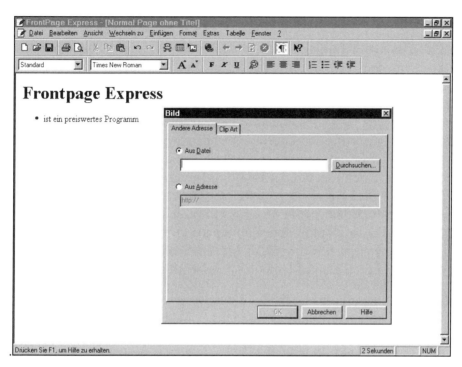

Abbildung 13-4: Der Editor Frontpage Express

Die Konstruktion von Frames ist mit dem Programm leider nicht möglich: hier ist der Anwender also auf einen anderen Editor angewiesen. Dagegen beherrscht Frontpage Express die Erstellung von Formularen. Interessant für Einsteiger sind die beigefügten Assistenten, die beim Aufbau einer thematischen Homepage behilflich sind. Nach dem Start werden die notwendigen Angaben Schritt für Schritt abgefragt. So wird die eigene persönliche Visitenkarte im Netz schnell fertig.

Der Quelltext einer Seite läßt sich jederzeit einsehen, leider kann er in dieser Ansicht aber nicht gleich geändert werden. Bei unerwünschten Tags muß wieder mit einem anderen Programm eingegriffen werden. Dennoch ist der Editor für alle Anwender des Internet Explorers eine gute

Wahl, sofern sie kein zusätzliches Geld für einen HTML-Editor ausgeben wollen.

13.2.5 Composer

Ebenfalls keinen Pfennig muß ein Anwender des Netscape Communicator für einen eigenen HTML-Editor ausgeben. *Composer* nennt sich das Programm und ist Bestandteil der Kommunikations-Suite von Netscape. Die Software arbeitet nach dem WYSIWYG-Prinzip. In Aussehen und Bedienerführung erinnert es mehr an eine konventionelle Textverarbeitung als an einen Editor für das Internet, was denn wohl auch in der Absicht der Programmierer gelegen haben dürfte. Ähnlich unkompliziert wie das Erfassen von Texten mit Word oder Word Pro gestaltet sich auch der Umgang mit dem Programm. Der Anwender kann sich auf seine Gedanken konzentrieren und gibt die Texte so ein, wie er es gewohnt ist. Umlaute und Sonderzeichen werden dabei automatisch und auf dem Bildschirm nicht sichtbar in Entities umgewandelt. Die Formatierung und Ausrichtung von Text geschieht mit Hilfe der übersichtlichen Schaltflächenleiste.

Soll ein Link eingefügt werden, genügt es, den Text, der als Anker dienen soll, mit der Maus zu markieren und anschließend eine Schaltfläche zu betätigen. Ebenso leicht lassen sich andere Standardelemente wie Grafiken oder horizontale Linien einfügen.

Etwas peinlich ist allerdings, daß der Composer es nicht erlaubt, Formulare zu generieren. Diese Funktion wurde entweder für die angepeilte Zielgruppe als unnötig angesehen oder schlichtweg vergessen. Unverständlich ist weiterhin, daß das Programm keine Konstruktion von Frames erlaubt. Schließlich handelt es sich bei diesen Bildschirmrahmen um eine Netscape-Entwicklung.

Der erzeugte Quellcode kann jederzeit eingesehen werden, es sind aber keine direkten Änderungen möglich. Hier muß dann mit einem anderen Editor nachgebessert werden. Für ein kostenloses Programm bietet der Composer erstaunlichen Bedienkomfort und einen recht guten Funktionsumfang. Fortgeschrittene und Profis werden sich allerdings wohl einem anderen Programm zuwenden.

HTML-Editoren

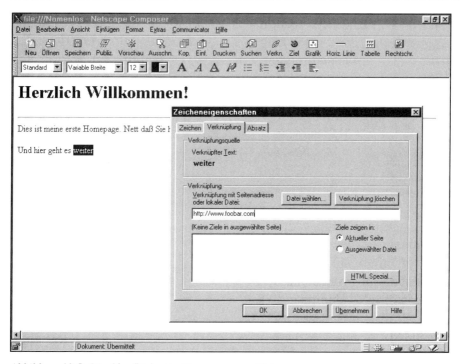

Abbildung 13-5: Die Oberfläche des Composers von Netscape

13.2.6 AOL Press

AOL Press wurde ursprünglich mit dem Ziel entwickelt, den Mitgliedern des Online-Dienstes AOL eine einfache Möglichkeit zu bieten, eigene Homepages zu erstellen. Aus dieser Sicht ist die Software also hauptsächlich für Einsteiger gedacht, aber viele Funktionen von AOL Press sind auch für Profis nützlich. AOL Press ist im übrigen das einzige Programm der hier vorgestellten Produkte, mit dem es möglich ist, direkt im World Wide Web zu surfen. Ein schlichter Druck auf die Schaltfläche EDIT lädt die angezeigte Seite in den Editor, mit dem sich dann Änderungen vornehmen lassen.

AOL-Press arbeitet nach dem WYSIWIG-Prinzip und bemüht sich, die Seite so aussehen zu lassen, wie sie später im Netz aussehen wird. Besonders leistungsstark zeigt sich die Software in der Visualisierung der Beziehungen zwischen verschiedenen Seiten. In der sogenannten Web-Ansicht werden alle Links innerhalb eines Projektes bzw. auf andere

Seiten im Netz dargestellt. So läßt sich leichter die Übersicht behalten. Die Links können mit einem mitgelieferten Tool auch überprüft werden. Antwortet die referenzierte Site nicht, oder ist eine eingebettete Datei nicht aufzufinden, generiert das Programm eine entsprechende Fehlermeldung und blendet gleichzeitig die Referenz ein. So kann der Anwender sofort Korrekturen vornehmen bzw. die URL überprüfen.

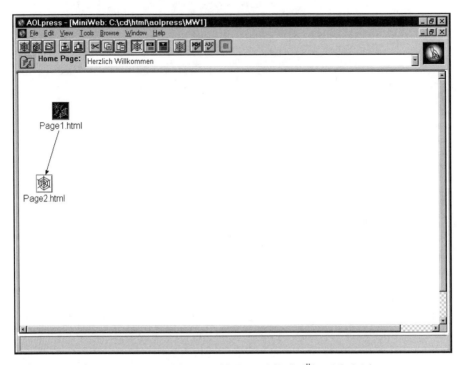

Abbildung 13-6: Mit der Web-Ansicht von AOL-Press fällt die Übersicht leicht

AOL-Press wartet mit dem üblichen Funktionsumfang eines WYSIWYG-Editors auf: Standardbefehle in HTML werden über Schaltflächen und Menüeinträge bereitgestellt. Besonders das Einfügen von Grafiken geht mit dem Programm sehr leicht von der Hand. Dank einer Vorschaufunktion fällt die Auswahl der verwendeten Abbildung sehr leicht.

Das Arbeiten mit dem Editor macht Spaß und da auf überflüssigen Schnickschnack verzichtet wurde, fällt das Einarbeiten in die Bedienung leicht. Sie finden AOL Press auf der beigelegten CD-ROM. Die Software ist übrigens kostenlos zu verwenden.

13.3 Grafik-Utilites

Der Alltag eines Web-Designers besteht nicht allein aus der Programmierung in HTML. Oft ist es nötig, Grafiken zu manipulieren: Entweder, um sie für die Übertragung im Netz zu optimieren oder um kleinere Korrekturen daran vorzunehmen. In diesem Abschnitt werden einige Programme vorgestellt, die recht preiswert am Markt verfügbar sind, aber dennoch außerordentlich leistungsstark sind.

13.3.1 PaintShop Pro

Der *PaintShop Pro* ist in diesem Buch bereits mehrfach genannt wird, was nicht daran liegt, daß der Autor selbst damit arbeitet, sondern weil das Programm so gut ist. Sofern Sie sich selbst davon überzeugen wollen, kann es unter http://www.jasc.com in einer völlig uneingeschränkten Version kostenlos getestet werden.

Bei dem Programm handelt es sich um ein pixelorientiertes Zeichenprogramm, mit dem auch professionelle Bildmanipulationen möglich sind. Über eine TWAIN-Schnittstelle können direkt aus der Anwendung Bilder in den PC eingescannt und weiterverarbeitet werden. Über eine große Zahl unterschiedlicher Filter lassen sich interessante Manipulationen am Bildmaterial realisieren.

Seine wahre Stärke zeigt der PaintShop Pro allerdings beim Konvertieren von Grafiken. Rund 30 verschiedene Dateiformate beherrscht die Software spielend. Über einen Batchmodus können auch Arbeiten an mehreren Dateien automatisch durchgeführt werden.

Für Web-Designer sind einige andere Instrumente äußerst interessant. So können mit dem PaintShop Pro Grafiken auf ganz einfache Art mit einem transparenten Hintergrund versehen werden. Außerdem ist die Software in der Lage, Bildmaterial im sogenannten *Interlaced-Modus* abzuspeichern, was dazu führt, daß der Anwender schon beim Ladevorgang der Seite einen ersten Eimblick in das Bild gewinnt, das anschließend immer schärfer gezeichnet wird.

Für Web-Designer sind darüber hinaus auch die Funktionen interessant, mit denen sich Grafiken optimieren lassen. Von der Manipulation der

Bildhintergründe bis hin zur Farbpalettenoptimierung beherrscht das einfach zu bedienende Programm alle Funktionen, die man auch von besonders leistungsstarken Grafikpaketen wie *Photoshop* her kennt, und dies zu einem sehr viel niedrigeren Preis.

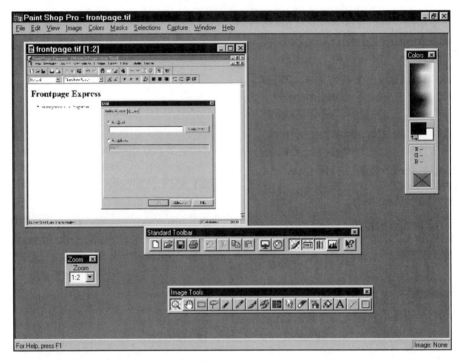

Abbildung 13-7: Der Desktop von PaintShop Pro

13.3.2 Gif Construction Set

Wenn auf einer Homepage interessante Grafikeffekte zu sehen sind, so muß dies nicht gleich Dynamic HTML oder JavaScript sein, was dort im Hintergrund abläuft. Es kann sich dabei auch um sogenannte *animierte Gif-Grafiken* handeln. Dabei machen sich die Designer eine Besonderheit des Gif-Formats zu nutze, das nämlich verschiedene Gif-Grafiken innerhalb einer Datei zusammen gespeichert werden können. Über sogenannte *Control-Blöcke* kann dann manipuliert werden, wie diese einzelnen Bilder dargestellt werden. Mit etwas Phantasie und dem richtigen Timing entsteht dann der optische Eindruck von Bewegung. Ein Programm mit dem sich die *animated Gifs* ganz hervorragend erstellen lassen, ist das *Gif Construction Set*, das in Versionen für Windows 3.1x und Windows 95 erhältlich ist.

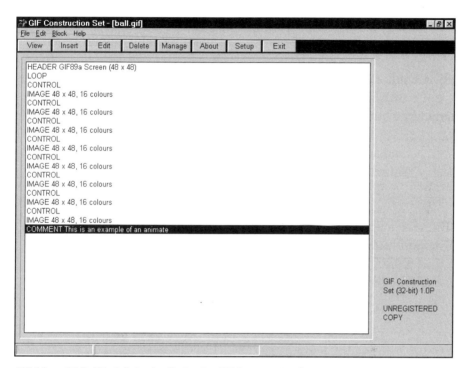

Abbildung 13-8: Die Arbeitsoberfläche des Gif Construction Set

Die Arbeitsoberfläche wirkt auf den ersten Blick spartanisch, aber wie im richtigen Leben sind es die inneren Werte, die zählen. Ein großer Pluspunkt für Neulinge auf dem Gebiet, dürfte die hervorragende englischsprachige Online-Hilfe sein, mit der die Einarbeitung in das Thema recht leicht fällt.

Die wichtigsten Funktionen stehen dem Anwender über eine einfache Schaltflächenleiste zur Verfügung. Durch die spartanische Oberfläche werden wichtige Systemressourcen geschont und so ist die Arbeitsgeschwindigkeit der Software sehr hoch. Das Programm kann in einer uneingeschränkten Demoversion kostenlos getestet werden, bevor man sich zum Kauf entschließt. Die jeweils neueste Version erhalten Sie im Internet unter http://www.mindworkshop.com/alchemy/alchemy.html.

Zwar ist das Gif-Construction Set nicht dabei behilflich, das Bildmaterial zu erstellen, entpuppt sich aber als unentbehrlicher Helfer für alle, die häufig mit GIF-Animationen zu tun haben.

13.4 Exkurs: Animierte Gif-Grafiken mit dem GIF Construction Set

Wenn Sie nun Lust bekommen haben, selbst einmal auszuprobieren, wie sich mit dem Gif Construction Set animierte Gif-Grafiken erstellen lassen, erhalten Sie auf den folgenden Seiten einen Einblick in die Arbeitsweise.

13.4.1 Laufschriften

Mit dem GIF Construction Set, im folgenden etwas kürzer GifCon genannt, lassen sich Laufschriften sehr einfach erstellen. Wählen Sie dazu aus dem Menü FILE den Befehl NEW. Gehen Sie dann auf den Menüpunkt EDIT und klicken Sie auf BANNER. In der folgenden Eingabemaske haben Sie unter BANNER TEXT genügend Platz, um den gewünschten Text einzugeben. In der linken oberen Ecke lassen sich die Farben für Schrift und Hintergrund bestimmen. Wichtig ist, daß die Checkbox LOOP aktiviert wird, denn erst dadurch wird aus statischem Text ein Lauftext. Im rechten oberen Teil der Dialogbox nehmen Sie einige Verfeinerungen der Animation vor. CELLS bestimmt etwa, wie viele Einzelbilder für die Animation verwendet werden sollen.

Experimentieren Sie ruhig ein wenig mit dem Wert herum, da die optimale Einstellung von der Länge des Textes abhängig ist. Für mittlere Längen, wie in unserem Beispiel, ist ein Wert von etwa 50 geeignet, um einen flüssigen Eindruck zu vermitteln. Mit FONT bestimmen Sie die zu verwendende Schriftart. Unter TYPE läßt sich eine von mehreren Darstellungsoptionen auswählen. SIMPLE stellt die Schrift ohne jegliche Spezialeffekte dar, EMBOSS läßt die Buchstaben geprägt erscheinen und DROP SHADOW plaziert einen Schatten hinter jedem Buchstaben. Bestätigen Sie Ihre Angaben mit OK und speichern Sie die Datei ab. Schon haben Sie eine kleine Animation für Ihre Home Page, die Sie nun nur noch in der HTML-Datei einfügen müssen.

Abbildung 13-9: Mit dieser Maske werden die Einzelheiten einer Laufschrift festgelegt

13.4.2 Animationen

Um eine eigene Animation zu erzeugen, wählen Sie wieder aus dem Menü FILE den Befehl NEW. In dem fast leeren Programmfenster finden Sie nur einen sogenannten `Header-Block` eingetragen. Mittels eines Doppelklicks lassen sich nun alle grundlegenden Einstellungen für die GIF-Grafik einstellen: die Bildweite (WIDTH), Bildhöhe (DEPTH) und die Farbe des Hintergrundes.

Wenn Sie Ihre Animation tatsächlich im World Wide Web präsentieren wollen, denken Sie bitte an die Besucher Ihrer Home Page und entscheiden sich für kleine Werte bei der Bildgröße. Die Grafiken können dann schneller übertragen werden.

Klicken Sie nun auf die Schaltfläche INSERT. In der folgenden Auswahlbox sollten Sie IMAGE wählen. In der nachfolgenden Dialogbox bestimmen Sie das Verzeichnis und die erste Bilddatei, die für die Animation verwendet werden sollen. Für das am Ende des Kapitels gezeigte Beispiel hat sich der Verfasser mangels eigenem Zeichentalent einfach ein paar

Bilder von seiner Freundin malen lassen. Sicherlich finden sich auf Ihrer Festplatte einige Grafiken, die Sie verwenden können, wie wäre es zum Beispiel mit den von Windows mitgelieferten Hintergrundbildern? Haben Sie eine geeignete Grafik ausgewählt, schließen Sie die Dialogbox mit OK. Fügen Sie auf die gleiche Weise noch weitere Bilder hinzu. Wenn Sie nun auf die Schaltfläche VIEW klicken, werden Sie nur das zuletzt eingefügte Bild sehen. Das liegt daran, das alle Grafiken ohne Zeitverzögerungen dargestellt wurden. Unser Auge ist viel zu träge, um dabei noch einzelne Bilder wahrnehmen zu können.

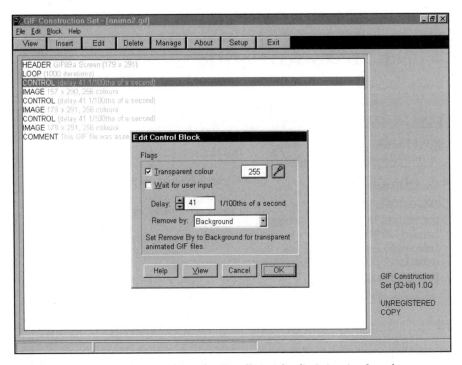

Abbildung 13-10: In diesem Fenster werden Einzelheiten für die Animation festgelegt

13.4.3 Der Animation Pausen hinzufügen

Klicken Sie innerhalb des GifCon Bildschirmes einmal mit der Maus auf das oberste Kommando HEADER. Wählen Sie anschließend die Schaltfläche INSERT und in der folgenden Auswahl CONTROL. Unterhalb der Zeile Header wurde eine neue Zeile eingefügt, ein Control-Block. Klicken Sie auf diese Zeile doppelt. In der folgenden Dialogbox geben Sie unter DELAY an, wie groß die Verzögerung sein soll. Der Wert wird dabei in hundertstel Sekunden angegeben. Ein Wert von 50 bedeutet also eine Verzögerung von einer halben Sekunde, zumindest theoretisch. Je nach der Leistung des eingesetzten Rechners weicht die Verzögerung ziemlich stark vom eingestellten Wert ab. Die Auswahl REMOVE BY gibt an, was nach der Anzeige eines Bildes geschehen soll. Dabei konnte ich keinen Unterschied zwischen NOTHING und LEAVE AS IS feststellen, bei beiden verbleibt das erste Bild auf dem Schirm, während das nachfolgende Bild angezeigt wird. BACKGROUND legt fest, daß das Bild von der eingestellten Hintergrundfarbe verdrängt wird. Zusätzlich wird hier die Option angeboten, daß die Animation erst dann fortgesetzt wird, wenn der Betrachter einen Mausklick tätigt. Dieses WAIT FOR USER INPUT ist für eine selbstablaufende Animation im Internet natürlich nicht geeignet. Haben Sie alle Werte eingestellt, schließen Sie die Dialogbox mit OK.

Einen solchen Control-Block müssen Sie nun nach gleichem Schema vor jedes Bild der Animation einfügen und die gewünschten Werte eintragen. Zum Glück geht es aber auch einfacher: Markieren Sie den ersten Control-Block und drücken Sie die Tastenkombination STRG+C. Dadurch wird die Anweisung in die Zwischenablage kopiert. Von dort kann sie über STRG+V wieder eingefügt werden.

13.4.4 Wiederholung

Wenn Sie erneut die Schaltfläche VIEW betätigen wird Ihre Animation genau einmal abgespielt. Über die Funktion LOOP kann aber bestimmt werden, wie oft Ihr Werk wiederholt werden soll. Markieren Sie wiederum die Kontrollzeile HEADER mit der Maus und wählen dann die Schaltfläche INSERT. In der nächsten Box klicken Sie auf LOOP. Mit einem Doppelklick auf den neuen Loop-Block öffnen Sie eine Dialogbox, in deren Feld ITERATIONS die Zahl der Wiederholungen bestimmt wird. Setzen Sie diesen Wert für eine Präsentation im Internet möglichst hoch an, zum Beispiel mit 1000 Wiederholungen. Speichern Sie dann die ganze Animation mit dem Befehl SAVE aus dem Menü FILE ab und fertig ist Ihre erste Animation, die nun in das HTML-Dokument eingefügt werden kann.

13.4.5 Hintergrund durchscheinen lassen

Auch mit dem GifCon ist es möglich, transparente Hintergründe zu erstellen. Klicken Sie noch einmal auf eine der Control-Zeilen doppelt. In der linken oberen Ecke der Dialogbox finden Sie eine Checkbox neben dem Eintrag TRANSPARENT COLOUR. Wird diese Checkbox aktiviert, kann mit einem Klick auf das danebenstehende kleine Zahlenfeld eine Farbe aus der Palette des Bildes als transparent definiert werden. An den Stellen des Bildes, die mit dieser Farbe gefüllt sind, kann dann der Hintergrund des Browsers hindurchscheinen. Sind Sie nicht sicher, welchen Farbwert die gewünschte Farbe hat, läßt sich mit dem Pipettensymbol auch eine Farbe aus der Grafik als transparente Farbe definieren.

13.4.6 Bewegte Grafiken

Die bisher erzeugten Animationen sind im strengsten Sinne gar keine. Vielmehr handelt es sich um Diashows, in denen Einzelbilder hintereinander gezeigt wurden. Die Bilder wurden dabei immer an der gleichen Stelle innerhalb des Browser-Fensters gezeigt. GifCon ist aber durchaus in der Lage „echte" Animationen zu erzeugen, bei denen ein einziges Bild über den Bildschirm bewegt wird. Wie das geht, erfahren Sie in diesem Abschnitt.

Dazu wird zunächst eine neue Datei in GifCon erzeugt. Bei der Größe der Grafik für das Beispiel wurden die Maße 320 x 240 Pixel gewählt. Mit einem Zeichenprogramm wurde dann eine kleine Grafik erstellt, die einen kleinen roten Ball zeigt und die Dimensionen 32 x 24 Pixel hat. Im nächsten Schritt wird dann in GifCon ein neuer Control-Block eingefügt, in dem festgelegt wird, daß der Wert für `Delay` 50 betragen soll. Danach wird nach bereits bekanntem Verfahren ein Loop-Block eingesetzt. Im Anschluß daran muß nun über die Schaltfläche INSERT das Bild des kleinen Balles (mittels IMAGE) in die Datei übernommen werden. Wird auf die Image-Zeile doppelt geklickt, ist im oberen Teil der Dialogbox der Eintrag `Image left` zu finden, der den Wert O trägt. Das bedeutet, daß die Grafik ganz links am Rand des Bildes beginnt. Kopieren Sie nun wieder den bereits eingetragenen Control-Block und fügen Sie ihn nach der Image-Zeile wieder ein. Darauf sollte erneut das vorherige Bild (also wieder der kleine Ball) folgen. Am schnellsten geht es durch das Markieren der Image-Zeile, kopieren mit STRG+C und wieder einfügen durch STRG+V. Durch einen Doppelklick auf die neue Image-Zeile erscheint wieder die Dialogbox, in der der Wert für IMAGE LEFT um die Größe des eingefügten Bildes erhöht wird. In unserem Fall ist dies 32, da die Grafik des Balls ja 32 Pixel breit ist. Dadurch wandert der Ball optisch ein Stück nach rechts.

Wiederholen Sie das Einfügen von Control- und Imageblöcken einige Male. Zum Schluß wird die so entstandene neue Grafik in GifCon abgespeichert und in die HTML-Seite eingefügt.

13.4.7 Überblenden

Wer meint, damit sei der Funktionsumfang des Gif Construction Sets erschöpft, der irrt. Neben den bereits vorgestellten Features gehören eine Reihe von interessanten Überblendeffekten zum Programm.

Wählen Sie einmal den Befehl TRANSITION aus dem Menü EDIT. In der erscheinenden Dialogbox legen Sie fest, ob das Bild auftauchen (APPEAR) oder verschwinden soll (DISAPPEAR). Eine Kombination aus beiden ist möglich. Außerdem kann über LOOP wieder bestimmt werden, wie oft der Vorgang wiederholt wird.

Im unteren Bereich der Dialogbox stehen Ihnen in einer Auswahlliste zehn verschiedene Überblendeffekte zur Verfügung. Der rechte Teil der Dialogbox ist ähnlich aufgebaut wie die Einstellungen für Laufschriften. Mit der Schaltfläche SELECT wählen Sie dann eine Grafik aus, auf die die Einstellungen angewandt werden sollen. Mittels der Schaltfläche TEST können Sie sofort kontrollieren, ob Ihnen die Effekte zusagen.

Damit sind Ihrer Kreativität keine Grenzen gesetzt und Sie können die beeindruckendsten Objekte auf Ihrer Home Page erzeugen, ganz ohne Java.

Abbildung 13-11: Alle bewegten Bilder auf einer Seite

14 Die Zukunft von HTML

HTML hat sich inzwischen zu einem Thema entwickelt, das die ganze Computerbranche bewegt. Visionäre sehen die Zukunft der Informationstechnologie in einem Net-Computer, der rein auf Java basieren soll und sich seine Programme von einem Server abholt. Auch die Speicherung der Daten soll auf diesem Server erfolgen, so daß ein solcher Rechner billiger sein könnte, als der vergleichbare PC, denn schließlich könnten teure Komponenten wie eine große Festplatte eingespart werden. Im Konzept des NC spielt der Browser und natürlich HTML eine zentrale Rolle, denn er soll sich zu einer zentralen Einrichtung des Desktops entwickeln.

In der letzten Zeit wurden einige aufsehenerregende Technologien vorgestellt, die HTML ergänzen und erweitern sollen und die an dieser Stelle näher betrachtet werden.

14.1 ActiveX

Eine Antwort auf die Frage zu finden, was denn unter *ActiveX* zu verstehen ist, fällt nicht leicht, da Entwickler Microsoft im Laufe der Zeit das hinter ActiveX stehende Modell abgeändert hat.

Im März 1996 stellte Microsoft zum ersten Mal ActiveX vor. Damit wird eine Methode zur Integration von Steuerelementen definiert, die sich leicht in Anwendungen aber auch HTML-Seiten integrieren lassen. Die Technologie wurzelt in Microsofts Visual Basic, das bereits mit einer Komponententechnologie ausgestattet ist. Zu diesen Komponenten gehören die OCX- und VBX-Steuerelemente, mit denen viele Programme ausgeliefert werden. Sie vergrößern die Funktionalität eines Programms auf einfachste Art und Weise. Wollte der Programmierer sein Programm erweitern, etwa über eine Kommunikationsmöglichkeit, so brauchte nur ein entsprechendes Steuerelement für die seriellen Schnittstellen des Computers von einem Drittanbieter erworben werden, und schon verfügte das Programm über eine Schnittstelle zum Datenaustausch. Damit brauchte sich der Entwickler keine weiteren Gedanken über die Erweiterung der Funktionalitäten seines Produktes zu machen.

Es lag für Microsoft nahe, nachdem seine Skriptsprache Visual Basic Script entwickelt wurde, die Technologie von Visual Basic, die auf dem Komponentenmodell basiert, auch in die neue Skriptsprache für das Internet zu integrieren. Dabei gab es allerdings das Problem, daß die verfügbaren OCX-Komponenten eine Menge unnötiger Funktionen mit sich herumschleppten, etwa für die Kommunikation über OLE (Object Linking and Embedding). Dagegen mußten Komponenten für das Internet die Möglichkeit bereitstellen, um Daten über das Netz zu laden, außerdem um den Datendurchsatz nicht zu beeinträchtigen, möglichst klein sein. Gefragt war also eine Technologie, die OCX-Komponenten einschloß, aber die Besonderheiten des Internet insbesondere des World Wide Web berücksichtigte. Eben diese Technologie ist ActiveX.

ActiveX faßt die Dokumente des Internet als aktive Dokumente auf, die sich quasi "on the fly" manipulieren lassen, bzw. Funktionen auf dem Rechner des Anwenders ausführen können. Zukünftige Browsergenerationen sollen keinen Unterschied mehr zwischen Dokument und Anwendung wahrnehmbar machen, und die Integration des *Internet Explorers* in das Betriebssystem *Windows 95* ist ein Wegweiser dafür, welche Vision die Programmierer von Microsoft dabei im Auge haben.

Dabei ist allerdings ein Aspekt nicht zu vernachlässigen, nämlich der, der Sicherheit. Viele Anwender reagieren auf ActiveX mit Unbehagen und haben diese Funktionalität konsequent abgeschaltet. Während von statischen HTML-Dokumenten keinerlei Gefahr ausgeht (es sei denn man folgt einem Link auf eine Datei mit einem Virus) existieren für ActiveX-Controls keinerlei Schutzmechanismen. Eine ActiveX-Komponente ist in der Lage, so gut wie alles, was der Anwender auf seinem PC auch kann, auszuführen. Dies haben in eindrucksvoller Weise Experten des Hamburger Chaos Computer Clubs nachgewiesen, in dem beim Betrachten einer HTML-Seite im Hintergrund unbemerkt Überweisungen mit dem verbreiteten Homebanking Programm Quicken durchgeführt wurden. Überspitzt gesagt, braucht ein Programmierer mit genügend krimineller Energie noch nicht einmal in das System des Anwenders einzubrechen, um dort sein Unwesen zu treiben.

Dieses Problem wurde auch von Microsoft erkannt: Allerdings war das Ergebnis keine Technologie, die die Aktivitäten von ActiveX-Controls überwacht, sondern nur ein Herkunftsnachweis, der den Namen *Authenti-Code* trägt. Dieser Herkunftsnachweis setzt den Anwender davon in Kenntnis, daß eine ActiveX-Komponente auf seinen Rechner geladen werden soll und gibt ihm die Möglichkeit an die Hand, diesen Vorgang abzubrechen. Darüber hinaus werden Informationen darüber eingeblendet, woher eine solche Komponente stammt. Auf das tägliche Leben bezogen, entspricht dies einem Einbrecher, der Ihnen seine Visitenkarte vorzeigt. Nachdem Sie diese gelesen haben, bitten Sie ihn herein und appellieren an seine Ehrlichkeit.

Die Herkunftsnachweise lassen sich von vertrauenswürdigen Dritten, zum Beispiel der Firma *VeriSign* beglaubigen. Dafür überweist der Programmierer eine Gebühr und erhält ein Zertifikat, das beim Laden der ActiveX-Komponente angezeigt wird. Allerdings wird dabei nicht der eigentliche Code des Programms überprüft, sondern das Zertifikat beglaubigt nur, daß die Komponenten tatsächlich von der Person stammen, die vorgibt, der Autor zu sein. Diese mangelnde Überprüfung des Programmcodes stellt ein nicht unerhebliches Sicherheitsrisiko dar, wie Programmierer eindrucksvoll bewiesen haben, indem ActiveX-Controls zertifiziert wurden, die einen Systemabschluß unter Windows 95 hervorriefen.

ActiveX verfügt über eine Reihe von Standardmethoden, die hier leider nicht alle vorgestellt werden können. Aus diesem Grunde soll nur einmal exemplarisch eine solche Methode einer HTML-Datei hinzugefügt werden.

Die Integration der Komponenten erfolgt über das `<OBJECT>`-Element. Dabei verfügen die Komponenten über eine jeweils spezifische Identifikationsnummer, die sogenannte `Classid`.

Listing 14-1:
```
<!DOCTYPE HTML PUBLIC "-//W3C//DTD HTML 4.0 Final//EN">
<HTML>
<HEAD>
<TITLE>Untitled</TITLE>
</HEAD>

<BODY>
<OBJECT
      ID="Label Object"
      CLASSID="CLSID:99B42120-6EC7-11CF-A6C7-00AA00A47DD2"
```

```
            WIDTH=80
            HEIGHT=480
            ALIGN="left"
            HSPACE=20
            VSPACE=0>
            <PARAM NAME="angle" VALUE="90">
            <PARAM NAME="alignment" VALUE="3">
            <PARAM NAME="BackStyle" VALUE="0">
            <PARAM NAME="caption" VALUE="Herzlich Willkommen">
<PARAM NAME="FontName" VALUE="Arial">
<PARAM NAME="FontSize" VALUE="32">
<PARAM NAME="FontBold" VALUE="1">
<PARAM NAME="Forecolor" VALUE="8421376">
</OBJECT>
<H1>Dies ist ein Beispiel f&uuml;r ActiveX</H1>
</BODY>
</HTML>
```

Abbildung 14-1: Die ActiveX Komponente

Wie Sie sehen, wird dieses ActiveX-Control, das den interessanten Schrifteffekt aus Abbildung 14-1 möglich macht, über das <OBJECT>-Element eingefügt, dem einige Attribute hinzugefügt werden. Dafür werden die folgenden, bereits bekannten Beifügungen verwendet:

- `width`: das die Breite der Anzeigefläche bestimmt,
- `height`: das die Höhe des Anzeigebereiches definiert,
- `align`: womit die Ausrichtung des Objekts näher bestimmt wird,
- `vspace`: womit ein Bereich ober- und unterhalb des Objekts definiert wird, der frei bleiben soll,
- `hspace`: womit ein Bereich links und rechts des Objekts bestimmt wird, der frei vom Text bleibt.

Das Attribut `id` weist dem Objekt einen Namen zu, wobei die `classid` in den Dokumentationen von Microsoft zu ActiveX nachzulesen ist. In dem Beispiel handelt es sich um das Label-Steuerelement, mit dem sich innerhalb der Seite Text unterbringen läßt, der in verschiedenen Winkeln angezeigt werden kann. Dieses Objekt kann verschiedene Eigenschaften annehmen, die über das Element `<PARAM>` bestimmt werden. Im folgenden werden die Eigenschaften des Label-Steuerelements erklärt:

Parameter	Beschreibung
Angle	Bestimmt den Winkel des anzuzeigenden Textes
Alignment	Art der Textausrichtung: 0 = links ausgerichtet 1 = rechts ausgerichtet 2 = zentriert 3 = nach oben ausgerichtet 4 = nach unten ausgerichtet
BackStyle	Legt den Hintergrund des Labels fest 0 = transparent. Die Seite ist unterhalb des Elements sichtbar 1 = undurchsichtig. Die Seite unterhalb des Steuerelements ist nicht sichtbar

Parameter	Beschreibung
Caption	Der anzuzeigende Text
FontName	Der Name einer True Type Schriftart
FontSize	Die zu verwendende Schriftgröße
FontBold	0 = Normale Schrift 1 = fette Schrift
Forecolor	Die Farbe des Label-Textes

Die Farbe wurde in diesem Beispiel nach dem sogenannten RGB-Modell angegeben. Dabei werden die Anteile an Rot, Blau und Grün notiert, wobei die einzelnen Werte von 0 bis 255 reichen können.

14.2 Dynamic HTML

Dynamic HTML ist kein neuer HTML-Dialekt, sondern erweitert HTML durch die Verwendung von Skriptelementen um neue Darstellungsmöglichkeiten. Durch die konsequente Verwendung der bereits aus den Skriptsprachen bekannten Event-Handler läßt sich das Aussehen eines Dokuments in Abhängigkeit von Benutzeraktionen dynamisch ändern. In diesem Beispiel werden Sie zwei kleinere Beispiele für Dynamic HTML kennenlernen.

Listing 14-2:
```
<!DOCTYPE HTML PUBLIC "-//W3C//DTD HTML 4.0 Final//EN">
<HTML>
<HEAD>
<TITLE>Beispiel für Dynamic HTML</TITLE>
</HEAD>
<BODY>
Auf dieser Seite sehen Sie ein Beispiel:<BR>
<H1 onmouseover="this.style.color='blue';">Willkommen</H1>
</BODY>
</HTML>
```

In diesem Beispiel wechselt die Farbe der Überschrift, wenn der Anwender mit der Maus darauf zeigt. Dafür ist der Event-Handler onmouseover verantwortlich. Die Methode `this.style.color` wechselt die Farbe, in diesem Beispiel zur Farbe Blau. Im Klartext heißt diese Methode: Wechsel die Farbe dieses Stils auf eine andere Farbe. Beachten Sie das abschließende Semikolon, mit dem Anweisungen abgeschlossen werden.

Da der Event-Handler als Attribut des Überschriftenelements aufgefaßt wird, muß der Wert des Event-Handlers in einfachen Anführungszeichen stehen, da es andernfalls einen Syntaxfehler gibt. Dieses Beispiel funktionierte bei Drucklegung allerdings nur mit dem *Internet Explorer* von Microsoft.

Es ist auch eine Kombination mit anderen Änderungen möglich. Im nachfolgenden Listing wird nicht nur die Farbe, sondern auch die Größe der Schriftart geändert:

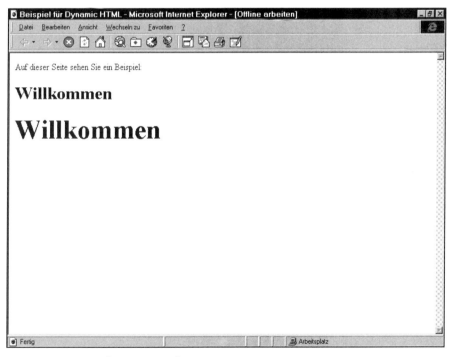

Abbildung 14-2: Die Änderung der Überschrift mit Dynamic HTML aus Listing 14-3

Listing 14-3:

```
<!DOCTYPE HTML PUBLIC "-//W3C//DTD HTML 4.0 Final//EN">
<HTML>
<HEAD>
<TITLE>Beispiel für Dynamic HTML</TITLE>
</HEAD>
<BODY>
Auf dieser Seite sehen Sie ein Beispiel:<BR>
<H1 onmouseover="this.style.color='blue';
this.style.fontSize='48';">Willkommen</H1>
</BODY>
</HTML>
```

Wie Sie sehen, genügt es, die zweite Anweisung unmittelbar auf die andere folgen zu lassen, wobei diese durch ein Semikolon voneinander getrennt werden.

Im folgenden Listing wird eine Grafik innerhalb des Internet Explorers ausgetauscht, wenn der Benutzer mit der Maus darüber fährt. Dazu benötigen Sie nur zwei gleichgroße Grafiken, die sich in ihrem Aussehen unterscheiden sollten. In diesem Beispiel sind dies die Dateien image1.gif und image2.gif. Für den *Netscape Communicator* läßt sich eine solche Änderung nicht ganz so elegant durchführen, ist allerdings über ein JavaScript sehr wohl möglich.

Listing 14-4:

```
<!DOCTYPE HTML PUBLIC "-//W3C//DTD HTML 4.0 Final//EN">
<HTML>
<HEAD>
<TITLE>Beispiel für Dynamic HTML</TITLE>
</HEAD>
<BODY>
Auf dieser Seite sehen Sie ein Beispiel:<BR>
<IMG SRC="image1.gif" onmouseover="this.src='image2.gif';"
onmouseout="this.src='image1.gif';">
</BODY>
</HTML>
```

In diesem Beispiel wird die Datei image1.gif auf der HTML-Seite referenziert, wie Sie dies bereits kennengelernt haben. Wenn der Anwender nun die Maus auf diese Grafik bewegt (onmouseover), soll sie durch die Datei image2.gif ausgetauscht werden. Bewegt der Anwender die Maus wieder weg (onmouseout) wird die neue Datei image2.gif durch die ursprüngliche Datei ersetzt.

Auch der *Netscape Communicator* kann auf Wunsch Grafiken austauschen. Im folgenden Listing finden Sie einen Lösungsansatz, der eine Grafik durch einen Mausklick auf eine Schaltfläche austauscht:

Listing 14-5:
```
<!DOCTYPE HTML PUBLIC "-//W3C//DTD HTML 4.0 Final//EN">
<HTML>
<HEAD>
<TITLE>Beispiel für Dynamic HTML</TITLE>
</HEAD>
<BODY>
<IMG SRC="image1.gif" NAME="Wechsel">
<FORM>
<INPUT TYPE="BUTTON" VALUE="Klicken Sie hier"
onClick="document.Wechsel.src='image2.gif'">
</FORM>
</BODY>
</HTML>
```

In diesem Beispiel wurde die Grafik `image1.gif` referenziert. Sie erhielt den Namen "Wechsel". Der Klick auf die Schaltfläche des Formulars wird über den Event-Handler `onClick` abgefragt. Über eine Eigenschaft des `document`-Objekts wird die angezeigte Grafik durch die Datei `image2.gif` ausgetauscht.

Wenn Sie sich einen Überblick über die Möglichkeiten von Dynamic HTML verschaffen wollen, sollten Sie einmal auf der Web-Site von Microsoft vorbeisehen. Dort werden zahlreiche Informationen zum Thema bereitgehalten.

14.3 HTML für Handhelds und Palmtops

Mobile Computing ist eines der Schlagworte dieser Tage. Immer kleinere und leistungsfähige Geräte kommen in den Handel, die die Arbeit mit dem Computer ortsunabhängig machen sollen. Ob die legendären Geräte des Herstellers PSION, der neue Star am Himmel der Personal Digital Assistants (PDAs), der PalmPilot von 3COM USRobotics oder das neue Betriebssystem Windows CE für Handheld Computer, alle diese Plattformen sind mit einer Möglichkeit ausgestattet, über das Internet Daten auszutauschen. Microsoft hat Windows CE sogar eine eigene Version des Internet Explorers, den Pocket Internet Explorer spendiert, mit dem sich durch das World Wide Web surfen läßt. Allerdings haben diese Geräte mehrere Probleme gemeinsam. Die Anzeigefläche ist äußerst beschränkt, erlaubt keine hohen Auflösungen oder gar graphische Spielereien. Außerdem fehlt häufig eine komplette Tastatur oder eine Maus als Eingabegeräte. Aus diesem Grunde wurde HDTP (Handheld Device Transport Protocol) und HDML (Handheld Device Markup Language) entwickelt und dem World Wide Web Konsortium zur Begutachtung vorgelegt.

HDTP wurde vor dem Hintergrund entwickelt, daß bei Verbindungen über Handys nur eine äußerst geringe Bandbreite zur Verfügung steht. Die Seiten werden über HDML dargestellt, eine Beschreibungssprache, die sich eng an HTML anlehnt. Voraussetzung für den Einsatz ist eine Bildschirmgröße von wenigstens 3 x 12 Zeichen. Seiten für den PDA sind in sogenannte Decks unterteilt, die aus mehreren Cards bestehen. Durch den modularen Aufbau von HDML ist es möglich, Bandbreite einzusparen, weil nur die Teile übertragen werden, die für eine Anwendung gerade benötigt werden. Das folgende Listing veranschaulicht den Aufbau einer HDML-Datei, die aus einem Deck und zwei Cards besteht.

Listing 14-6:

```
<HDML>
    <DISPLAY>
        <ACTION TYPE=ACCEPT TASK=GO DEST=#CARD2>
            Hallo und Willkommen!
    </DISPLAY>
    <DISPLAY NAME=CARD2>
            Die ist eine zweite Card
    </DISPLAY>
</HDML>
```

14.4 Extensible Markup Language (XML)

Eine neue Sprache, die gerade erst entwickelt wurde, ist Extensible Markup Language (XML). Kaum vorgestellt und weit davon entfernt bereits als Standard zu gelten, hat Microsoft bereits seine Unterstützung dafür angekündigt. XML soll in die nächsten Versionen des marktführenden Office-Pakets *MS Office* integriert werden.

Einer der Nachteile von HTML ist, daß der Designer auf die Verabschiedung eines neuen Standards und auf die Entwicklung neuer Elemente durch die Browserhersteller warten muß. Die Sprache XML verspricht, damit ein Ende zu machen.

Der erste Entwurf definiert einige grundsätzliche Konventionen. So wird XML eine Instanz von SGML werden. Ziel ist es, diese Sprache zu vereinfachen, um sie für das World Wide Web brauchbar zu machen. Mit XML wird es dem Designer möglich sein, eigene Dokumententypen zu definieren und auch eigene Sprachelemente zu erstellen. Bisher ist die Sprache noch in der Entwicklung, aber einige Tatsachen lassen sich bereits jetzt ausmachen:

- HTML und XML werden sich von der Syntax sehr ähneln, mit einigen wichtigen Ausnahmen.
- XML wird HTML nicht ersetzen, sondern stellt nur eine weitere Alternative dar.
- XML wird größere Möglichkeiten in Bezug auf die Vernetzung von Dokumenten bieten, etwa multiple Links. D.h. zu einem Thema können gleich mehrere zusätzliche Informationen abgerufen und angezeigt werden.
- XML wird sich mehr an SGML orientieren, so daß diese Dokumente auch außerhalb des WWW in einer SGML-Umgebung verwendbar sind.
- XML-Software soll abwärtskompatibel sein. Ein Browser der XML unterstützt, sollte auch mit der Anzeige von HTML-Dokumenten haben.

Im folgenden sehen Sie einen kleinen Auszug aus einem möglichen XML-Dokument, das allerdings so noch von keinem Browser angezeigt werden kann und sich an den ersten vorläufigen Entwürfen von XML orientiert.

Listing 14-7:
```
<XML version="1.0" >
    <!DOCTYPE titlepage SYSTEM "typo.dtd"
    [<!ENTITY % active.links "INCLUDE">]>
    <titlepage>
      <white-space type="vertical" amount="36"/>
      <title font="Baskerville" size="24/30"
             alignment="centered">Hello, world!</title>
```

```
        <white-space type="vertical" amount="12"/>
<image location="http://www.foo.bar/fleuron.gif" type="URL"
alignment="centered"/>
        <white-space type="vertical" amount="24"/>
        <author font="Baskerville" size="18/22"
style="italic">Hello</author>
    </titlepage>
```

Literaturverzeichnis und Quellen im Netz

Die in diesem Kapitel genannten Adressen im World Wide Web wurden kurz vor Drucklegung noch einmal überprüft. Bei den schnellen Änderungen, denen das Netz unterworfen ist, kann es allerdings vorkommen, daß die angegebenen Adressen nicht mehr erreichbar sind.

Literatur

Graham, I: HTML Stylesheet Sourcebook. Wiley/VCH, 1997.

Karpinski, R: Beyond HTML. McGraw Hill, 1996.

Lemay, L: Laura Lemay's Web Workshop. Graphics and Web Page Design. Samsnet, 1996.

Maurer, R: HTML und CGI- Programmierung. dpunkt-Verlag, 1997.

Niederst, J: Web- Design. Thomson Publishing, 1996.

Rieger, W: SGML für die Praxis. Springer-Verlag, 1995.

Weinschenk, S: GUI Design Essentials. Wiley/VCH, 1997.

Quellen im Netz

Builder.com
Eine gute Adresse für jeden, der mit Web-Design zu tun hat, sind die Seiten des amerikanischen Anbieters c|net, die Sie unter:

```
http://www.builder.com
```
erreichen.

World Wide Web Konsortium
Hier finden Designer sämtliche technischen Spezifikationen, Vorschläge zu neuen Standards und jede Menge Links auf weitergehende Informationen:

```
http://www.w3.org
```

Netscape
Einer der größten Browserhersteller bietet Entwicklern auf seinen Seiten jede Menge Tips und Tricks rund um die Themen HTML und Dynamic

HTML. Ausführliche Referenzen sind hier ebenso zu finden, wie viele Links auf andere Angebote zum Thema:

```
http://developer.netscape.com/
```

JavaScript-Referenz
Die ausführliche Referenz zu JavaScript finden Sie ebenfalls bei Netscape unter der URL:

```
http://home.netscape.com/mozilla/3.0/handbook/javascript/
```

Microsoft
Auch Microsoft kümmert sich sehr intensiv um die Belange von HTML-Entwicklern. So wurde ein eigenes Sitebuilder-Network begründet, auf dessen Seiten sich sehr viele praktische Anleitungen und Tips abrufen lassen. Sie erreichen es mit:

```
http://www.microsoft.com/sitebuilder/
```

The HTML Writers Guild
Auf den Seiten dieser Vereinigung von HTML-Programmierern finden auch Einsteiger sicherlich viele nützliche Tips. Das Angebot umfaßt auch eine sehr umfangreiche Linksammlung, die auf zahllose andere Seiten im Netz verweist. Die URL lautet:

```
http://www.hwg.org
```

Webcoder
Auch die Seiten von Webcoder verstehen sich als Treffpunkt der Web-Design-Szene. Das Themenspektrum reicht über bloßes HTML hinaus. Interessierte finden hier auch Informationen zu Java, JavaScript, ActiveX und einiges mehr. Auch bei Webcoder gibt es eine Menge von Verweisen auf andere nützliche Seiten. Die URL für dieses Angebot finden Sie unter:

```
www.webcoder.com
```

Glossar

Applet
Bei einem Applet handelt es sich um ein kleines Programm, das der Anwender über das Internet auf seinen Rechner lädt und dort lokal ausführen läßt.

ASCII
Abkürzung für American Standard Code for Information Interchange. Damit ist ein Zeichensatz festgelegt, mit dem Schriftzeichen in einem Computer codiert werden können.

Browser
Grafisch orientierte Software, die primär zur Navigation im World Wide Web verwendet wird. Durch die zunehmende Integration anderer Anwendungen entwickeln sich die Browser zu einer zentralen Applikation auf dem Desktop eines jeden PC.

Cache
Zwischenspeicher auf der Festplatte eines PC oder eines anderen Rechners.

CGI-Skript
Ein kleines Programm, das in PERL oder einer anderen Programmiersprache erstellt wurde, um auf dem Web-Server eines Anbieters Benutzereingaben weiterzuverarbeiten, zum Beispiel zur Auswertung eines Formulars.

Client
Programm, das von einem Server Informationen anfordert. Innerhalb des Internet Bezeichnung für die vom Anwender benutzte Software.

Frame
Ein von Netscape entwickeltes Verfahren, um den sichtbaren Bildschirmbereich innerhalb des Browsers in voneinander unabhängige Bereiche aufzuteilen.

Gif
Graphics Interchange Format. Eines der Standardformate für Bildmaterial im Internet. Ursprünglich im Auftrag der Firma CompuServe entwickelt.

HTML
Abkürzung für Hypertext Markup Language. Im Rahmen eines Forschungsprojektes am Kernforschungszentrum CERN entwickelt. Verantwortlich für die Weiterentwicklung zeichnet heute das World Wide Web-Konsortium.

HTTP
Hypertext Transmission (Transport) Protocol. Ein Protokoll des Internet, das in der Lage ist, andere Protokolle zu integrieren und für das Funktionieren des World Wide Web nötig ist.

Hypertext
Eine Textart, die Informationen über andere Texte enthält, die zusätzlich abgerufen werden können. Ermöglicht eine neue Form der Informationsaufnahme, die nicht mehr linear ist.

Image Map
Eine Grafik, die in ein HTML-Dokument eingebunden ist und kontextsensitive Bereiche enthält: Klickt der Anwender mit der Maus hierauf wird er zu einem anderen Dokument oder einen anderen Internet-Dienst geleitet.

JPEG
Joint Photographics Expert Group: Ein nach diesem Gremium benannter Standard für das Speichern von Bilddateien.

MIME
Multipurpose Internet Mail Extensions: Ein Mail-Standard, der den Versand von binären Dateien über das Netz erleichtert.

Plug-In
Zusatzmodul für einen Browser, der diesen mit zusätzlichen Funktionalitäten ausstattet.

Proxy-Server
Ein bei Online-Diensten und Providern häufig zu findender Rechner, der Seiten aus dem World Wide Web lokal zwischenspeichert, um einen schnelleren Zugriff darauf zu bieten.

Tag
So werden die Formatierungsanweisungen innerhalb eines HTML-Dokuments im angelsächsischen Raum bezeichnet.

URL
Abkürzung für Uniform Ressource Locator. Die Adresse im Internet, unter der ein Angebot abrufbar ist.

Stichwortverzeichnis

&

  30
<A> 51, 54
<ABBR> 44
<ACRONYM> 44
<APPLET> 95, 141
<AREA> 111
<B> 34
<BASE> 60
<BASEFONT> 38
<BGSOUND> 130
<BIG> 38
<BLOCKQUOTE> 41
<BODY> 21

 27
<CAPTION> 63
<CITE> 41
<CODE> 43
<COL>...</COL> 68
<COLGROUP> 66
<DD>...</DD> 92
<DEL> 46
<DFN> 44
<DIV> 211
<DL> 92
<DT>...</DT> 92
<EM> 43
<EMBED> 125, 135
<FIELDSET> 173
<FONT> 39, 200
<FORM> 149
<FRAME> 182
<FRAMESET> 177
<HR> 34
<HTML> 21
<I> 35
<IFRAME> 192
<IMG> 95, 96, 136, 143
<INPUT> 151, 159
<INS> 46
<KBD> 43
<LABEL> 172
<LAYER> 251
<LI> 85, 89
<LINK> 58
<MAP>...</MAP> 110
<META> 243
<NOBR> 28
<NOEMBED> 128
<NOFRAME> 196
<OBJECT> 95, 97, 141, 143, 293
<OL>...</OL> 89
<Option> 157
<P></P> 30
<PARAM> 142, 146, 295
<PRE> 29
<S> 36
<SAMP> 43
<SELECT> 157
<SKRIPT> 138
<SMALL> 38
<SPAN> 210
<STRIKE> 36
<STRONG> 44
<STYLE> 206, 208
<SUB> 45
^{...} 45
<TABLE> 61

<TBODY> 64
<TD> 69
<TD>...</TD> 62
<TEXTAREA> 153
<TFOOT> 64
<TH> 69
<THEAD> 64
<TR>...</TR> 62
<TT> 37
<U> 36
<UL> 85

A

Abkürzungen 44
above 77, 258
Absatzschaltungen 30
Absbottom 102
Absmiddle 102
accesskey 175
action 150
ActiveX 291
align 31, 32, 48, 61, 68, 100, 129, 142, 143, 193, 295
Alink 199
all 77
alt 104, 129, 142, 168
Applets 138
author 248
autostart 129

B

background 116, 251
background-color 218
background-position 221
background-repeat 220
   repeat-x 220
   repeat-y 220
Balance 131
Baseline 102
below 77
Betonungen 43
bgcolor 83, 199, 201, 202, 251
Blickfangpunkte 86
body 64
border 75, 76, 77, 100, 108, 129, 143
border-bottom-width 232
bordercolor 200
border-color 233
border-left-width 232
border-right-width 232
border-style 235
border-top-width 232
bottom 63, 79, 100, 228
box 77
Browser 51
Button 170
Bytecode 137

C

cellpadding 72
cellspacing 73
center 31, 48, 61, 79
CERN 14
CGI 108
circle 87, 112
cite 42, 46
class 209
classid 98, 146, 295, 293
Client Side Image Maps 109
clip 253
code 141
codebase 141, 144

codetype 145
color 200, 218
cols 62, 77, 153, 180
Colspan 81
content 59, 244, 246
controls 123
coords 111

D

dashed 235
data 98, 143, 146, 147
Datetime 46
Definitionslisten 92
description 248
disabled 155
Disc 87
Document Type Definition 14
dotted 235
double 235
dynsrc 122

E

Emphase 43
Ergänzungen 46
Event-Handler 139
expires 246

F

Farben 197
   einzelne Abschnitte
     ändern 200
   Farbbezeichnungen 197
   RGB-Modell 296
   Vorder- und Hintergrund
     festlegen 199
Fileopen 123

follow 249
font 216
Fontgrößen 37
font-style
   bold 214
   italic 214
   normal 214
foot 64
for 172
Formeln 45
Formular
   Auswahllisten 156
   Checkboxen definieren 159
   Datenformat definieren 150
   Listeneintrag definieren 157
   Listenfelder Mehrfachauswahl
     zulassen 158
   mehrzeilige Eingabefelder
     definieren 153
   Navigation in einem 174
   Paßwortfelder 163
   Radiobuttons definieren 161
   Schaltflächen definieren 165
   Texteingabefeld definieren
     151
   Texteingabefeld maximale
     Zeichenzahl bestimmen 151
   Texteingaben verhindern 155
   Werte vordefinieren 153
frame 76
frameborder 187
Frames 21, 177
   Abstand Rahmen und Text
     definieren 188
   auf Frames verweisen 189
   Beenden eines Framesets 191

Bildschirmaufteilung horizontal 180
Bildschirmaufteilung vertikal 180
Eigenschaften der Rahmen ändern 187
Frames definieren 182
Frameset definieren 177
Größenänderungen verhindern 186
Namen 184
reservierte Fensternamen 191
reservierte Namen 184
Scrollbalken anzeigen lassen 184
Scroll-Leisten einfügen 184
Zeilen definieren 178
Ziel eines Verweises festlegen 190
FTP-Server 56

G

generator 248
generic-family 213
geschützter Leerschritt 30
Glossare 92
   Definitionen 93
Glossareintrag 93
Grafik 95
   alternative Beschriftungen 104
   Beschreibung hinzufügen 100
   Randeinstellungen 102
   skalieren 106
   umrahmen 100
   unterschiedliche Auflösungen 106

H

head 64
height 62, 71, 106, 127, 128, 142, 143, 236, 295
Hervorhebungen 34
hidden 127, 164
Hintergrundmusik
   einer Seite Hintergrundmusik hinzufügen 130
home 59
Horizontale Linie 32
   Ausrichtung definieren 32
   Dicke bestimmen 33
   Länge bestimmen 33
href 52, 54, 57, 111
hsides 77
hspace 102, 129, 142, 143, 295
http-equiv 243, 246
Hypertext 15, 17
Hypertext Transmission Protocol 51

I

id 295
image 168
Image Map 107, 108
   kontextsensitiver Bereich rund 112
   kontextsensitiver Bereich polygon 112
   kontextsensitiver Bereich rechteckig 112
index 59, 249
Inline-Frames 192
inset 235
Interpreter 137

J

Java 137
Java-Applets
 Einbinden mit <OBJECT> 146
JavaScript 129, 137, 139
justify 31

K

keywords 248

L

lang 249
language 138
Layer 251
 definieren 251
 Größe beschneiden 253
 Überlappung kontrollieren 257
 verschachteln 255
left 31, 48, 61, 63, 79, 101, 252
letter-spacing 222
lhs 77
line-height 227
Link 51, 199
Listen 84, 239
 Blickfangpunkte 86
 geordnete 88
 Start einer Numerierung 90
 ungeordnete 85
 ungeordnete verschachteln 85
Listings 43
list-style-type 239
logische Textauszeichnungen 40
longdesc 104

loop 130, 131
Löschungen 46
lowsrc 107

M

mailto 57
margin 230
margin-bottom 229
margin-height 188
margin-left 229
margin-right 229
margin-top 229
marginwidth 188
maxlength 151, 164
Meta-Information 243
middle 79, 100, 228
MIME-Typen
 Übersicht 126
Mosaic 15
mouseover 123
multiple 158

N

name 52, 110, 129, 142, 153, 155, 159, 161, 166, 168, 170, 193, 248, 251, 257
NCSA 15
Newsgroups 56
next 59
nofollow 249
noindex 249
none 77, 235, 249
noresize 186
normal 215
Noshade 32

O

object 147
onClick 299
onmouseout 298
onmouseover 298
outset 235

P

padding 231
padding-bottom 231
padding-left 231
padding-right 231
padding-top 231
PaintShop Pro 98, 111, 115, 119
Parameter
    Übergabe an Java-Applet 142
password 163
Pfadname
    relativer 97
PlugIns 125
pluginspace 129
poly 112
prev 59

R

readonly 156
rect 112
ref 146
refresh 244
rel 58, 59
Reset 170
RGB-Farbmodell 197
rhs 77
right 31, 48, 61, 63, 79, 101
robots 249

rows 77, 153, 178
rowspan 82
rules 76, 77

S

Schrift
    Basisschriftart definieren 38
    dicktengleich 37
    vergrößern 37
    verkleinern 37
Schriftfamilien 213
Schriftgattungen 213
scrolling 184
sehbehinderte Menschen 104
SGML 14
shape 111
size 32, 33, 38, 40, 151, 157, 164
small-caps 215
solid 235
Spalten einer Tabelle 66
span 66
Square 87
src 96, 130, 136, 139, 168, 182, 193
standby 145
start 90, 123
STYLE 206
Style Sheets 32, 37, 38
    Änderungen des Hintergrundes 217
    Buchstabenabstand ändern 222
    Farbänderungen 217
    Farben für Anker definieren 238
    font-family 213

font-size 216
font-style 214
Hintergrundbild ändern 219
Hintergrundbild positionieren 220
Hintergrundbild wiederholen 220
Hintergrundfarbe ändern 218
Listen, Elemente definieren 239
Rahmen, äußeren Abstand definieren 229
Rahmen, Breite erzwingen 235
Rahmen, Farbe ändern 233
Rahmen, Höhe definieren 236
Rahmen, innere Abstände definieren 231
Rahmen, Stärke definieren 232
Rahmen, Stil ändern 233
Text ausrichten 226
Textdekorationen 223
Texteinzug definieren 226
Textfarbe ändern 218
Textumwandlungen 224
Vertikale Ausrichtung bestimmen 228
Wortabstand ändern 222
Zeilenhöhe bestimmen 227
sub 228
super 228

T

Tabelle
  Abstand Zelleninhalt und -rand 72
  Mit Rahmen versehen 75
  Spalten gruppieren 66
  Überschrift 63
  Zellen 69
  Zellenhöhe und -breite definieren 70
Tabellen 61
  Ausrichtung des Inhalts 78
  Farben ändern 200
  Hintergrundfarbe definieren 83
  Zellen über Spalten zusammenfassen 81
  Zellen über Zeilen zusammenfassen 82
  Zellen zusammenfassen 81
  Zellenabstand bestimmen 73
  Zellenüberschrift 69
Tabellenüberschriften 63
tabindex 174
target 190, 191
target="_new" 191
target="_parent" 192
target="_top" 192
Teletype Text 37
text 199
Text
  Betonungen setzen 43
  Bildschirmausgaben kennzeichnen 43
  Blocksatz 41
  Definitionen kennzeichnen 44
  Eingaben kennzeichnen 43
  Fettdruck 34
  Kursivdruck 35
  Programmcode kennzeichnen 43

Unterstreichen 36
Zitat hervorheben 41
text-align 226
text-decoration 223
text-indent 226
Texttop 102
text-transform 224
title 44, 49, 59, 87, 118, 129, 131, 155, 162
toc 59
Tool-Tip 87
top 63, 79, 100, 228, 252
Transparente Grafiken 98
type 86, 89, 98, 126, 145, 163, 164
TYPE 206

Ü

Überarbeitungen 45
Überschriften 47
Uniform Ressource Locator 54
Unterstreichungen 36
URL 54
usemap 109, 110, 143

V

value 142, 153, 157, 159, 161, 167, 170
valuetype 146
vertical-align 228

Videoclips
endlos wiederholen 123
Videoclips einbinden
für den Internet Explorer 122
für den Netscape Navigator 125
Virtual Reality Modelling Language 132
Vlink 199
void 77
Volume 131
vorformatierter Text 29
vrml 136
VRML 132
vsides 77
vspace 102, 129, 142, 143, 295

W

width 32, 33, 62, 66, 68, 71, 106, 127, 128, 142, 143, 235, 236, 252, 295
word-spacing 222
World Wide Web 43

Z

Zeichen tieferstellen 45
Zeilenumbruch 27
verhindern 28
z-index 258

Gestaltung von Web-Seiten für Einsteiger

Die Gestaltung von Webseiten und Websites ist keine primär technische Aufgabe. Design und Layout erfordern gestalterische Kompetenz. Dabei müssen diejenigen, die mit dem Entwurf von Printmedien vertraut sind, umdenken: Für Webseiten gelten vollständig andere Regeln. Bisher gibt es weder vorgegebene (Seiten-) Formate noch Schriften oder Gestaltungsraster. Die gestalterischen Freiheiten und Kontrollmöglichkeiten von Typographie und Layout sind aufgrund technischer Gegebenheiten stark eingeschränkt. Farben z.B. sehen auf unterschiedlichen Plattformen (PC, MAC, UNIX) bestenfalls ähnlich aus. Kurz: Geht man nicht auf die Besonderheiten des Mediums ein, wird das Ergebnis unkontrollierbar. Hier setzt das Buch an und zeigt, wie man eine eigene Website aufgebaut, gestaltet und optimiert.

Highlights
- Praxisbuch vom Grafiker für Grafiker
- Fast schon wie DTP: WYSIWYG und HTML
- Editoren (Page Mill, MS Frontpage, Texteditoren) und Code-Optimierung
- Grafiken für das WWW optimal gestalten
- Schrittweiser und systematischer Aufbau von Webseiten und Websites
- Professionelle Seiten durch strukturierendes Page Design und Site Design
- Projektplanung und Realisation
- Die Website zum Buch: http://www.designzentrum.de

Ralf Lankau
Webdesign und Webpublishing
Handbuch für Grafiker
ca. 450 Seiten
kartoniert mit CD-ROM
ca. DM 89,–
ISBN 3-446-19071-6

Carl Hanser Verlag

81631 München, Postfach 86 04 20
Telefon (089) 9 98 30-0. Telefax (089) 98 12 64
Internet http://www.hanser.de
E-Mail info@hanser.de

Auch für „Nicht"-Techniker

Das Internet, anfangs nur wenigen "Freaks" vorbehalten, entwickelt sich mehr und mehr zu einem alltäglichen Medium. Vor allem für Unternehmen ist es heute beinahe selbstverständlich, im Internet präsent zu sein.

Dieses Buch wurde für alle geschrieben, die selber aktiv Inhalte anbieten wollen. Es wendet sich dabei nicht an den Web-Master, der die eigentliche technische Realisierung durchführt, sondern an den "Nicht-Techniker", der für die strategische Planung und Umsetzung des Internet-Angebots verantwortlich ist.

Highlights
- Überblick über die generelle Technik und spezielle Dienste im Internet
- Behandlung rechtlicher und sicherheitsrelevanter Fragen
- Vorstellung gängiger Client- und Serversysteme
- Übersicht über IP-Provider in Deutschland für Firmenanbindungen

Jochen Ruhland
Internet für Anbieter
Strategische Planung und Umsetzung der WWW-Präsenz
280 Seiten, kartoniert
DM 49,80
ISBN 3-446-18999-8

Carl Hanser Verlag
81631 München, Postfach 86 04 20
Telefon (089) 9 98 30-0. Telefax (089) 98 12 64
Internet http://www.hanser.de
E-Mail info@hanser.de

Chancen und Risiken der neuen Arbeitswelt

Unsere Arbeitswelt erlebt einen tiefgreifenden Wandel, wie das Beispiel der Telearbeit verdeutlicht. Prognosen gehen von einem Potential von bis zu 800.000 Telearbeitsplätzen und einem Investitionsvolumen von 12 Milliarden DM bis zum Jahr 2000 aus.

Dieses Thema stößt insbesondere in kleineren oder mittleren Dienstleistungsunternehmen, aber auch in anderen Institutionen und bei privaten PC-Nutzern auf zunehmendes Interesse. Vor allem werden die Leser angesprochen, die sich über die technischen Bedingungen der Telearbeit informieren wollen.

Highlights
- Der Wandel der Arbeitswelt durch Telearbeit
- Wie sieht er aus der Telearbeitsplatz?
- Neue berufliche Chancen durch Telearbeit
- Vorteile für alle durch Telearbeit

Werner Voß
Telearbeit
Erfahrungen -praktischer Einsatz - Entwicklungen
256 Seiten, kartoniert
DM 39,80
ISBN 3-446-19207-7

Carl Hanser Verlag

81631 München, Postfach 86 04 20
Telefon (089) 9 98 30-0. Telefax (089) 98 12 64
Internet http://www.hanser.de
E-Mail info@hanser.de